Qu'est-ce que la métaphysique ?

Collection *Métaphysique au quotidien*
dirigée par Bruno Bérard et Annie Cidéron

La collection *Métaphysique au quotidien* entend diffuser auprès d'un public élargi des doctrines métaphysiques traditionnelles et, d'une certaine façon, « vécues » par ceux qui les exposent, afin d'éviter les expositions trop théoriques, voire les spéculations gratuites.

Fondée par une démarche philosophique – ouverte, par définition –, la collection ne craint pas les dialogues entre la métaphysique et d'autres domaines de la science comme la psychologie, la logique, la cosmologie ou l'éthique.

Pour faciliter la communication, les deux modes d'exposition princi-paux retenus sont le dialogue et l'ouvrage collectif.

Déjà paru :

François Chenique, *Souvenirs d'Orient et d'Occident, Entretiens avec Christian Rangdreul*, L'Harmattan, 2009.

Photographie de couverture

Tulipe de jardin – Arrangement graphique : Guerric Leroy

Qu'est-ce que la métaphysique ?

Bruno BÉRARD
Jean BIÈS
Jean BORELLA
François CHENIQUE
« MARTIN HEIDEGGER »
AUDE DE KERROS
KOSTAS MAVRAKIS
PAMPHILE
ALAIN SANTACREU
WOLFGANG SMITH
EMMANUEL TOURPE
JEAN-MARC VIVENZA

MÉTAPHYSIQUE AU QUOTIDIEN

© L'HARMATTAN, 2010
5-7, rue de l'École-Polytechnique ; 75005 Paris

http://www.librairieharmattan.com
diffusion.harmattan@wanadoo.fr
harmattan1@wanadoo.fr

ISBN : 978-2-296-12901-6
EAN : 9782296129016

Introduction

Il est des honneurs qu'on ne mérite pas ; rédiger l'introduction de ce livre en est un à plus d'un titre. À commencer par les illustres auteurs qui ont accepté de se réunir autour d'une question aussi délicate – et ainsi bien souvent controversée – qu'essentielle.

C'est que cette question : qu'est-ce que la métaphysique ? n'est pas neutre, puisqu'elle implique nécessairement celui qui la pose. Néanmoins, y répondre ne saurait être un témoignage d'opinion ; la question étant proprement philosophique, le questionnement comme les réponses ou leurs esquisses se devaient de l'être et on verra, comme l'écrivait Heidegger, que « la philosophie n'est que la mise en marche de la métaphysique ».

Trois idées auront présidé à ce projet :

1. La question elle-même, tout d'abord, empruntée à Heidegger (1889-1976)[1] en ce qu'elle réclame une définition. C'est que, avant d'en trop parler, définir ce dont on parle, reste une démarche de bon sens trop souvent oubliée. Autour de la propre réponse de Heidegger – ici résumée –, les exposés qui vont suivre ne perdront jamais de vue ces questions de la possibilité et de l'exercice de la métaphysique, fut-elle orientale ou occidentale, antique, moyenâgeuse ou moderne, fruits de formulations heureuses ou redéfinitions ajustées à des critiques, fondées ou non.

2. Le questionneur étant impliqué, la deuxième idée, aussi simple qu'ambitieuse, naïve peut-être, a été de réunir douze penseurs : hommes de lettres, philosophes, un physicien et mathématicien, autour de cette question. Personne ne prétendra que douze subjectivités, même convergentes, constitueraient une objectivité. En revanche, les lecteurs, pas moins que les auteurs, ne pouvant échapper à cette subjectivité, l'éventail des sensibilités des uns et des approches des autres sera propice à faire se rencontrer l'un de ces textes au moins avec chacun des lecteurs. C'est, surtout, que cette rencontre se fera avec des questions alors recevables ; et n'est-ce pas le propre de la philosophie, offerte à tout homme, que de

---

[1] C'est le titre de son discours inaugural, le 24 juillet 1929, lorsqu'il prend ses fonctions de professeur titulaire à l'université de Fribourg.

procéder par questions plus que par réponses formelles ? des questions dérangeantes plutôt que des réponses rassurantes, mais aussi des questions qui ramènent au cœur, plutôt que des réponses qui dispersent dans des « savoirs ignorants ».

3. Si la métaphysique ne se tient pas dans le vide, ce n'est pas uniquement parce qu'elle implique le métaphysicien qui la pense, c'est également parce qu'elle s'applique à toutes les choses du monde, de la pensée et de la vie. Ainsi, la troisième idée aura été de confronter la métaphysique, au gré des contributions : à sa pratique (PAMPHILE, qui distingue entre théorie et pratique), à l'art (Aude DE KERROS), à la politique (Kostas MAVRAKIS), à la poésie (Jean BIÈS), à son histoire récente et sa redécouverte de l'analogie (Emmanuel TOURPE), à la logique dont elle constitue la limite (François CHENIQUE), à la doctrine chrétienne de la création *ex nihilo* (Alain SANTACREU), à la physique, à la phénoménologie et à la mystique (Wolfgang SMITH), à sa possibilité en bouddhisme (Jean-Marc VIVENZA), à toute doctrine dogmatique qui affirmerait la vérité aussi bien que le doute (Bruno BÉRARD), et à l'histoire de son nom et de son concept jusqu'à la possibilité d'un connaître (Jean BORELLA).

On le voit, le panorama est déjà bien large pour une question aussi brève et un livre aussi court. Pour autant, on ne sera pas surpris de découvrir qu'il s'agit au fond, d'une seule métaphysique. C'est que la métaphysique n'est pas, *essentiellement*, affaire d'érudition. Certes, on pourra prendre un plaisir *intellectuel* à de nombreux et copieux traités de métaphysique mais, en fin de compte, n'est-ce pas la simple conscience *existentielle* de participer à l'intelligibilité des choses qui gouvernera ce plaisir ? Car les questions ultimes sont simples : pourquoi y a-t-il quelque chose plutôt que rien ? Qui suis-je ? Et n'est-ce pas après avoir épuisé les réponses nécessairement réductrices de la physique, de la psychologie, de la sociologie et de beaucoup de philosophies, que ces questions, davantage encore épurées, pourront éventuellement, hors de toute construction savante, recevoir une réponse également ultime ?

Et c'est bien l'unique objectif de cet essai collectif que d'offrir à chacun l'opportunité *providentielle* d'une telle réponse. Dès lors, on l'aura compris, l'ordre des contributions ne sera pas nécessairement celui de la lecture.

Bruno BÉRARD

Aperçu sur les métaphysiques, théorie et pratique

Introduction

Objet. La physique étudie l'enchaînement des causes et des effets. Par exemple la chaleur provient de la combustion, laquelle a besoin de l'oxygène produit par les plantes grâce à la photosynthèse due au soleil et à la chlorophylle, etc. L'enchaînement des causes doit aboutir à une cause première ; les grecs disaient : « *ananké sténaï* » : il est nécessaire de s'arrêter.

L'objet des métaphysiques consiste dans les rapports entre cette cause première (le Créateur, l'Infini, la Réalité Ultime) et tous les êtres.

Langage. Les langages métaphysiques ne peuvent être que faux, car s'appliquant à l'Infini, ils s'affolent comme la boussole près du pôle magnétique.

Par exemple, le même terme « être » désigne à la fois l'Être Absolu et Infini, et la création. Pour éviter cela, on peut appliquer à Dieu le terme de « sur-être », ou alors désigner les êtres créés par « sous-être ».

Autre exemple : Dieu *et* la création. Ce n'est pas Dieu plus quelque chose, car la création ne lui ajoute rien. On pourrait déplacer l'erreur et dire que c'est Dieu moins quelque chose : la création serait produite par une sorte de retrait de Dieu, le « *tsimtsoun* » de la Kabbale.

Les langages métaphysiques ont été exprimés par les grands sages et les grands saints au sortir de leurs méditations, sous forme de poèmes merveilleux ou de formules percutantes, qui nous servent de flèches et de poteaux indicateurs pour retrouver ces mêmes états de méditation au-delà du langage.

« De même qu'un homme qui veut indiquer à un ami la petite étoile *Arundhati* commence par diriger son attention vers une grosse étoile voisine en disant : voici *Arundhati*, bien qu'en réalité il n'en soit pas ainsi et, ensuite, revient sur sa première déclaration pour montrer la réelle *Arundhati* ; ainsi le

Vedanta nous montre-t-il Brahman d'abord sous une forme, puis sous une autre, jusqu'à ce qu'il nous mène à l'intuition de sa vraie nature »[2].

Plan. Plusieurs métaphysiques sont donc présentées dans la première partie : « Théorie ». Dans la seconde : « Pratique », il sera examiné comment remonter le courant créateur, le cordon ombilical par lequel nous sommes produits en permanence.

I. Théorie

Les métaphysiques diffèrent principalement par le degré d'inclusion des causes secondes dans la cause première, ou, ce qui revient au même, le degré d'intimité des créatures avec leur créateur.

Les plus abruptes affirment l'identité totale, comme celle du philosophe grec ***Parménide*** (environ 544-450 av. J.-C.), qui peut se résumer dans les quatre propositions suivantes :
- L'Être est, le non-être n'est pas.
- L'Être ne peut pas sortir du non-être, le non-être ne peut pas sortir de l'Être.

Donc l'Être est immobile et immuable, sinon il y aurait des passages de l'Être au non-être. Pour la même raison, l'Être est parfait, car il ne peut rien acquérir. Enfin, l'Être est unique, sinon sa perfection serait limitée par un autre. Puisqu'il n'y a qu'un seul Être, parfait et immuable, donc absolu, infini, éternel, qu'on peut désigner par le terme de Dieu, je peux dire en toute rigueur que je suis cet Être, donc que je suis Dieu.

Il ne s'agit pas d'un raisonnement, mais du déploiement d'une évidence qui s'impose à la pensée, la même qui est à la source de la logique, le principe de non-contradiction : une chose ne peut pas être à la fois ce qu'elle est et son contraire.

Pour certains grecs, cette philosophie est un jeu intellectuel qui s'oppose à l'empirisme d'***Héraclite*** (env. 576-480 av. J.-C.) : « tout est en perpétuel changement, jamais la même eau ne coule dans la rivière ». Ce jeu sera développé plus tard par ***Zénon*** d'***Élée*** (né entre 490 et 485 av. J.-C.), disciple de Parménide, dans ses fameux paradoxes d'Achille et la tortue, et de la flèche :
- Achille aux pieds légers ne pourra jamais rattraper la tortue même s'il court dix fois plus vite qu'elle, car s'il se trouve par exemple à dix mètres, quand il aura franchi cette distance, la tortue aura parcouru un

---

[2] Shankara, *Commentaire sur les Védânta-Sutras*, p. 662, éd. Nirnaya Sagar Press, Bombay, 1909, cité par Maryse Choisy *in Métaphysique du Yoga*, éd. Mont-Blanc.

mètre, et quand il aura fait ce mètre, la tortue aura encore avancé de dix centimètres, et ainsi de suite.
- La flèche ne peut jamais atteindre sa cible, car, pour cela, il faudrait qu'elle passe par le milieu de la distance qui l'en sépare et, auparavant, par le milieu de la moitié de cette distance, etc. Il faudrait donc qu'elle passe par une infinité de points. Il s'ensuit que le mouvement n'existe pas.

Platon (env. 428-348 av. J.-C.) fit la synthèse des points de vue de Parménide et d'Héraclite et, considérant que le premier était le père de la métaphysique, mais qu'il la bloquait, il déclara le « parricide de Parménide ».

Pour donner un aperçu du platonisme, il faut se référer au mythe de la caverne développé dans *La République* : des prisonniers sont enchaînés dans une caverne. Plus haut est allumé un grand feu devant lequel circulent des personnages projetant leurs ombres sur les parois de la caverne. Les prisonniers croient que ces ombres sont la seule réalité existante. L'un d'eux parvient à se libérer, puis voyant ce qu'il en est, revient informer ses compagnons qui demeurent incrédules.

Pour Platon, tous les êtres du monde apparent ne sont que les reflets de réalités éternelles qu'il nomme les « Idées ».

La tradition de l'Inde propose deux métaphysiques : le **Vedanta**[3] et le **Sâmkhya**. En schématisant : pour le second, l'effet existe dans sa cause, et pour le premier, l'effet existe en tant que cause, ou est identique à sa cause.

Pour le **Vedanta**, qui se qualifie d'*Advaïta*, c'est-à-dire « non-deux » – expression subtile qui permet d'éviter le panthéisme –, la seule réalité est *Brahman*, le monde n'est qu'une illusion : *Mâyâ*. Mais ce qui n'est qu'un jeu dialectique pour les éléates, est un scandale pour les vedantins. Comment se fait-il que l'Être soit un et qu'il m'apparaisse multiple ? Comment se fait-il que l'Être soit immuable, et que je sois dans le changement perpétuel ? La seconde partie de cet exposé sera consacrée aux méthodes pour sortir de l'illusion.

Brahman est parfois dit « supra-personnel » par les commentateurs. Mais il a un aspect personnel : *Îshvara*, le Seigneur, maître du monde, lequel se présente alors sous trois aspects :
- *Brahma*, le créateur
- *Vishnou*, le conservateur
- *Shiva*, le destructeur

---

[3] Vedanta : doctrine qui tire son origine des Upanishads (entre les Xème et Vème siècles av. J.-C.) commentées par Shankaracharya (VIIIème siècle).

Beaucoup d'indiens adorent le Suprême, l'Absolu, sous le nom de *Shiva*, d'autres sous le nom de *Râma* ou de *Krishna*, avatars de *Vishnou*. Pour nous, ces trois divinités rythment notre création permanente. À chaque instant, il y a en nous quelque chose qui se crée, quelque chose qui se détruit, quelque chose qui est conservé. Suivant l'image d'Arnaud Desjardins, le menuisier détruit l'arbre, conserve le bois, et crée la table.

Par ailleurs, le Vedanta identifie *Brahman* avec *Âtman*, cause première des fonctions psychiques de nos états de conscience : sensation, imagination, intellect, affectivité, volonté.

Ces fonctions psychiques ont une cause physiologique, une cause objective et une cause spirituelle. Par exemple la sensation visuelle de rouge est produite par :
- un corps émettant des rayons de longueur d'onde de 0,8μ,
- un ensemble constitué par les lentilles de l'œil, les cônes et les bâtonnets de la rétine, le nerf optique et la zone du cortex cérébral correspondant à la vision,
- un organe spirituel, car les deux premières causes ne suffisent pas à expliquer la vision du rouge. Le principe le plus profond de cet organe est *Âtman*.

L'enseignement concernant l'Absolu (*Brahman*) et notre monde illusoire (*Mâyâ*) peut se résumer au moyen de cinq images, forcément imparfaites, mais qui se complètent et se corrigent les unes les autres[4].
- Le film et l'écran de cinéma. Le film n'existe pas sans l'écran ; la projection de scènes d'inondations ne mouille pas l'écran ; la représentation de combats meurtriers ne le crève pas. L'écran demeure immuable.
- L'eau et les ondes. Les ondulations provoquées par un caillou jeté dans l'eau ne lui ajoutent aucune substance.
- La danse et le danseur. L'homme est toujours le même lorsqu'il danse et lorsqu'il se tient immobile avant et après la danse.
- L'acteur et son rôle. Beaucoup d'acteurs sont enthousiasmés à l'idée de jouer des rôles tragiques : Macbeth, Othello, le roi Lear. Même s'ils se mettent dans la peau de leur personnage, ils savent bien, au fond d'eux-mêmes, qu'ils ne sont que des acteurs.
- La corde que l'illusionniste fait prendre pour un serpent est la seule réalité.

Parmi les célèbres mantras du Vedanta, citons :

---

[4] *cf.* Arnaud Desjardins, *À la recherche du Soi*, éd. La table ronde (4 vol.).

- *Tat sat*, qui exprime brutalement l'identité totale entre l'Absolu désigné par le démonstratif *tat* (cela) et tout être (*sat*).
- *Tat tvam asi* : tu es *cela*.
- *So' ham* : je suis Lui.

Pour le **Sâmkhya**, tous les êtres émanent de deux principes, l'un masculin : *Purusha* et l'autre féminin : *Prakriti*, qui font penser aux Yang et Yin du taoïsme[5].

Purusha est le seigneur, maître du monde, comparable à *Îshvara*. Il est immobile et immuable. Et c'est sous son influence que *Prakriti*, la nature, produit tous les êtres, de même qu'un aimant immobile anime une poignée de limaille de fer.

Du point de vue du microcosme humain, je dois purifier mon Purusha de Prakriti, dégager ce que j'ai d'immortel.

Le **Tantrisme** présente un processus similaire : du point de vue cosmique, le dieu *Shiva*, maître du monde, est immobile. C'est sous son influence que *Shakti*, sa parèdre, produit tous les êtres. Celle-ci porte plusieurs noms : *Durgâ, Uma, Annapurna*, etc. Ceci est illustré par les admirables statues représentant l'accouplement sacré de *Shiva* debout, avec sa parèdre ; celle-ci doit effectuer les mouvements, car *Shiva* est immobile.

Du point de vue microcosmique, mon *Shiva* demeure au sommet de ma tête et ma *Shakti*, la *kundalinî*, énergie cosmique, sommeille dans ma dernière vertèbre sacrée. Elle doit s'éveiller et monter le long de la colonne vertébrale, dans un canal subtil nommé *sushumnâ*, pour réaliser ses noces avec *Shiva*.

Les Églises chrétiennes présentent les relations de chaque humain avec son créateur, comme une grande amitié de personne à personne, amitié pouvant aller jusqu'au mariage spirituel réalisé par les grands saints.

Jésus-Christ n'est pas contre cette interprétation, puisqu'il appelle « amis » ses disciples (Jn XV, 15). Cependant, il va beaucoup plus loin lorsqu'il nous compare aux sarments d'une vigne qui ne font qu'un avec le cep (Jn XV, 5) et surtout dans sa prière :

« Que tous soient un, comme toi, Père, tu es en moi et moi en toi, qu'ils soient en nous eux aussi, […] qu'ils soient un comme nous sommes un ; moi en eux et toi en moi, pour qu'ils soient consommés dans l'unité » (Jn XVII, 21-23).

---

[5] Si ce n'est que Yin et Yang sont *dans* la manifestation, *Purusha* et *Prakriti* en constituent le principe « extérieur » ou « antérieur ».

Si un ensemble A se trouve inclus dans un ensemble B, et que cet ensemble B se trouve inclus en A, ces deux ensembles coïncident. Il y a donc non-dualité (*Advaïta*) entre Dieu et les disciples de Jésus.

Enfin, Jésus-Christ est beaucoup plus qu'un avatar comme *Râma* ou *Krishna*. Il est la seconde personne de la sainte Trinité et le chef-d'œuvre de la création dans sa nature humaine. Dieu étant hors du temps, il conçoit toute la création dans le même instant et l'organise autour de Jésus-Christ. L'incarnation rédemptrice et la création qu'elle suppose, sont le prolongement dans le temps, de la gloire que le Fils rend éternellement à son Père[6].

II. Pratique

La métaphysique chrétienne se pratique comme cette religion.

La pratique du tantrisme et celle du *Sâmkhya* font partie des techniques du yoga. Elles nécessitent un long apprentissage sous la direction d'un maître qualifié.

Il reste le Vedanta qui *pourrait* être considéré comme le tronc commun de toutes les métaphysiques et de toutes les religions ; ses prescriptions sont universelles.

Pour reprendre les cinq images citées, le point de vue du Vedanta consiste à voir l'écran pendant la projection du film, l'eau dans les vagues, l'homme dans le danseur et l'acteur, la corde dans le serpent, en un mot : l'Immuable dans la manifestation.

Pour faire disparaître mâyâ, l'illusion, il faut se désenvoûter, se « déshypnotiser ».

Mais cela ne consiste pas à fuir le présent. Au contraire, vivre le présent est une maxime fondamentale de toutes les sagesses. L'adepte zen dit : « quand je mange, je mange ; quand je travaille, je travaille ; quand je marche, je marche ».

Or, vivre le présent c'est l'*accepter*[7], c'est accepter la totalité de ce qui apparaît.

Pour accepter, il ne faut pas comparer. Le ciel plombé est aussi beau que le ciel radieux. Je suis content de mon salaire, même s'il est inférieur à celui de mon collègue qui est bien moins efficace que moi !

Accepter n'est pas se résigner. En rentrant chez moi, je m'aperçois que l'appartement est inondé. J'accepte… mais je ferme le robinet !

---

[6] *cf.* Abbé Henri Stéphane, *Introduction à l'ésotérisme Chrétien*, éd. Dervy.
[7] *cf.* Arnaud Desjardins, *op. cit.*

En particulier : accepter ses défauts. Pour cela on peut penser que Dieu compense tout (« Toi qui enlève le péché du monde »).

Accepter plus vite que ses émotions[8].

Cette acceptation peut s'exprimer par la formule « Amen », acquiescement à tout ce qui existe, ou par son équivalent « *AUM* », résumé sonore du monde, depuis sa création en « A » (bouche ouverte) jusqu'à sa résorption en « U » (bouche ronde presque fermée) et « M » (bouche fermée).

L'homme ordinaire inspire avant d'expirer ; il prononce : « *Hamsa* », le grand cygne mythique identifié à l'*Âtman*. Il inspire en disant *ham* et expire en un sifflement : *sa*.

L'homme éveillé commence par expirer avant d'inspirer. Il inverse les syllabes, et prononce *so-ham*, qui veut dire : je suis lui (*Hamsa* upanishad).

La question fondamentale de la métaphysique est « qui suis-je ? » Elle fait l'objet d'un exercice de base, **le rappel**, préconisé par Lanza del Vasto (1901-1981) ; à pratiquer cinq ou six fois par jour :

« Qui suis-je ? Suis-je mon corps, mes sensations, mon poids, ma fatigue ? Ou bien suis-je mon personnage social, mon masque, mon métier, mes titres, mes décorations ? Ou ne suis-je pas plutôt mon intelligence, mes idées, mes théories, mes opinions ? Mon corps, mon personnage social, mon intelligence sont la surface de mon être. À partir de cette surface, comme celle d'une sphère, je plonge le long des rayons jusqu'au centre où Dieu me crée en permanence, mais je ne L'imagine pas, j'attends en silence que mes yeux s'habituent à l'obscurité et que se révèle mon être véritable ».

L'ensemble corps, personnage social et intelligence peut être désigné par le terme d'ego, c'est-à-dire le petit moi apparent et périssable.

Deux méthodes existent pour faire disparaître l'ego[9] :
- le brimer, le réduire par l'ascèse : voie du renoncement.
- Le dilater, lui faire englober tout afin de le diluer : voie de l'expansion.

La première se rapproche du *Sâmkhya* qui propose de dégager notre *Purusha* divin englué dans la *Prakriti* de la manifestation. La seconde, comme le tantrisme, utilise tout ce qui existe comme symbole du divin : les noces de *Shiva* avec sa *Shakti* représentant tout l'univers.

Cependant, la disparition de l'ego est intérieure, car il est nécessaire de soigner son corps, de valoriser son personnage et de développer son intelligence. Saint Paul se traite parfois de « faible, craintif et tremblant » (I

---

[8] *Ibid.*
[9] *Ibid.*

Co II, 3), ce qui ne l'empêche pas de faire son panégyrique dans d'autres circonstances (II Co XI).

Si le vedantin dit : « je suis Dieu », de quel « je » s'agit-il ? Est-ce l'ego ou le soi immortel ?

L'Upanishad du Couteau propose cette image d'un couteau bien aiguisé afin de trancher finement, à chaque instant, entre notre moi périssable et notre être éternel.

PAMPHILE

Appendice

L'« ontologie » : une métaphysique incomplète ?

L'ontologie, ou science de l'être, se situe en dessous de la métaphysique en tant que celle-ci traite de « l'au-delà de l'être ». Dans la perspective de l'hindouisme, on peut dire qu'*Îshvara*, Seigneur de tous les êtres, est l'Être par excellence ; il « personnifie » l'ontologie ; tandis que Brahman, qui est au-delà de l'être, « personnifie » la métaphysique.

Aristote (env. 384-322 av. J.-C.) a relevé trois équivalents de l'être, les transcendantaux : l'un, le vrai et le bien, auxquels certains rattachent le beau.

Tout être est un, vrai et bon.
- tout être est **un** en tant qu'il est. Sinon, il n'y aurait d'êtres que ses éléments. Tendre vers l'unification, c'est tendre vers l'être, et même vers l'au-delà de l'être. C'est la prière de Jésus avant de mourir : « Père, que tous soient un ».
- tout être est **vrai**. Il n'y a pas de faux diamants, il n'y a que du vrai cristal. La véracité est essentielle pour qui veut vraiment être. C'est d'ailleurs un des préliminaires indispensables pour tout adepte du yoga : *satya* (Patanjali II, 30).
- Tout être est **bon**, c'est-à-dire que tout être comporte quelque chose de positif, qu'il s'agisse d'êtres matériels ou d'êtres humains. En conséquence, tout être est à respecter et à aimer (pamphilisme).

L'être comporte trois contraires : l'avoir, le paraître, le néant.
- « Être et avoir » est le titre d'un livre du philosophe existentialiste Gabriel Marcel,
- « L'être et le néant » est le titre d'un livre du philosophe existentialiste Jean-Paul Sartre,
- « Être et paraître » est le titre d'un livre à écrire.

Pamphile

« POURQUOI Y A-T-IL QUELQUE CHOSE PLUTÔT QUE RIEN ? »

« Pourquoi y a-t-il quelque chose plutôt que rien ? »

Cette question de Leibniz[10], de par la nature des réponses qu'elle appelle, est peut-être la question métaphysique la plus synthétique. Ce n'est donc pas pour rien qu'elle ponctue et termine le discours de Martin Heidegger : « Qu'est-ce que la métaphysique ? »[11]

Et ce texte – ne serait-ce qu'à cause de son titre qu'il était nécessaire et légitime de réutiliser – ne pouvait manquer de faire partie de cet ouvrage.

D'abord, parce qu'il est un texte à la fois célèbre et récent, et qu'il émane de l'un des grands philosophes du siècle à peine écoulé.

Ensuite parce qu'il correspond à une période où la métaphysique a été rejetée comme fausse science et comme illusion et que, s'il s'agit ici de répondre à nouveau à la question : « qu'est-ce que la métaphysique ? », il a donc semblé pertinent de repartir de cette époque.

Enfin, parce que Heidegger a choisi d'y répondre d'une façon qui permet d'entrer directement dans la métaphysique, *plutôt que de tenir un discours* sur la métaphysique.

Il s'agit de la « leçon inaugurale » du 24 juillet 1929 de Heidegger, **enfin** *nommé professeur titulaire à l'université de Fribourg et succédant à Edmund Husserl qui l'a proposé pour occuper sa chaire. Il faut savoir qu'il s'agissait de parler devant et pour toutes les facultés, ce qui explique que le discours s'adresse à toutes les sciences.*

En voici un résumé, aussi fidèle que possible (dans son intention à tout le moins) et qui n'aura pris comme liberté particulière que de faire disparaître certains termes de ce que l'on a appelé le « jargon » de Heidegger ; notamment le terme célèbre de « Dasein », aussi

---

[10] Gottfried Wilhelm von Leibniz (Leipzig, 1er juillet 1646 – Hanovre, 14 novembre 1716) est à la fois philosophe, mathématicien, diplomate, bibliothécaire et homme de loi allemand, bien connu pour sa « monadologie » et beaucoup cité pour sa question métaphysique par excellence : « Pourquoi y a-t-il quelque chose plutôt que rien ? » suivi de : « et pourquoi ceci plutôt que cela ? » ; *Principes de la nature et de la grâce* (1714).
[11] *Was ist Metaphysik ?* (1929), première parution en français dans une anthologie de textes de Heidegger par Gallimard en 1938.

intraduisible en français qu'en allemand même[12], *à l'instar d'équivalents toujours développables, mais inutiles au propos de cet essai.*

QU'EST-CE QUE LA MÉTAPHYSIQUE ?
(résumé[13])

Introduction

Plutôt qu'un discours *sur* la métaphysique, voici une question métaphysique qui nous transportera directement *dans* la métaphysique, lui permettant de se présenter elle-même.

Développement de l'interrogation

Toute question métaphysique embrasse toujours toute la métaphysique ; si bien qu'il n'y a pas de questionné sans que le questionnant lui-même ne soit compris dans la question.

La multitude des disciplines scientifiques dispersées ne doivent plus leur cohérence qu'à l'organisation universitaire et aux buts pratiques poursuivis par les spécialistes, car chacune développe un rapport au monde selon l'étant recherché où elle se conforme au mode d'être de cet étant et à sa qualité particulière. C'est une **soumission** (*Unterwerfung* : assujettissement) envers l'étant, lui laissant le soin de se révéler lui-même.

De plus, comme le chercheur est un étant lui-même, il y a ***irruption*** d'un étant dans l'ensemble de l'étant. C'est cette irruption qui produit l'étant à lui-même. Dès lors, la science l'appelle un Autre, alors qu'il est son bien propre, absolument sien.

L'étant est la préoccupation unique de la science, l'étant et rien d'autre, rien en dehors ni rien au-delà de lui. Du Rien, elle ne veut rien savoir ; ainsi

---

[12] « En un sens, *Dasein*, non commun en allemand [s'entendant « couramment comme l'existence ou la réalité »], devient pour Heidegger un nom *propre* [avec un sens fort et particulier] et donc intraduisible même dans sa propre langue » ; Marc Froment-Meurice, « notice sur le texte et sa version française », *Heidegger, Qu'est-ce que la métaphysique ?,* Nathan/HER 2000, p. 25.

[13] Ce résumé est fait à partir de la traduction de Henry Corbin, *in Heidegger, Qu'est-ce que la métaphysique ?,* notes et commentaires de Marc Froment-Meurice, Nathan, Paris, 1981, rééd. Nathan/HER 2000, 144 pages. Aux quatre pages de ce résumé correspondent les dix neuf pages du discours dans l'édition citée (pp. 42-60). Les sous-titres font partie du texte original ; les mots soulignés (en italique gras) se réfèrent au lexique particulier de Heidegger ; les mots étrangers sont en italiques, et les locutions ou phrases entières en italiques correspondent à des citations textuelles de cette traduction française.

la science repousse-t-elle le néant. La conception scientifique rigoureuse du néant, c'est ne rien vouloir en savoir, ne rien vouloir connaître de ce Rien. Mais, le reléguant, elle l'allègue. Et sur le fond métaphysique de la duplicité entre être et étant, en se limitant à *rien-que-l'étant*, la science répète à l'envers cette duplicité.

Si bien que se pose avec acuité la question : *qu'en est-il du néant ?*

Élaboration de la question

Poser cette question va au moins révéler la possibilité ou l'impossibilité d'y répondre. Car la question elle-même est incongrue : demander « qu'est-ce que le néant ? » revient à poser qu'il serait quelque chose. Or le néant ne saurait « être » ceci ou cela. Toute réponse, de même, en bonne logique, est condamnée par avance : la pensée elle-même est forcément pensée de quelque chose.

Ou alors peut-être faut-il renverser la logique, puisque l'entendement ne sait poser qu'un problème qui disparaît immédiatement. Pourtant, si le néant se nie dès la question posée, dès l'apparition de « être », c'est parce qu'il est la négation de tout ce qui est, de la totalité de l'étant. Dès lors, plutôt que de croire qu'il y a le néant parce qu'il y a la négation dans l'entendement, c'est-à-dire que le néant serait une espèce particulière de chose niée, on peut penser que, à l'inverse, la négation n'est possible que parce qu'il y a le néant. *Le néant est originairement antérieur à la négation.*

Le néant étant la négation radicale de la totalité de l'étant, où et comment le rencontrer ? Ne pouvant nous-mêmes, êtres finis, atteindre la totalité de l'étant, nous pouvons au moins penser cette totalité puis la nier. Mais on n'atteint alors au mieux qu'un concept formel, et non le néant lui-même. Ne pouvant saisir l'ensemble de l'étant en soi, il reste donc à être au milieu de l'étant dans son ensemble. Cet événement continuel surgit dans l'**ennui** profond, celui qui rapproche les hommes et les choses dans une indifférenciation étonnante.

Étant alors en présence de l'ensemble de l'étant, il reste à saisir ce qui, par dévoilement, révélerait le néant. Il s'agit de l'**angoisse**, non pas celle qui serait angoisse de quelque chose ou qui laisserait quelqu'un qui serait angoissé, l'angoisse sans cause, si ce n'est le glissement de l'étant. Alors on se retrouve sans appui, il ne reste plus que ce « sans ». L'angoisse a révélé le néant ; toute parole est coupée et « on » est en suspens. Puis l'angoisse cède, et dans le souvenir frais, on sait dire qu'on s'angoissait pour rien. Et ce rien est le néant lui-même qui était là.

Puisqu'il s'est révélé, on peut dès lors le questionner :

Qu'en est-il donc du néant ?

La réponse à la question

Il reste donc à capturer le néant qui s'est dénoncé dans l'angoisse. Il n'a pas pris la place de l'étant qui glissait ; il s'est dénoncé *avec et dans l'étant, en tant que celui-ci nous échappe et glisse dans son ensemble*. C'est que le néant n'attire pas, il est essentiellement répulsion ; et cette répulsion renvoie à l'étant en train de glisser dans son ensemble. Le néant n'est pas une négation, il n'anéantit pas non plus l'étant ; simplement : *le néant néantise*.

S'il y a de l'étant et non pas Rien, c'est parce que ce rien rend possible la manifestation de l'étant. Et c'est parce que l'homme est retenu à l'intérieur du néant, qu'il peut soutenir un rapport avec l'étant comme avec lui-même. Le néant est la condition qui rend possible la révélation de l'étant comme tel. Ainsi, le néant n'est pas l'antithèse de l'étant mais, dans l'essence de l'Être même, se trouve dès l'origine le néant. *C'est dans l'être de l'étant que se produit le néantir du néant.*

C'est parce que le néant renvoie perpétuellement à l'étant que ce dernier devient niable et que la négation est rendue possible, comme l'un des modes issus du néantir du néant ; fondés par lui. Avec l'entendement qui se brise à la question du néant et de l'être, c'est *l'idée même de la « logique » [qui] se dissout dans le tourbillon d'une interrogation plus originelle*. Et c'est parce que l'homme est retenu dans le néant, à travers l'angoisse occultée, qu'il peut *passer au-delà de l'étant dans son ensemble ; c'est la transcendance*.

Comment cette interrogation sur le néant présente-t-elle toute la métaphysique ? C'est que, conformément à la définition de la métaphysique, cette interrogation amène à dépasser l'étant, dépassement qui y emporte le questionneur. De tout temps, la thèse – équivoque – de la métaphysique a été formulée comme : *ex nihilo nihil fit*, « du rien, rien ne se fait ». Cette simple référence permanente au néant est significative de la conception traditionnelle de l'étant.

- Dans l'Antiquité, le néant est conçu comme non-étant, comme une matière privée de forme, contrairement à l'étant formé, in-formé et présentant par conséquent un *eidos*, une Idée. Mais cette conception de l'être n'est pas plus discutée que le néant lui-même.

- Pour la dogmatique chrétienne, la formulation devient : *ex nihilo fit ens creatum*, « du néant se fait l'étant créé », et le néant dès lors s'oppose au

Ens increatum, « l'Être incréé », Dieu. Mais les questions de l'être et du néant ne sont pas posées comme telles, occultant la problématique du rapport de Dieu avec le néant, s'il est vrai que l'« Absolu » exclut tout manque d'être.

Ainsi, le néant demeure la notion antithétique de l'étant, sa simple négation. Mais, lorsque s'ajoute l'interrogation métaphysique sur l'être de cet étant, *le néant ne reste pas l'opposé indéterminé à l'égard de l'étant, mais il se dévoile comme composant l'être de cet étant.*

Si la thèse de Hegel : « l'être pur et le néant pur sont identiques » reste vraie, en ce que être et néant se composent réciproquement, ce n'est pas parce qu'ils concordent dans leur indétermination et immédiateté (selon le concept hégélien de la Pensée), mais parce que l'être ne se révèle que dans la transcendance, lorsque, de retenu qu'il est dans le néant, il émerge hors de l'étant.

Si la question du néant traverse tout l'ensemble de la métaphysique, c'est parce qu'elle nous contraint au problème de l'origine de la négation et de la légitimité de la souveraineté de la « logique » en métaphysique. On peut donc modifier la formule ancestrale en *ex nihilo omne ens qua ens fit*, « du néant se fait tout étant en tant qu'étant ». Et lorsqu'il s'interroge sur le néant, l'étant qui questionne se comprend dans sa question. *Ainsi, c'est uniquement parce que le néant est révélé que la science peut faire de l'étant l'objet de sa recherche. Et c'est l'unique condition que la science* ex-*siste de la métaphysique, qu'elle peut reprendre sans cesses sa tâche*[14].

C'est parce que le néant nous est révélé que l'étrangeté de l'étant peut nous assaillir. C'est à la condition que son étrangeté nous oppresse, que l'étant éveille l'étonnement, c'est-à-dire la manifestation du néant. C'est en raison de l'étonnement, que surgit le « pourquoi ». C'est parce que le pourquoi est possible comme tel, que nous pouvons questionner sur les fondements. Et c'est parce que nous pouvons fonder, qu'un destin de chercheur peut être confié à notre existence. La question métaphysique sur le néant nous met donc nous-mêmes en question. Elle implique donc que la métaphysique est la nature, ou mieux : l'essence de l'homme. « C'est par nature que la philosophie est présente dans la pensée de l'homme », dit Platon dans *Phèdre* (279 a), et *la philosophie n'est que la mise en marche de la métaphysique.*

Et dans cette mise en marche, qui ne peut être que la mienne propre, voici ce qui est décisif : d'abord l'accès à l'étant dans son ensemble, ensuite le lâcher prise dans le néant, affranchi des idoles, et enfin, l'état de suspens,

---

[14] « ex- » est en italique dans le texte original.

qui nous ramène à *la question fondamentale de la métaphysique, celle qui extorque le néant lui-même :*

Pourquoi y a-t-il de l'étant plutôt que Rien ?

« Martin HEIDEGGER »[15]

Sans vouloir entrer dans un commentaire (de ce résumé) du texte de Heidegger, il nous semble néanmoins opportun de relever quelques-unes de ses remarques, affirmations essentielles ou problématiques fondamentales de la métaphysique, et qui seront, ici ou là, discutées :
- Toute *interrogation métaphysique ouvre à* toute *la métaphysique et implique intrinsèquement le questionneur dans la question, puisque « la métaphysique est la nature, ou mieux, l'essence de l'homme »* (« *l'homme est un animal métaphysique* », *avait dit Schopenhauer – 1788-1860) ;*
- *Le fondement de la logique est nécessairement métaphysique, en particulier, la possibilité de négation*[16] *;*
- *Toute « science ex-siste de la métaphysique »*[17]*, et la « philosophie n'est que la mise en marche de la métaphysique ».*
- *Et cette question fondamentale, synthétique, de Leibniz : « Pourquoi y a-t-il quelque chose plutôt que rien ? »*

Bruno BÉRARD

---

[15] Les guillemets pour rappeler qu'il ne s'agit ici que d'un résumé, aussi sincèrement fidèle que possible, du discours de Heidegger.
[16] Voir François Chenique, *Éléments de Logique Classique, L'art de penser, de juger et de raisonner*, rééd. L'Harmattan, 2006 et *supra* « Métaphysique et logique ».
[17] « Ex-sister », étymologiquement, c'est « se tenir hors » (du Principe).

Appendice

ÉTANT OU ÊTRE, ONTOLOGIE OU MÉTAPHYSIQUE

Le questionnement philosophique de Heidegger est essentiellement consacré à dénoncer la confusion entre « être » et « étant » – distinction essentielle –, mais confusion qui, selon lui, serait constitutive de l'histoire de la métaphysique occidentale – ce qui est discutable.

Tout d'abord, il est vrai que définir l'être apparaît d'emblé paradoxal. Ainsi cite-t-il Pascal (1623-1662) dans une note de son introduction à *Être et temps*[18] : « On ne peut entreprendre de définir l'être sans tomber dans cette absurdité : car on ne peut définir un mot sans commencer par celui-ci, *c'est*, soit qu'on l'exprime ou qu'on le sous-entende. Donc pour définir l'être, il faudrait dire *c'est*, et ainsi employer le mot défini dans sa définition »[19].

Néanmoins, et c'est ce qui est « incontestable dans l'analyse heideggérienne : l'Être véritablement être ne saurait être identifié à l'être singulier, à l'étant »[20]. Ainsi « nous voyons un arbre, un chat, un homme, une table, et nous disons qu'ils existent. Mais le fait même qu'ils sont, nous ne le voyons pas. L'Être, […] ce par quoi il y a quelque chose et non pas plutôt rien, cette différence radicale et presque inconcevable qui fait saillance hors du rien, l'être comme acte, nous l'oublions, masqué qu'il est par les choses et les "étants" qui manifestent sa présence »[21]. Pour autant, en ce qu'il prend conscience de cet oubli, l'homme est donc cet étant qui a toujours déjà une certaine entente de l'être : non une connaissance mais une certaine compréhension implicite de ce que signifie « être ». En revanche, et sauf à en rester à quelque éventuel raccourci scolastique, il semble spécialement

---

[18] *Sein und Zeit*, Niemeyer, Halle an der Saale, 1927. Cette introduction est justement titrée : « L'exposition de la question du sens de l'être ».
[19] Pascal, *Pensées et opuscules*, éd. Brunschvieg, Paris, 1912 ; Heidegger, *Être et temps*, Gallimard, Paris, 1986, trad. *Sein und Zeit*, Niemeyer, Tübingen, 1976.
[20] Jean Borella, *Symbolisme et réalité, histoire d'une réflexion*, p. 64.
[21] Jean Borella, *Penser l'analogie*, p. 42.

inexact d'affirmer que la métaphysique ne saurait soutenir l'effort spéculatif de la question de l'être et, qu'à peine ouverte, elle refermerait cette question en identifiant l'être à l'étant, à la substance (*ousia* : « étance »), ni qu'elle identifie l'être à l'Étant suprême (Dieu), si bien que l'ontologie ("la pensée de l'être") n'aurait « de cesse de se reposer de son effort spéculatif en sombrant dans la théologie (la "pensée de Dieu") », réalisant ce qui serait l'essence de la métaphysique, son péché originel : l'onto-théologie (*sic*)[22].

Le mot « ontologie » semble provenir du philosophe allemand jésuite Johann Clauberg (1622-1665), disciple de Descartes et donc indirectement influencé par le jésuite espagnol Francisco Suarez (1548-1617), lequel « sera le premier à redécouvrir cette assimilation prématurée de la science de l'universel et de la science du premier »[23] ; la « science de l'universel » étant la science de l'idée d'être considérée dans toute son abstraction et s'appliquant donc universellement, alors que la « science du premier » est la science de l'Être premier (Dieu) se distinguant de tous les autres par son éternité, autosubsistance, etc. Avant Suarez, les médiévaux assimilaient implicitement la métaphysique : étude de l'être en tant qu'être, avec la théologie : étude de l'Être premier, rendant inutile le terme particulier d'« ontologie », puisque l'Être premier est le principe de l'être en général – ce que l'on peut soutenir dans l'ordre ontologique aussi bien que dans l'ordre noétique[24]. Néanmoins, « pour Suarez, saisir théologiquement l'Être premier n'est possible que sur la base de la notion commune d'être en général (*Disputationes metaphysicae*, I, 5, 15) » – ce que l'on peut accorder « à condition de reconnaître que cette notion n'est elle-même possible que sur la base d'une intuition fondamentale de l'Être en tant que tel ou, si l'on préfère, du sens inné de l'être, qui est le "souvenir" ou la trace subconsciente que l'acte créateur de Dieu a laissée dans notre âme »[25].

En dépit de cette lignée d'influences : Suarez-Descartes-Clauberg-Kant-Heidegger, nous proposons de retenir que, puisqu'on s'accorde sur le fait que l'être est *au-delà* de ses déterminations particulières (un être déterminé est un étant), on peut considérer que l'onto(être)–logie(science)

---

[22] *Ibid.*, pp. 42-43. Ce terme « onto-théologie », utilisé par Heidegger (*Was ist Metaphysik ?* (1929), Vittorio Klostermann, Frankfurt a. M., 1949, p. 18 (*Question I*, Gallimard, 1968, p. 40 ; également, *La constitution ontothéologique de la métaphysique* (1957), pp. 277-308 ; *Penser l'analogie*, p. 43) vient de Kant (*Critique de la raison pure*, Ak. III, p. 420 ; *Œuvres philosophiques*, « Pléiade », t. I, p. 1239 ; *ibid.*, p. 43).
[23] Pierre Aubenque, « La question de l'ontothéologie chez Aristote et chez Hegel », in *La question de Dieu chez Aristote et chez Hegel*, P.U.F., 1991, p. 265 ; *Penser l'analogie*, p. 44.
[24] *Penser l'analogie*, p.45.
[25] *Ibid.*, p. 45.

n'est pas si différente de la méta(au-delà)–physique(étants), d'autant que la métaphysique ne réduit pas Dieu au statut d'Étant premier (onto-théologie), même chez Aristote[26].

Parlons donc de métaphysique chaque fois que l'étude porte sur l'« au-delà de l'être » plutôt que sur l'être, ou sur l'être plutôt que sur l'étant.

Bruno BÉRARD

---

[26] Cette difficulté, liée à une certaine ontologie aristotélicienne par trop substantialiste, se résout, chez Aristote même, avec sa doctrine de l'acte et de la puissance : « L'universalité de l'être (le fait qu'il peut se dire de toute chose) ne s'explique que comme une *conséquence* de la primauté de l'Être divin. Sans la théologie de l'Acte pur de l'Être premier, l'universalité de l'être ne peut être que celle d'une abstraction, et l'ontologie se réduit à la logique. C'est pourquoi on peut conclure que, chez Aristote, "c'est une *métaphysique de l'acte* qui, finalement, se substitue, pour la solution du plus grave des problèmes, à la *logique de l'être*" » ; Jean Borella, *Penser l'analogie*, Ad Solem, 2000, p. 61 (la phrase conclusive cite Christian Rutten, « L'analogie chez Aristote », *Revue de philosophie ancienne*, Ousia, Bruxelles, 1983, n°1, p. 48).

L'AUTRE CÔTÉ DE LA PAROLE – MÉTAPHYSIQUE ET POÉSIE

Muse, sibylle, vestale, bacchante…
Poésie est de nulle part, mais on la voit partout s'affairer où il y a chance de splendeur, partage d'étrangeté, possibilité d'aventure et d'alchimique transmutation : à l'intersection du dire et du dit, sur la frontière des incertitudes, au carrefour des saisons, aux essors de l'oiseau, aux bousculades de l'ardeur. Partout présente, toujours active, elle hante les décombres, les déserts et les îles. On la retrouve entre les tombes où l'oubli pousse ses courants d'air, à la hune des rêves en partance, dans les mansardes qu'ensoleillent des toiles d'arachnides. Elle gît, mendiante, au bas de l'escalier du temple, rayonne sous le dais de la salle des audiences. Partout où retentissent les enclumes du jour, ses ouvrages d'homme, ses cortèges, partout où rit et pleure une âme, où gémit l'essieu du char, l'axe de diamant du monde, elle se loge et devient leurs bruits.

Elle s'y fait aussi confidence, et témoignage, et signe ; la Grande Geste du Tout. Elle note dans son carnet les soupirs de la nuit, le baiser des victoires ; aux avant-postes du carnage, elle stylise les râles, aux portes du cœur, transcrit les sanglots. Elle s'écrit dans le murmure des feuilles, sur l'onde inépuisée, dans la roche et le sable. Elle regarde passer au loin les siècles aux caravanes d'orages. Elle mesure les espaces, démembre les durées, en garde les hauts moments (qui peuvent n'être que l'instant d'un aveu, d'un adieu), arpente des vides révulsés. Elle est clarté nocturne, songerie méridienne, gnose aurorale.

Elle est enfantement de la Parole en la pensée, déversement de l'éternité dans le temps, de l'immobile dans le rythme. Elle est la manière dont le langage s'y prend pour faire sonner le silence sur la margelle des mots. Elle est une autre façon de proférer le même ; une tentative osée pour exprimer l'inexprimable. Médiation entre la nature et la surnature ; approfondissement, amplification, élucidation volontairement incomplète ; complément voulu d'obscurité ; promesse et réminiscence ; moins architecture que fluidité, prière que ferveur. Relativement absolue, subjectivement objective, elle est mise en forme des archétypes, système de tensions résolues, transcription, à l'encre sympathique, de l'Âme du Monde. Même alourdie des fastes de la célébration, elle garde la légèreté d'une démarche de fiancée ; quelque chose en elle ressemble à un rendez-vous d'amour. Il y a dans ses images l'humidité du regard, dans sa solennité, la tendresse d'un sourire, dans son rythme, l'ample respiration de la vague marine.

Elle ne prétend ni démontrer, ni convaincre, ni enseigner, mais illuminer à l'aide d'un choc émotif spécifique, qualitatif, permettant de reconnaître soudainement une certaine espèce de réalité embusquée derrière phonèmes et phénomènes. Pour y parvenir, elle suscite des dislocations, fait se concerter des opposés, invente des jeux de réverbérations et de réciprocités, comme celui des miroirs où chacun reflète les autres, fait éclater les ordinaires représentations du monde, oblige le langage à se remettre en cause, à se rendre irréductible, différencié, advenu à lui-même. Elle cristallise le mot, le constelle.

Elle détient le triple pouvoir de transposition, de métamorphose et de transfiguration. Là où se tient l'arbre, elle fait une arborescence ; du passé, elle fait un souvenir, du futur une prophétie, du savoir, une saveur. Elle unit enfance et sagesse ; des cinq sens, elle tire les synesthésies ; du huit de l'Infini, le double octosyllabe du vers de l'épopée hindoue. De la vie, elle broie les couleurs pour en faire un bouquet, du multiple, les chatoiements pour en faire des airs de danse. Du lac, elle cueille les reflets ; d'une caverne, elle voit la bouche d'ombre ; le soleil lui est cymbale, coupe de sang. Elle reconnaît les alphabets de la nuit dans la lumière, le très grand dans la petitesse, le lointain dans le tout proche. Elle libère l'infini pressé par les clôtures ; elle révèle des secrets qu'elle ne dévoile pas, discerne dans l'apparence ce qui échappe à l'illusion. Elle sait le goût des choses, dit le chiffre des êtres. Elle immensifie et mythologise ; confère un sentiment de paix et de perfection.

Il y a en elle quelque chose de sereinement énigmatique, quelque chose qui ressemble à une quête passionnée, à une obsession d'offrande ; une sapience incantée, une fraîcheur d'adolescence, une sacralité.

Se consentant au poème, elle s'y concentre, s'y exprime. Achevé, le poème se fait commencement.

Le poète est l'amant, mais aussi le fils, le frère, le scribe, le disciple, l'interprète de Poésie. Elle ne le reconnaît pour sien que s'il rassemble en lui un nombre normatif d'énergies, de vertus, de talents. Les a-t-elle reconnus, elle s'empare de lui avec l'exigence d'une possédée qui l'entraîne sur ce bûcher que lui, prend pour leur couche, et l'être de désir qu'elle est entreprend de se faire toujours plus dévorante. Car le langage total veut l'engagement total.

Outre les conditions favorables accordées par la destinée, telles que la solitude studieuse, le calme, les loisirs, les voyages, la compréhension d'autrui, il faut tout ensemble au poète le don natif, l'irrévocable vocation, la culture intellectuelle, la fureur inspirée, le travail obstiné ; il lui faut encore la mémoire, la concentration, l'émotion vécue et maîtrisée, la puissance, l'enthousiasme, l'inspiration, la maturité, la patience, la sévérité, le pouvoir de communion, le dépouillement, l'insatisfaction, la certitude, l'équilibre intérieur, et sans doute aussi, la blessure secrète[27].

Le poète se compte, peut-on dire, trois compagnons de route, doués du don d'ubiquité puisqu'ils habitent hors de lui, mais souvent aussi en lui, qui l'assiègent, le séduisent, le font se renier : *l'homme* banal, trivial, qui, en se croyant poète, n'est que versificateur ; *l'orateur* habile, riche en procédés, qui prend pour poésie ses jongleries et son verbiage ; le *mystique*, qui ressemble au double du poète, mais travaille à se décréer au lieu de créer. Le poète ne prend que lentement conscience de ces pénibles ambiguïtés qui voudraient le faire être ce qu'il n'est pas, et de ces différences qui, seulement maîtrisées, feront de lui ce qu'il est.

Là où le poète naît poète, l'homme devient orateur, et le mystique renaît mystique. Là où l'homme tend au parler, l'orateur au discours, le mystique au silence, le poète tend à une parole silencieuse. Là où l'homme prend et garde, où l'orateur proclame, impose, où le mystique donne et s'efface, le poète sacrifie pour obtenir le meilleur et donner le plus rare. Là où l'homme voit des fleurs, l'orateur, des fleurs de rhétorique, le mystique, des roses mystiques, le poète voit plutôt des jeunes filles en fleurs. Là où l'homme voit l'océan, l'orateur, un vacarme à dominer de sa voix, le mystique, un torrent d'eau vivante, le poète voit la « mer allée avec le soleil ». Là où l'homme assiste à une révolution, où l'orateur s'empare d'une occasion de s'illustrer, où le mystique entreprend la guerre intérieure, le poète, quant à lui, saisit quelque chose du métalangage. Là où l'homme ne voit que des pleins et des creux, l'orateur, des antithèses, le mystique, des ascensions et des exodes, le poète voit l'empreinte des pas que la justice a laissés sur la terre à la fin de l'Âge d'or.

Là où l'homme voit la souffrance, où l'orateur s'indigne, accuse, dénonce, où le mystique finit martyr, le poète se découvre simple frère du souffrant. Là où l'homme voit le salon, le bureau et ses fiches, l'orateur, la tribune et la rue, le mystique, sa cellule, le poète ne voit rien. Là où l'homme

---

[27] Et Râjasekhara d'ajouter : « les ongles des pieds bien taillés » (*Kavyamîmânsâ*, I, 10) !

ne voit rien, le poète établit des réseaux de correspondances ; là où l'orateur énumère, oppose et sépare, là où le mystique unifie et contemple, le poète chante le chant du poème.

Poésie a suffisamment de discernement pour démêler de tous ces hommes lequel est le seul vrai poète. C'est vers lui qu'elle s'avance après l'avoir élu, pour faire de lui la terreur des flambeaux qui obscurcissent.

*
*   *

Parce que l'homme et Poésie se correspondent intimement, poète et poème sont un ; et l'on peut soutenir que les quatre « états » dont parlent de nombreux textes à propos de l'être humain – en particulier, ceux de l'Inde à laquelle nous allons nous référer maintenant – concerneraient semblablement l'être poétique[28].

Proposons ici quelques équivalences.

L'état de veille, qui correspond à l'aspect physique et à la connaissance externe, est ce qui constitue également le *corps* du poème, son immédiate substance. Comprenons : les structures grammaticales, les articulations logiques du discours, l'agencement formel des vocables et des sons, l'union des sons et des sens, les règles versificatoires, tout ce qui contribue à la chair même de l'organisme poétique. Les mots utilisés sont les mots audibles – les *dhvani* – équivalant, au niveau des constituants de la matière, aux éléments sensibles de la manifestation grossière que sont les *bhûta* : « l'enveloppe alimentaire ». C'est à ce même corps du poème qu'appartiennent le sens littéral des termes, nominateurs des choses dans un langage fixé, les ornements du style et ses savants artifices, les mètres en tant que groupements réguliers de syllabes.

Le corps du poème en constitue la terre, que symbolisent les pieds, (dont on rapprochera les « pieds » des formules métriques)[29]. Il est le résultat du savoir-faire de l'artiste, de la technique et des recettes, de la construction laborieuse d'un mental apte à organiser, disposer, rectifier, à ce « créer en toute conscience » cher à Valéry, mais inauguré par Malherbe, froid « arrangeur de syllabes ». C'est à ce premier niveau que se manifestent le travail, le règne d'une lucidité volontaire, de l'*ostinato rigore*. On peut dire qu'à ce niveau apparaît et se tient la *Musa revelata*, la « Muse révélée », et révélant par là même l'ensemble du *faire* poétique.

---

[28] Voir, par exemple, la *Mândûkya-upanishad*, I, 3-15, qui distingue l'état de veille (*jâgarita-sthâna*), l'état de rêve (*svapana-sthâna*), l'état de sommeil profond (*sushupta-sthâna*), et l'état inconditionné d'*Atmâ* (*turîya*).

[29] Le sanskrit *pâda* désigne à la fois le pied d'un vers et les quatre états dont nous parlons.

Comme l'état de veille exprime le corps du poème, on peut dire de l'*état de rêve* qu'il en suggère *l'âme* et son domaine aussi mouvant que délicat. Il est ce qui relève de l'imagination, du pouvoir de suggestion des mots, dont le but est de les dévier positivement, de leur donner un surplus de sens, de favoriser l'évasion vers un monde idéal et une vision synthétique. Il est ce qui irradie le poème de l'intérieur à l'aide de tout un réseau de tournures de langage lui donnant chaleur et lumière, en constituant l'armature subtile, le « char de feu » : les figures de rhétorique, point encore dégradées, ravalées aux astuces de l'éloquence, mais plongeant directement dans leur ascendance onirique, où souplesse et absence de contraintes libèrent l'être, lui octroient toutes les audaces.

L'image relie entre eux deux objets sans rapport logique : un pâtre et un promontoire, un chapeau et des nuages. À la faveur de substitutions analogiques, la métaphore restitue au langage sa fluidité et sa polysémie d'origine ; l'hyperbole amplifie l'idée au moyen d'une expression qui la dépasse, assure le passage à une réalité inaperçue, insoupçonnée, tandis que la paranomase rapproche des termes presque homonymes, à la façon des sonorités entendues dans le rêve. La synecdoque prend la matière pour l'objet, la partie pour le tout, confond l'espèce avec le genre, emploie le pluriel pour le singulier ; la métonymie exprime un objet à l'aide d'un mot qui en exprime un autre : la cause pour l'effet, le contenant pour le contenu, le signifiant pour le signifié[30]. Tout ce qui brouille en somme les pistes, s'amuse aux confusions, aux *glissandi* sémantiques, émousse les contours, rend la matière flottante et la vaporise, tout ce qui crée un monde oblique ou à l'envers, à l'instar d'oracles ambigus, et ruine l'ordonnance rationnelle, se trouve dans le jeu mouvant des figures de rhétorique, qui ne procèdent pas autrement que le rêve, dont probablement, elles dérivent.

Au chapitre de la versification, l'on citerait, de même, la rime qui se souvient des jeux de mots et de la « langue des dieux », ainsi que l'allitération, multiplicatrice des mêmes sonorités : l'une et l'autre d'origine magique, destinées à agir sur les nœuds vibratoires de la psyché ; le rythme enfin, qui épouse les inflexions affectives du poème, souligne ses sinuosités en rapport avec le souffle, qui en garde la souple continuité et la liberté inventive ; constituant l'« enveloppe vitale » du poème, précisément faite de « souffles ».

---

[30] Le mot sanskrit pour désigner la métonymie est *bhakti*, plus connu dans le sens d'« adoration mystique ». Mais la métonymie ne suggère-t-elle pas un mouvement adorant dans la mesure où les deux pôles du concept se rapprochent, échangent leur sympathie au point que chacun se prenne pour l'autre ?

Le poète, ici, se trouve mû par l'*Inspiration*, qui précède le travail, par un instinct mal défini qui lui dicte ce qu'il a à faire, par une vision générale et peu précise de l'œuvre. Tel est le champ où s'exerce la *Musa naturata*, la « Muse naturée » en tant que réceptivité, siégeant dans l'espace intermédiaire entre le poème manifesté qu'elle détermine et le poème potentiel dont elle-même dépend.

C'est à *l'état de sommeil profond* que correspond ce poème potentiel qui en est comme *l'esprit*, autrement dit l'aspect causal. Là réside le monde des *sphota* – les « mots-germes » –, fondements ontologiques du langage, entités verbales non audibles et inaltérables ; équivalant au niveau des constituants de la matière, aux essences élémentaires, ou déterminations d'ordre spirituel que sont les *tanmâtra*. (Ainsi du mot *fleur*, d'où « musicalement, écrit Mallarmé, se lève, idée même et suave, l'absente de tous bouquets. ») Là, résident aussi, dans une masse indifférenciée, l'espace germinatif où le poème se déploiera, son projet, la « chose à dire », chargée d'éléments encore principiels, dont le poète n'a pas le sentiment lucide, mais qui affleurent sa conscience : vocables au stade archétypique, phrases encore indistinctes, et jusqu'au rythme même qui pourra déterminer à lui seul toute l'œuvre ; ainsi du décasyllabe, vide encore de mots, qui inspirera le *Cimetière marin*.

Si ce qui présidait aux deux états précédents relève d'une organisation consciente et subtile – on en rapprocherait peut-être le *tse* de la poésie chinoise –, ce qui règne en ce troisième état est le principe interne des choses, leur préfiguration, leur influence encore non visible, non lisible – le *li* – : l'empire de l'ineffable, où se laissera lentement circonscrire, reconnaître le sujet du poème par une « contemplation silencieuse » – le *kouan* –, où n'est pas encore perceptible la dualité entre le sujet lui-même et celui qui le porte en lui, exempt encore de toute volonté préconçue, dans une disponibilité latente, dans une disposition ouverte, non encore *animée*.

Le poète se trouve ici sous l'influx de l'*Intuition* ; il y accomplit sa veillée d'armes, durant laquelle se profileront sans qu'il puisse encore s'en saisir les premiers linéaments de l'œuvre, comme la rivière reflète sans le retenir un vol de cygnes. Plus qu'il ne perçoit, il pressent ce qui n'est encore qu'un ensemble, qu'une atmosphère diffuse : une mosaïque d'impondérables. Tout ici palpite encore dans la lumière muette et dans l'attente active de la *Musa naturans*, la « Muse naturante », génératrice des modalités poétiques prises dans leur essence.

Au centre des trois premiers états resplendit le quatrième, l'*état non-manifesté,* qui les contient, les déploie et les manifeste ; il est ce qui persiste, invariable, en chacun d'eux ; il en est l'« enveloppe de béatitude ». Irréductible à toute analyse critique, il en est l'aspect encore illimité, seulement lourd de tous ses possibles ; « supérieur à ce qui est connu, et au-delà même de ce qui n'est pas connu », pourrait-on dire de lui ; ou encore, « ce qui n'est point manifesté par la parole, mais par quoi la parole est manifestée. » Cet état d'indifférenciation dans l'au-delà de toute manifestation extérieure est le Soi du poème, échappant à toute description comme à toute poétique, dans une intimité plus intime au poème que sa propre intimité.

Nous sommes là dans le *cœur* de l'œuvre, dans ses « entrailles ». *Kardia* et *chordê* sont au grec ce qu'est au sanskrit *hridaya*, désignant le séjour du suprême Brahman ; et ces mots sont autant de correspondants au français « cœur » (à lire peut-être aussi « chœur ») et « corde ».

Si le corps, l'âme et l'esprit manifestent le Soi du poème, le Soi se manifeste lui-même dans *l'essence* poétique. Cette essence est essentiellement « saveur » (*rasa*).

C'est elle que certains théoriciens ont voulu cerner dans la « résonance » : ce qu'en nous, l'œuvre éveille en souvenirs, impressions, sentiments ; d'autres, dans l'« équivoque » : ce qui nous surprend en elle par les interprétations diverses que son ambiguïté suscite ; ou encore, dans le « style » : sa manière de nous parler à l'aide de procédés expressifs.

Mais il va de soi que l'essence poétique ne peut être trouvée que dans l'Essence même de la poésie, au-delà des « saveurs » répertoriées ; dans une Saveur supérieure où un subtil mélange de joie, d'admiration et d'émerveillement est capable de déclencher un état de conscience singulier, une plénitude de félicité. L'essence savoureuse du poème en est en quelque sorte l'*Atmâ*. Elle est ce qui réside en son fond le plus profond, ce qui en émane, en transcende les composantes dans la *nuée* d'une réalité indivisible. Leur juxtaposition y devient réseau de correspondances complémentaires : la quête de l'Essence relève d'une démarche systémique. Elle est ce qui subsiste quand, une fois épuisés les commentaires de toutes sortes, il ne reste plus de l'œuvre que l'effluve inanalysable, l'ineffaçable parfum. La surprendre sera éprouver que cette œuvre est belle sans doute, unique, d'une espèce irremplaçable, mais s'avouer en même temps incapable de dire en quoi et pourquoi. L'ultime délectation est peut-être dans cette capitulation de l'intelligence et du sentiment devant plus qu'ils ne sont eux-mêmes.

Pulvérulence du sacré, la Saveur se plaît dans l'instantané, dans l'éclair proposé à nos vigilances : on la surprendra davantage dans un vers isolé, extrait du délayage verbal, que dans un poème suivi. Elle se rencontrera surtout dans ces vers gracieusement donnés par les dieux, dans lesquels le poète semble n'être pour rien : – innocent réceptacle, transmetteur irresponsable, seulement pétri de *nescience*. Ce qui est à l'œuvre alors en lui est la très mystérieuse *Musa abscondita*, la « Muse cachée », se dérobant à toute investigation critique, en amont des composantes et combinatoires concertantes de l'*opus poeticum*.

Se retrouverait ici, *mutatis mutandis*, la distinction psychologique entre le *logos hystérikos*, fait des eaux torrentueuses du langage, et le *logos spermatikos*, dont la concision recèle des diamants d'essentiel. Il faut au surgissement de la Saveur la conjonction de tant d'heureux *hasards*, une si exceptionnelle conjuration de la pensée, des vocables et des sonorités, une telle plénitude unitive, que tout vers savoureux ressemble moins à un assemblage mesuré de syllabes qu'à un signe d'excellence, un instant divin, un miracle. La Saveur dont il est doué est le *plus* qui se surimpose à la somme de ses mérites et de ses réussites.

Quoique la Saveur ne soit elle-même ni sensation, ni émotion, ni concept, puisqu'elle ne relève en effet ni du corps, ni de l'âme, ni de l'esprit du poème, elle détient cependant le triple pouvoir d'exalter par son *énergie*, d'attendrir par sa *suavité*, d'illuminer par son *évidence*. Pour nous en tenir à notre seule poésie, nous pourrions y trouver un certain nombre de vers gorgés d'essence, tout en sachant que l'une de ces trois modalités l'emportera toujours sur les deux autres.

Ainsi, dans ces vers d'Aubigné, où la fréquence du O semble dessiner autant de bouches ouvertes dans des épaisseurs de sonorités spongieuses :

Comme un nageur venant du profond de son plonge,
Tous sortent de la mort comme l'on sort d'un songe[31] ;

ou dans ceux de Malherbe, battus de poussière solaire et radieux d'une transparence printanière et provençale, celles qui, d'une terre rendue à l'Âge d'Or, font un immense verger, éclatant d'allitérations :

La moisson de nos champs lassera les faucilles
Et les fruits passeront la promesse des fleurs[32].

Ou encore, dans celui de Vigny, d'une solennelle majesté et d'une tonalité gnostique :

Son Verbe est le séjour de nos intelligences[33].

---

[31] Les Tragiques, VII, *Jugement*.
[32] Poésies : *Prière pour le roi Henri le Grand*.
[33] Les Destinées, *La Maison du Berger*, II.

Ce qui règne là est une *énergie* conférant aux vers puissance, abondance et massivité.

Dans le vers de La Fontaine, qui coule de source dans sa simplicité native et paradisiaque :

L'onde était transparente ainsi qu'aux plus beaux jours[34],

ou dans ceux d'Apollinaire :

Voie lactée ô sœur lumineuse
Des blancs ruisseaux de Chanaan[35],

ce qui s'épand est l'élément de *suavité*, inspirateur d'une douce émotion et d'un ravissement discret.

Enfin, dans le vers *nombreux* à souhait de Mallarmé, capturant des contraires réconciliés dans la solidité marmoréenne des syllabes :

Le transparent glacier des vols qui n'ont pas fui[36],

ou dans celui d'un Rimbaud visionnaire :

L'aube exaltée ainsi qu'un peuple de colombes[37],

ou encore, dans celui de Saint-John Perse, unissant le concret à l'abstrait – autant dire la matière et l'esprit, ce qui est un des secrets de la réussite poétique :

Les essaims du silence aux ruches de lumière[38],

ce qui éclate à l'évidence, c'est précisément *l'évidence*.

Si même le sens des vers peut sembler hermétique, dont l'exégèse révèle un étagement de lectures, il n'en reste pas moins que c'est cette *évidence*, qui, au comble de l'obscur, essentialise ces vers.

Il convient d'ajouter que ces trois vertus majeures s'interpénètrent toujours à divers degrés, comme le prouve la difficulté d'un classement rigoureux, de la même manière que s'interpénètrent les trois « états » du poème, et que c'est dans leur fusion sans confusion que réside l'essence de tels vers : origine indéfinissable du rapt dont nous serons à la fois les victimes consentantes et les héros extasiés.

*
* *

---

[34] Fables, VII, 4.
[35] Alcools, *La Chanson du Mal-aimé*.
[36] Poésies, *Le vierge, le vivace…*
[37] Poésies, *Le Bateau ivre*.
[38] Anabase, VII.

Ces quelques considérations tendent à prouver qu'il existe d'évidentes *passerelles* entre métaphysique et poésie. Même d'allure apparemment profane – mais un certain profane ne relève-t-il pas du « sacré » ? –, la poésie occidentale, et française en particulier, offre d'étranges relations, ou « correspondances » avec la poétique hindoue, elle-même fortement imprégnée de métaphysique. N'oublions pas, au demeurant, que notre langue, à l'instar du latin et du grec dont elle provient, est, tout comme le sanskrit, d'origine indo-européenne.

Cette poétique nous fait remonter de degrés en degrés, toujours plus subtils, du simple vocable audible, le *dhvani*, au *sphota*, lequel est né du Son primordial, le *nadâ*, lui-même issu du Point limite, le *bindû*, autrement dit *Paravâk*, l'« Outre-parole », symbolisée par le AUM originel, la Vibration potentiellement créatrice, le souverain Silence.

Mais, de cristallisations et de matérialisations croissantes du Silence qui se tient en amont de tous les sons et de tous les silences mêmes, ce ne sont pas seulement les mots articulés et les différentes sortes de langages, qui lui ont servi de véhicules, de transmetteurs, lui ont permis de se manifester en autant de *théophanies sonores*. En sortant de soi-même et en se déployant à l'infini, ce Silence susciterait également les parties constitutives et les états de conscience de l'être humain, et parce que celui-ci est résumé du cosmos, s'étendrait de proche en proche à toutes les choses créées, symboliserait *avec* la Création tout entière, la ferait advenir à son glorieux avènement.

C'est à ce niveau que l'on peut dire que toute la Création est essentiellement *Poïêsis*, et que du point de vue métaphysique, tout est et ne peut être que Poésie omniprésente, universelle.

Jean BIÈS

Métaphysique comme « voir »[39]

Depuis le début des temps modernes, la métaphysique a été tenue pour une discipline académique devant être étudiée à l'université ; pour autant, il est intéressant de noter que, en tant que telle, son standing et son prestige ont régulièrement décliné dans le monde éduqué, au point que nombreux sont ceux qui aujourd'hui lui dénient sa légitimité philosophique. Nous soutenons, pour notre part, que la quête métaphysique ne se réfère pas, de droit, à l'environnement artificiel de l'université contemporaine, mais à la vie humaine, l'humaine existence dans sa *totale* réalité. Dit autrement, elle jaillit de la soif de l'homme pour la *vérité*, qui n'est autre que sa soif de Dieu – lequel, aujourd'hui, « n'est plus mentionné dans la société des bien-élevés », comme nous le rappelle Ananda Coomaraswamy. La métaphysique est ainsi ce à quoi chacun d'entre nous est appelé par sa simple vertu d'être humain, c'est-à-dire d'être « fait à l'image et à la ressemblance de Dieu ». C'est, en effet, un cas de « noblesse oblige »[40] : ainsi, loin d'être une pure discipline académique – devant être poursuivie par des « professionnels », notamment ayant obtenu leur doctorat de philosophie – la métaphysique constitue une activité de l'esprit et du cœur à laquelle chacun, en principe, non seulement a droit mais, d'une certaine façon, est *appelé*.

Il convient de noter que nos notions préconçues sur la métaphysique tendent généralement à être non seulement fausses, mais en quelque sorte inversées ou « la tête en bas ». Nous sommes tout d'abord enclins à imaginer que cette discipline résulte du « doute », alors qu'en fait elle jaillit du sens profond de l'« émerveillement », qui est tout bonnement l'opposé du doute puisque cet émerveillement est, essentiellement, une reconnaissance, si vague soit-elle, de l'impénétrable immanence de Dieu dans les choses de ce monde. Également, nous tendons à penser que le moyen, ou *modus operandi*, de la métaphysique est le raisonnement, c'est-à-

---

[39] Écrit en anglo-américain spécialement pour *Qu'est-ce que la métaphysique ?* et traduit en français par Bruno Bérard.
[40] [En français dans le texte ; NdT].

dire l'argument rationnel, alors qu'il s'agit, tout au contraire, d'un « voir », d'une perception directe, d'une *gnose* à proprement parler. Bien sûr, le raisonnement a un rôle à jouer, mais sa fonction est fondamentalement négative et préparatoire ; précisément, l'argument rationnel sert à déconstruire les fausses croyances et, ce faisant, à *purifier l'esprit*. C'est tout ce qu'il *peut* faire et, de plus, tout ce qu'il *doit* faire, puisqu'une fois l'esprit purifié – une fois le « miroir » nettoyé – le « voir » advient de lui-même. Et cela reste vrai jusqu'à la fin, comme le Sauveur nous l'assure : « le cœur pur verra Dieu ».

Nous devons néanmoins nous rendre compte que Dieu n'intervient pas seulement à la fin de la quête métaphysique mais d'emblée, et non seulement comme *objet* du dit « émerveillement » mais, d'une certaine façon, également comme son *sujet*. Et en effet, comment pourrions-nous « pressentir » Dieu hors de nous s'Il n'était également présent dans les profondeurs de notre âme, comme « voir » à la fois premier et ultime. Il s'agit là de cet impénétrable séjour de Dieu, cette « âme de notre âme », qui permet et en fait « alimente » la quête, de sa naissance à sa fin ultime. Nous devons donc nous défaire de cette idée que le métaphysicien serait simplement tel ou tel individu, auquel cas l'entreprise ne saurait réussir, ni même en fait simplement commencer. C'est peut-être cette prise de conscience qui conduisit le vieil Husserl – l'un des plus grands philosophes du XXe siècle – à confier tristement un jour à Édith Stein (son ancienne disciple devenue alors carmélite et en chemin vers la sainteté) : « j'ai cherché à trouver Dieu sans Dieu ! ».

Nous avons soutenu, en phase avec la tradition sapientielle, que la métaphysique est fondamentalement un « voir » ; il faut également préciser que tout « voir » – même l'acte le plus humble de perception sensitive – est en un sens métaphysique et peut en principe initier la quête métaphysique, le proverbial « voyage des dix mille miles »[41]. Il s'agit de suivre cette idée d'« empreinte de Dieu » dans les choses visibles, puisque « Ses perfections invisibles (…) sont, depuis la création du monde, rendues visibles à l'intelligence par le moyen de Ses œuvres »[42]. On peut comprendre ces « perfections invisibles de Dieu » de S. Paul comme ce qui *est* en fait « clairement vu », c'est-à-dire qu'elles sont précisément ce qui *serait* vu si, en effet, nous voyions « clairement ». S. Paul nous avertit donc que lorsqu'on *voit*, généralement on ne *voit pas*. Il nous est donné à comprendre que nous sommes affectés d'un aveuglement collectif, que l'apôtre attribue à une

---

[41] [En référence à Laozi : « un voyage de mille miles commence au premier pas » ; NdT].
[42] Rm I, 20. [Les traductions ici utilisées sont celles de l'abbé Crampon, *La sainte Bible*, Desclée & Co, Paris, 1923 ; NdT].

apostasie, une rupture d'avec Dieu : « puisque, ayant connu Dieu, ils ne l'ont pas glorifié comme Dieu et ne lui ont pas rendu grâces ; mais ils sont devenus vains dans leurs pensées, et leur cœur sans intelligence s'est enveloppé de ténèbres »[43]. En dépit de notre croyance habituelle dans le « progrès » et de nos « Lumières » progressives, il apparaît que le christianisme enseigne le parfait contraire : il affirme qu'il n'y a pas seulement eu une Chute initiale mais, effectivement, un perpétuel déclin de notre capacité de *voir*. Il semble en effet, dans cet âge postmoderne, que nous approchions cet état de finale détérioration collective, état que S. Paul entend caractériser : « se vantant d'être sages, déclare-t-il, ils sont devenus fous »[44]. Aussi peu flatteuse que soit cette représentation, il nous faut bien prendre l'apôtre au mot. La première tâche du véritable métaphysicien est ainsi de se défaire de ce déclin collectif, de le renverser en lui-même. Il s'agit de restaurer le « cœur » de sa condition « ténébreuse » et, ce faisant, de recouvrer l'usage inaltéré de nos « yeux » donnés par Dieu ; voilà la tâche de la véritable métaphysique. Il est inutile de théoriser sur qui est lui-même le métaphysicien, ni sur ce qu'il adviendra de lui lorsque son cœur aura été « détenébré », car c'est quelque chose qui doit rester mystérieux jusqu'à la fin. Ainsi que S. Jean l'évangéliste nous en informe : « ce que nous seront *un jour* n'a pas encore été manifesté »[45].

*
* *

Pour bien comprendre ce que signifie ce « voir », il faut, avant toute chose, se départir de ce dualisme cartésien que notre éducation nous a imposé – que l'on s'en soit rendu compte ou pas. Cette philosophie autocrate se résume à la supposition que la réalité intégrale se répartit entre deux domaines : un monde objectif qui comprend les « entités étendues », et un domaine subjectif fait de la dite « conscience ». Il s'avère néanmoins que cette dichotomie n'est pas fondée et qu'elle est même véritablement spécieuse, un fait qui non seulement s'accorde avec les grands enseignements métaphysiques de l'Antiquité mais qui, en outre, a été reconnu par les plus grands philosophes du XXe siècle, à commencer par Edmund Husserl et son successeur d'antan Martin Heidegger. En un mot, le « voir » ne se réduit pas à une « réception dans la conscience » de quelque chose qui préexiste dans le « monde extérieur », mais constitue un « acte d'intentionnalité » qui conditionne et, d'une certaine façon, définit son

---

[43] Rm I, 21-22.
[44] Rm I, 22-23.
[45] Jn II, 2

objet. D'avantage encore, la conscience n'est pas quelque chose qui précède cet « acte » mais *est elle-même* cet acte, qui ne saurait jamais être sans contenu – tel un réceptacle vide – puisqu'il est invariablement « conscience de ». Ainsi, il n'y a pas d'objet ou d'« entité étendue », « à l'extérieur », qui précède un acte intentionnel, mais le phénomène, conçu (suivant le sens littéral du mot grec) comme « ce qui apparaît soi-même en soi-même ». Il faut, de plus, noter que le phénomène, de par le simple fait qu'il apparaît lui-même « *en lui-même* » – c'est-à-dire non pas en tant que quelque représentation ou phantasme personnel mais, littéralement, « en lui-même » – n'appartient pas *exclusivement* au côté externe ou objectif de la séparation cartésienne ; dit autrement : il casse sa dichotomie. Certainement, étant donné le préjugé contemporain, il n'est pas surprenant que le terme ait perdu son sens original pour signifier pratiquement le contraire : à savoir un effet ou la manifestation d'une réalité qui se tient à jamais « derrière » le phénomène. Pour le dire en langage cartésien standard : le « réel », soi-disant, consiste dans les *res extensae* ou « choses étendues », située dans le monde extérieur, cependant que le phénomène a été réduit en réalité à une apparition subjective, contenue dans ce que Descartes nomme la *res cogitans* ou « entité pensante ». Toutes les qualités et, pour commencer, les couleurs – autrement dit, tout ce qui ne peut être conçu en terme quantitatif ou mathématique – a été exclu du réel, ou de la moitié « externe » de la division cartésienne et relégué dans la *res cogitans*. Que signifierait donc « voir » ? Cela signifierait forcément avoir une apparition privée se rapportant à sa seule *res cogitans*.

On peut, bien sûr, se demander sur quels fondements des conclusions aussi extraordinaires ont pu être tirées. Autrement dit, quelle évidence – fût-elle empirique ou *a priori* – pourrait bien conforter ces prémisses cartésiennes ? Il faut bien convenir qu'il n'y en a en fait aucune : les postulats eux-mêmes excluent que cela puisse être ainsi. Pour autant, si étrange que cela puisse paraître, ces prémisses ont dominé et gouverné nos vues scientifiques depuis le début et jusqu'à nos jours. Aujourd'hui comme hier, le credo officiel de la science reste cet enfermement de chacun d'entre nous dans sa propre « conscience », sa propre *res cogitans*, contraint de regarder sans répit les apparitions générées par quelque cause extérieure. Nous avons tous appris, bien sûr, à vivre dans cette impasse ; c'est ce que notre soi-disant éducation « supérieure » nous a obligés de faire. Il faut cependant noter que pas un être humain en fait – et c'est heureux ! – n'accepte cette stipulation cartésienne dans sa vie de tous les jours – le faire serait pure folie[46]. En lieu et place, nous avons appris à osciller entre nos *Weltanschauung*[47] courantes et cartésiennes – ces dernières soutenant nos convictions « scientifiques » – sans vraiment réaliser que ces deux orientations sont en totale contradiction : à un moment l'herbe est verte, à un autre elle ne l'est plus !

Entre temps quelque chose d'inattendu s'est passé que nous ne pouvons ignorer : dans les premières décennies du XXe siècle – l'exacte période où Husserl et d'autres en arrivaient à reconnaître l'absurdité de l'affirmation cartésienne –, la physique elle-même a, d'une certaine façon, désavoué ces assomptions philosophiques. Cela ne signifie pas, bien sûr, que les physiciens ont *en masse*[48] abandonné cette assomption philosophique : rien, en fait, ne serait plus éloigné de la vérité. Ce qui s'est passé, bien plutôt, c'est qu'avec la découverte de la mécanique quantique (vers 1926), la physique ne pouvait plus être interprétée en termes cartésiens, c'est-à-dire que certaines découvertes de la mécanique quantique – plus spécifiquement la dite « réduction du paquet d'onde » –, ont pris l'apparence du paradoxe absolu. Or, on peut montrer que ce paradoxe disparaît dès que l'on abandonne les prémisses cartésiennes, savoir cette hypothétique dichotomie entre « choses étendues » et *res cogitans*[49]. Il appert que le « paradoxe quantique » est simplement le moyen que prend la Nature pour répudier une philosophie infondée.

On découvre, en fin de compte, que le réel s'avère être ce qu'il *doit* être, c'est-à-dire « ce qui se montre soi-même en soi-même ». En un mot, il est le *phainomenon*, précisément dans le sens original du terme[50]. Curieusement néanmoins, ce que l'on perçoit ordinairement est quelque chose d'autre ! Selon la puissante analyse « phénoménologique » de Husserl, on peut conclure que le « vu » n'atteint pas le phénomène, qu'il suit en fait le « voir » dont on peut dire qu'il se sépare en objet *perçu* et sujet *percevant*. Les deux deviennent ainsi complémentaires : objet perçu et sujet percevant sont inséparables comme les deux faces d'une pièce de monnaie. Ce qui « précède » cette complémentarité – ce qui est premier –, c'est l'acte

---

[46] Néanmoins, en dépit de son incrédulité envahissante, la doctrine cartésienne a eu un profond effet sur la psyché occidentale, au point de provoquer une sorte de « schizophrénie collective » – sujet amplement traité dans notre *Cosmos and Transcendence*, Sophia Perennis, 2008.

[47] [Ce fameux terme allemand s'emploie en français pour « vision (Anschauung) du monde (Welt) » ; NdT].

[48] [En français dans le texte ; NdT].

[49] Voir mon traité *The Quantum Enigma, Finding the Hidden Key*, Sophia Perennis, 2005 [*L'Énigme quantique, à la recherche de la clef cachée*].

[50] [« Ce qui se montre (en pleine lumière) » ; NdT].

intentionnel lui-même, c'est-à-dire le « voir » véritable. L'acte est premier et, lorsque se présentent séparément le sujet et son objet « extérieur », le « voir » effectif est déjà terminé ; ainsi que Henri Bortoft[51] l'a si bien dit : « Nous arrivons toujours trop tard ». C'est que, en effet, dans le « voir » effectif, sujet et objet *ne sont pas* séparés, comme l'a observé Aristote : « d'une certaine façon », les deux ne font qu'« un ».

Husserl, à sa manière, comprend que « en voyant, ils ne voient pas », ainsi que le Christ le déclarait à la foule[52] ; pour lui le « non-voir » résulte de l'éclatement de l'acte intentionnel, du fait que « nous arrivons toujours trop tard ». Pour surmonter ce défaut, cette « cécité » congénitale, on doit évidemment saisir l'acte intentionnel à un moment antérieur, si l'on peut dire, avant qu'il ne se brise entre le sujet familier et l'objet concomitant. Cet « avant » s'avère cependant ne pas être temporel, mais « ontologique », si l'on peut s'exprimer ainsi ; il a à faire, non avec une séquence temporel, mais avec des niveaux de conscience. En un mot, « avant » signifie « plus profondément » ou, pourrait-on dire également, « plus primal ». Nous ne devons pas nous préoccuper du vocabulaire technique que Husserl a élaboré dans son effort pour communiquer, à la communauté philosophique dans son ensemble, ce qu'il avait découvert ou mis au jour. Il suffira de dire que sa méthode comporte un « retrait » vis-à-vis de l'acte perceptif familier, comme pour l'observer de plus loin, d'un observatoire plus profond. Le *modus operandi* de Husserl est, d'une certaine façon, l'inverse de ce que les philosophes ont coutume de faire : au lieu de conceptualiser, il « déconceptualise » afin de « voir ». On pourrait le considérer comme un archéologue philosophique, cherchant à exposer des niveaux de consciences plus profonds, en enlevant, couche après couche, les constructions mentales qui ont recouvert les couches initiales.

De ce point de vue, au moins, l'approche de Husserl s'apparente à celles des grandes traditions sapientielles qui, également, reconnaissent des niveaux « plus profonds » de perception et comportent ainsi une conception hiérarchique du sensoriel. En bref, le véritable *anthropos* est tenu de posséder non seulement une périphérie (où nos actes ont « normalement » lieu) mais aussi un centre absolu et, de surcroît, toute une hiérarchie de « centres » intermédiaires, chacun définissant un « niveau de vision » et un état

---

[51] Physicien théoricien (et ancien élève de David Bohm, pas moins), Bortoft appartient à ce contingent excessivement réduit de scientifiques actuels qui ont dépassé la vision du monde scientiste contemporaine.
[52] Mt XIII, 13.

correspondant[53]. Que signifie donc « voir » ? En fin de compte, cela signifie percevoir du centre le plus profond de tous, parfois appelé le « cœur », et cela, sans conteste, c'est le premier et l'authentique « voir », dont l'humanité a été progressivement privée, à commencer par sa Chute.

*
* *

Demandons-nous maintenant ce que c'est que ce qui « précède » l'objet « extérieur » ; que voit-il, celui qui n'est *pas* « trop tard » ? Dans les termes de Husserl, on est contraint de répondre que c'est précisément le phénomène, conçu comme « ce qui se montre lui-même en lui-même ». Mais encore, qu'est donc ce « ce qui se montre » ? Bien sûr, on pourrait rétorquer que c'est à chacun de le découvrir pour lui-même, une nécessité qui ne saurait être ni niée ni contournée. Pour autant, il y a quelque chose à apprendre des témoignages de ceux qui ont parcouru ce chemin, qu'ils soient philosophes, poètes, artistes ou mystiques de quelque façon. Le champ, il est vrai, est bien vaste. De façon sélective, mettons donc en lumière les idées *scientifiques* d'un homme connu davantage comme poète et figure littéraire, qui a parlé avec une précision consommée de ce sujet, à une époque où peu y prêtaient attention. Ainsi que le lecteur l'aura peut-être présumé, c'est à Johann Wolfgang Goethe que nous nous référons, dont la conception de la « science » fut radicalement opposée à celle de Newton, et qui *de facto* se réduit à ce qu'il nomme *Anschauung* : une « vision » du phénomène lui-même. « Ne cherchez rien au-delà des phénomènes, nous dit-il, ils sont eux-mêmes la théorie ». Ils *sont* « la théorie » – bien sûr pas dans le sens d'une conception abstraite, ni même d'une formule mathématique qui soi-disant décrit une réalité que personne ne perçoit – mais bien plutôt dans le sens original de *théôria* : une « vision » véritable, une connaissance directe dans laquelle, « d'une certaine façon », sujet et objet « deviennent un ». Voilà ce que c'est de *ne pas* arriver « trop tard » ! On ne doit pas, cependant, considérer Goethe comme ce qu'on appelle communément un « platoniste » car, pour le poète et artiste allemand, « connaître » n'est pas « que intellectif » mais requiert la vision à proprement

---

[53] La description la plus complète de ces « centres » a certainement été donnée dans la tradition tantrique de l'Inde qui s'y réfère sous les noms de *chakra* (littéralement « roue ») et de *padma* (« lotus »). Le tantrisme du Cachemire, en particulier, en a développé une véritable science. Néanmoins, il faut signaler que les dits six *chakras* « principaux » (qui correspondent d'une certaine façon à nos « Six Jours » de la création) ont été mentionnés, ici ou là, dans des sources chrétiennes, tel Johann Gichtel, un disciple de Jacob Böhme, dans l'édition de 1696 de *Theosophia Practica* (*cf.* Oscar Hinze, *Tantra Vidyā*, Delhi, Motilal Banarsidas, 2002, pp. 42-43).

parler, celle qui implique les yeux physiques. L'*Anschauung* goethéen n'est ni purement intellectif ni exclusivement sensoriel, mais peut être caractérisé comme « une connaissance intuitive gagnée par la contemplation de l'aspect visible », comme cela a été judicieusement dit. Cela constitue un « voir », dans lequel le sujet, loin de n'être que le récipiendaire d'un *donné*, est un participant actif. Précisément, le « voyant » est appelé à *pénétrer* l'« aspect visible » qu'il reçoit et, ce faisant, prend son essence véritable ; bref, le « voir » authentique constitue *un acte*.

Le premier point à relever, concernant la connaissance qui en dérive, est que l'objet n'est pas une somme de parties mais nécessairement un tout. Comme Bortoft l'explique, l'objet d'une telle connaissance est « le tout qui n'est pas-une-chose », tendant par conséquent à être pris pour rien[54], auquel cas il disparaît. « Lorsque ceci advient, nous sommes abandonnés à un monde de choses avec la tâche apparente de devoir les rassembler pour en faire un tout. Un tel effort méconnaît le tout véritable »[55]. C'est ici que, clairement, la « science » au sens baconien – et la physique moderne, en particulier – entre en jeu : la science, tout comme notre vue, arrive « toujours trop tard ». Incapable de traiter directement avec le véritable phénomène – à travers nos « yeux-donnés-par-Dieu » – le scientiste baconien postule un mécanisme (ou, d'un point de vue opérationnel, un « modèle » de quelque sorte) pour expliquer ce qu'il *peut* voir : « un monde de choses », ainsi que Bortoft le nomme. Il est bien connu que Goethe s'est opposé à cette approche et qu'il rejetait absolument l'idée d'un mécanisme « derrière » le phénomène, mais la question reste : sur quels fondements ? On pourrait répondre ainsi : il comprend tout d'abord que le réel n'est rien d'autre que ce qui *peut*, en principe, être connu, réalisant que c'est cela, ultimement, le phénomène : « ce qui se montre lui-même en lui-même ». Et il réalise ensuite que le phénomène authentique est, justement, « le tout qui n'est pas-une-chose », comme le note Bortoft. Dès lors, il reste à observer que ce « pas-une-chose » ne saurait être un mécanisme, n'étant pas une somme de parties. Voilà ce qui semble avoir été les arguments implicites de Goethe pour parvenir à ce qui aura tant choqué ses contemporains : son déni catégorique, nommément, du mécanicisme newtonien. Dans ses disputes permanentes avec les autorités scientifiques de son temps, il aura inlassablement répété qu'*il n'y a pas de mécanisme* ; rien, en fait, ne se tient

---

[54] [En langue anglaise, on joue entre « no-thing » (« pas-une-chose ») et « nothing » (rien) ; NdT].
[55] *The Wholeness of Nature*, Lindisfarne Press, 1996, p. 14. C'est sans doute le meilleur livre sur « La voie de Goethe vers une science de la participation consciente à la Nature », ainsi que le sous-titre l'indique.

« derrière » le « visible », au sens le plus profond du terme, puisqu'en fin de compte – redisons-le – le réel *est* le visible : « ce qui se montre lui-même en lui-même ».

Précisons maintenant que le « déni du mécanicisme » goethéen – qui, à son époque, provoqua dérision, voir dédain, non seulement par l'*establishment* scientifique mais aussi par le plus large public « éclairé » – a désormais été justifié par la découverte de la mécanique quantique, qui s'avère n'être pas du tout, en réalité, une mécanique. Il appert, en effet, que l'univers physique – l'univers tel que les physiciens le conçoivent – ne peut pas, de façon effective, être séparé des interventions effectuées par les physiciens eux-mêmes ; comme John Wheeler l'a formulé, nous avons été forcés d'admettre que la physique, en fin de compte, traite d'un « univers participatif ». Ce qui « divise un système physique en parties » s'avère être l'intervention empirique par laquelle les dites parties sont spécifiées ; et parce que la mesure d'un observable a un effet incontrôlable sur sa dite *variable conjuguée*, il s'ensuit que le système comme tel ne peut plus être conçu comme une somme de parties bien définies. C'est bien sûr le cas également dans un système ne comprenant même qu'une seule particule, puisque si l'on mesure sa *position*, par exemple, on modifie inévitablement son *moment*, si bien que le système lui-même (dans ce cas, la particule) s'avère changeant de façon inhérente, ce qui n'est pas – et ne peut pas être – entièrement défini en terme mathématique. La notion de mécanisme universel, défendue par Galilée et apparemment confirmé au-delà de tout doute raisonnable par les découvertes de Newton et de ses successeurs, s'avère donc intenable. Ainsi, un siècle après le déni goethéen, qui s'avère finalement bien fondé, la physique elle-même aura donc confirmé cette conclusion, quand bien même par une approche grandement différente[56].

Le premier obstacle qui a si longtemps entravé notre compréhension de l'œuvre scientifique de Goethe – c'est-à-dire l'hypothèse mécaniciste et, plus important encore, la philosophie cartésienne sur laquelle cette hypothèse se fondait – a donc été en principe surmonté[57]. Pour autant, cet obstacle reste en nous comme la conception éminemment cartésienne de la « machine », laquelle constitue, de toute évidence, le paradigme qui préside à la société technologique. Ce n'est jamais une chose simple et bénigne que

---

[56] Il n'est pas étonnant que dans le sillage de cette découverte, il y ait eu un sursaut d'intérêt envers les travaux scientifiques de Goethe, précédemment rejetés comme œuvre d'amateur.
[57] « En principe », parce que, dans les faits, les scientistes, quasiment sans exception, sont restés imprégnés des suppositions cartésiennes. Pour être très précis, nous ne connaissons que deux physiciens qui ont dépassé cette hypothèse philosophique, ou, au moins, qui ont reconnu sa nature hypothétique.

d'être environné de toutes parts par des machineries, par des « leviers et des vis » comme le dit Goethe ! Dans le temps et par une sorte de logique implacable, le paradigme de la machinerie tend à s'imposer de lui-même, au sein de la société technologique, dans tous les aspects de la culture humaine : notre conception même de la société humaine, et de l'homme lui-même, se soumet finalement à son influence[58]. Le résultat, cela va sans dire, est une profonde aliénation de la Nature : du monde naturel qui nous entoure jusqu'au monde « anthropique » intérieur. Chacun de ces « mondes » est devenu pour nous un « livre fermé ». On peut bien sûr théoriser sur chacun d'entre eux, et on le fait prodigieusement ; mais on ne peut plus y « entrer », on ne peut plus « voir ». Il va sans dire qu'une telle situation ferme la porte à la plus rudimentaire compréhension de la doctrine goethéenne. Ne serait-ce que pour commencer à comprendre la pensée scientifique de Goethe, nous devons évidemment inverser cette dite « évolution » en nous-mêmes, afin de retrouver une relation humaine normale et authentique envers la Nature, ou mieux, envers tout ce qui vit et respire en elle.

Nous avons vu que la science goethéenne repose sur une *Anschauung* : une pénétration intuitive de l'aspect visible présenté par le phénomène ; pour autant, il convient également de se rendre compte qu'une telle « pénétration intuitive » présuppose une profonde parenté entre l'homme et la Nature, entre le microcosme humain et le macrocosme cosmique. C'est un fait que Goethe connaissait bien cette parenté : « si les yeux n'étaient pas de nature solaire (*wäre das Auge nicht sonnenhaft*), dit-il, on ne pourrait pas voir le soleil ». Ainsi, lui aussi sentait bien que la Nature est quelque chose de merveilleux, quelque chose de totalement profond et mystérieux, devant être approché avec une sorte de révérence – c'est-à-dire le complet opposé de la perspective baconienne qui regarde la Nature comme ce qui doit être « exploité pour le profit », comme une machine s'en acquitterait. C'est un véritable blâme des Newtoniens que profère Goethe lorsqu'il proclame l'impuissance de leurs moyens empiriques : « Ce que la Nature ne divulgue pas d'elle-même, tu ne le lui arracheras pas avec des leviers et des vis » (*zwingst du ihr nicht mit Hebeln und mit Schrauben ab*). Bien sûr, Goethe savait bien que les « leviers et les vis » ont leur utilité dans le champ de la technologie mais, ce qu'il leurs déniait, c'était qu'ils puissent conduire à une véritable connaissance de la Nature, de celle qui « se montre elle-même en elle-même ». Mais il y a plus : la science de Goethe est basée non seulement

---

[58] Nous avons traité de cette question, le mieux qu'il nous était possible, dans *Cosmos and Transcendence*, *op. cit.*, ch. 7.

sur une profonde parenté avec la Nature, mais également sur un *amour* profond, un amour qui ne saurait être plus proche que celui que les religions nomment « l'amour de Dieu ». Si la Nature est plus qu'un mécanisme – plus qu'une machine inerte – elle est alors quelque chose de noble, de beau, et plein de puissance ; et cela, certainement *est* quelque chose qui mérite d'être aimé. On sent une qualité presque franciscaine dans les relations de Goethe avec ce qu'il nomme *Natur*[59].

Il faut maintenant signaler que, de même que l'objet de la science goethéenne ne se réduit pas à un mécanisme ni à une somme de parties, mais porte sur un tout véritable, de même la science ne traite pas, à proprement parler, de *quantités* ; elle ne le peut simplement pas. La quantité, après tout et comme Aristote l'a judicieusement observé, est « ce qui admet des parties mutuellement extérieures », ce que, précisément, le « tout » de Goethe n'admet *pas*. De nouveau, on peut dire que les « parties mutuellement extérieures » – c'est-à-dire les quantités – viennent « plus tard ». Ce qui existe au niveau du tout goethéen, ce ne sont ainsi pas des quantités, mais précisément des *qualités*. Et, comme les premières qualités relatives à l'« aspect visible » se trouvent être les couleurs, il n'est pas surprenant que l'œuvre scientifique de Goethe commence avec sa *Farbenlehre* : sa « doctrine des couleurs ». Quel est donc cette science goethéenne, et qu'accomplit-elle exactement ? À strictement parler, elle traite, non des couleurs elles-mêmes – qui ne peuvent être réellement décrites – mais des conditions dans lesquelles les couleurs se manifestent et qui affectent ou déterminent cette manifestation ; c'est-à-dire quelque chose qui *peut* être traité avec exactitude scientifique et qui montre des lois rigoureuses précédemment inconnues. La *Farbenlehre* bien comprise est en fait précise au sens « mathématique », cependant sans « quantifier », en aucune façon, le sujet, à savoir les couleurs. Ce qui a provoqué la fameuse dispute de Goethe avec les Newtoniens sur les couleurs n'a pas relevé de ses découvertes véritablement scientifiques et indéniables, mais l'affirmation newtonienne que la couleur peut être réduite à une « quantité » – par exemple une longueur d'onde ou une fréquence –, idée à laquelle Goethe s'est opposé catégoriquement. Que la couleur fût associée à une longueur d'onde ou à une fréquence, il ne le nia bien sûr pas, mais il insista sur la réalité propre de la couleur, qui *de facto* précède les paramètres quantitatifs de la conception newtonienne. Ce que Goethe a rejeté, ainsi qu'on peut le comprendre rétrospectivement, ce ne fut pas la physique newtonienne comme telle, mais l'illégitime métaphysique cartésienne sur laquelle cette

---

[59] [En allemand dans le texte ; NdT].

physique était à l'époque officiellement fondée. Il semble que Goethe n'aurait pas désavoué une physique newtonienne débarrassée de ses prétentions métaphysiques, une physique strictement conçue selon la recette baconienne, savoir selon un point de vue intrinsèquement opérationnel ou pragmatique. Pour autant, Goethe n'aurait jamais dignifié une telle discipline de l'épithète de « science », il lui aurait plus probablement donné le titre de « technologie », l'application des « leviers et vis ».

Il faut enfin mentionner le second champ majeur des efforts scientifiques de Goethe : la dite « métamorphose » des plantes. Étant donné que le véritable objet de la science goethéenne est « un tout qui n'est pas-une-chose », son intérêt pour les plantes est aisément compréhensible : en fin de compte, un tout qui n'est pas-une-chose est forcément un tout organique, dont le plus simple et, d'une certaine façon, le plus élémentaire des exemples est effectivement la plante. Néanmoins, cela nous entrainerait trop loin de parler de la « botanique » goethéenne, même en résumant. En effet, comme sa *Farbenlehre*, ce sujet est exigeant et, à sa manière, technique. Contentons-nous de noter que ces deux disciplines découlent de l'*Anschauung* goethéenne, dont elles sont auxiliaires. C'est pourquoi, pour suivre Goethe, il est ainsi nécessaire d'acquérir, en fin de compte, les « yeux » qui correspondent – des yeux *sonnenhaft* – et c'est quelque chose que bien peu de ses plus ardents successeurs ont apparemment été capables d'accomplir.

*
* *

La question est maintenant de savoir si l'*Anschauung* goethéenne, qui excède notre « voir » ordinaire, doit être tenu pour « le dernier mot » de la quête métaphysique. Ayant relevé que le véritable *anthropos* – l'homme dans sa réalité intégrale – ne comprend pas qu'une périphérie mais, effectivement, un centre absolu, combiné avec une hiérarchie de centres intermédiaires qui correspondent à autant de « niveaux de vision » distincts, on peut se demander auquel de ces « centres » le « voir » goethéen peut être attribué. On peut dire, à la lumière des traditions sapientielles – chrétienne comme non-chrétiennes –, qu'il ne peut *en aucun cas* constituer le « voir » le plus profond ou le *nec plus ultra* des « voir ». C'est qu'il constitue un mode de perception « créaturel ». Tentons donc maintenant de parler du « voir » ultime, lequel, si étrange qu'on puisse en parler, est en fait un voir « avec les yeux de Dieu ». C'est là, et seulement là, que la quête métaphysique – qui commence, ainsi qu'on l'a signalé, par le plus simple des actes de perception sensorielle – atteint son terme. Nous proposons donc de considérer ce

« voir ultime » du point de vue spécifiquement chrétien, sur la base des enseignements de Maître Eckhart, le Dominicain controversé qui affirmait :

> Mon œil et l'œil de Dieu, c'est un seul et même œil, une seule et même vision, une seule et même connaissance, un seul et même amour[60].

Il faut d'abord considérer le Centre premier de l'homme – le « centre des centres » – qui transcende non seulement ce que nous nommons le « corps », mais aussi l'« âme », même selon la compréhension la plus élevée de ce terme. Eckart s'y réfère comme à la « petite étincelle » (*vünkelin* ou *scintilla animæ*) en nous qu'il déclare *increatus et increabile* (incréée et incréable). Il est dès lors évident que l'anthropologie eckhartienne surpasse non seulement la conception usuelle de l'homme en *corpus-anima* mais également celle de Goethe ; alors que Goethe parle d'un œil « d'une nature solaire », celui dont parle Eckhart est *divin* ; et si le premier est capable de voir « le Soleil », le second, maintient Eckhart, ne voit rien moins que *Dieu-même*. Il n'est bien sûr pas surprenant, au vu de l'argument et de tout ce qu'il implique, que l'enseignement eckhartien, condamné par certain et salué par d'autre comme « le dernier mot », ait été, dès le départ, une source de controverses. En réalité, maître Eckhart se fie – dans ses « moments mystiques », quand il parlait du « point de vue de Dieu » – à ce que les Écritures appellent la « nourriture solide », en opposition au « lait »[61]. Voici, en tout cas, les prémisses sur la base desquelles nous allons poursuivre.

Mais si la *nourriture solide* « [était] pour les hommes faits », comme le déclare l'auteur de l'Épître aux Hébreux, pourquoi donc exposer cette doctrine en un essai adressé à tous, « aux jeunes comme aux vieux » ? La raison, nous pouvons dire, c'est qu'il y a des temps très spéciaux, des temps « épouvantables » en fait. Le chercheur chrétien se trouve débordé de toutes parts par les courants dominants des temps présents qui, en dépit de leurs apparences souvent bénignes, voire séduisantes, s'avèrent intrinsèquement antichrétiens. Il peut bien ne plus y avoir de bêtes sauvages au Colisée, cet avantage évident est contrebalancé par le fait que la foi vive des jours anciens et l'esprit d'amour fraternel, qui unifiaient les premiers Chrétiens et leur donnaient une force démesurée, ont aussi disparu. Plus que jamais, c'est maintenant au croyant individuel de rester résolu. Il dispose néanmoins d'un avantage compensateur : il a aujourd'hui accès aux plus hautes doctrines,

---

[60] Sermon 12. [Nous avons ici combiné les traductions par F. A. et J. M. du titre et du texte, pp. 176 et 179 dans *Maître Eckhart, Traités et sermons*, Paris, Aubier, Montaigne, éd. de 1952 (Montaigne, 1942) ; NdT].
[61] He V, 14 et 1 Co III, 2.

aux enseignements qui dans le passé n'étaient accessibles et autorisés qu'à un petit nombre – peut-être en partie parce que la multitude n'avait pas besoin de ces hauts enseignements. De nos jours, en revanche, le besoin est là, ainsi que, peut-être, une certaine aptitude de la part de beaucoup qui manquaient précédemment à l'appel ; en effet, en dépit de son déclin progressif – auquel nous avons fait allusion – il y a des raisons de croire que l'humanité pourra néanmoins « grandir ». Pour le chercheur le plus sincère, les temps de la « nourriture solide » sont peut-être arrivés. Alors qu'il est devenu presque miraculeux de survivre à une éducation scolaire sans perdre la foi, il apparaît que les temps le réclame. Or, il se trouve que la doctrine eckhartienne met dans nos mains une arme affilée – un véritable « glaive de gnose » – permettant, en principe, de « décapiter » d'un seul coup les doctrines fallacieuses. De l'avis général, il y a cependant du danger en cela, et S. Clément d'Alexandrie a certainement raison d'observer qu'« on ne donne pas un glaive à un enfant ». Pour autant, nous voulons présumer que, même si l'on n'est pas devenu suffisamment adulte pour recevoir ce « glaive » en confiance, l'enjeu, de nos jours, vaut probablement le risque à courir. Par ailleurs, le fait même qu'un lecteur ait ouvert ce livre est un signe de bon augure !

Revenons au *vünkelin*, cette étincelle divine cachée dans les profondeurs de notre âme. Maître Eckhart nous indique que ce Centre « le plus secret » dispose lui-même d'une « structure » ; il n'est pas « indécomposable » comme un point mathématique mais comprend, formellement, deux éléments : un « socle » et une « Image ». Nous ne devons pas nous préoccuper maintenant du premier, que Maître Eckhart appelle métaphoriquement les « vastes terres abandonnées » et la « sauvagerie solitaire » ; en revanche, ce qui doit être considéré c'est précisément l'« Image ». Quel est cette Image, de quoi est-elle faite ? La réponse à cette question, ainsi que le lecteur l'aura sans doute deviné, c'est que cette Image s'avère n'être, en dernière analyse, rien de moins que le Verbe ou le Fils, qui est en effet « l'Image de Dieu », ainsi que S. Paul lui-même nous l'apprend[62].

Il faut néanmoins relever que le Verbe n'est pas seul, mais appartient à la sainte Trinité : Père, Fils et Saint-Esprit. Et rappelons-nous que cet enseignement constitue le mystère central du christianisme, réfléchi et médité par les pères et docteurs de l'Église, laquelle, en fin de compte, transcende ce que l'esprit humain est capable de pénétrer. « Conceptualiser » la Trinité, la traiter comme nous traitons les autres choses, c'est, déjà, manquer l'objectif. Le sujet doit être abordé avec « les mains jointes » et

---

[62] Par exemple en 2 Co IV, 4-5.

quiconque ne comprendrait pas ce que cela signifie – dit autrement, quiconque à qui manquerait le « sens du sacré » –, ne saurait jamais y accéder. Il est de loin plus aisé de saisir l'idée d'Absolu ou du Dieu Inconnu, des conceptions d'une certaine façon natives de l'esprit humain et qui ont été maintenues de tout temps à travers le monde. L'idée de Trinité, en revanche, ne se rattache qu'au seul christianisme et s'avère en fait inséparable de la révélation accordée à l'humanité par le Christ, l'Incarnation du Fils de Dieu. De plus, le fait que cet enseignement chrétien quintessentiel soit « rationnellement incompréhensible » s'avère être de la plus haute signification : il amène cette doctrine, pour peu qu'elle soit sérieusement observée, à pouvoir activer en nous une faculté « plus-que-rationnelle » et ainsi « plus-qu'humaine », qui n'est autre que l'Intellect, proprement nommé : une puissance qui jaillit de l'Image – du « Christ en nous » – et nous ramène à cette Image.

Parler de la Trinité, c'est parler de la Connaissance divine : la Connaissance que Dieu a de Lui-même. Bien que cette Connaissance transcende assurément les divisions du temps et est dite prendre place dans le *nunc stans* de l'éternité (le « maintenant qui se tient au repos »), elle constitue cependant une sorte de « mouvement » et vraiment une « vie », si paradoxal que cela puisse paraître. Le « voir » ultime – le « voir avec les yeux de Dieu » – n'est autre que la Vie éternelle, ainsi que le Christ lui-même la définit dans ce que la théologie nomme la Prière sacerdotale, prononcée la nuit de sa Passion : « Or, la vie éternelle, c'est qu'ils vous connaissent, vous, le seul vrai Dieu, et celui que vous avez envoyé, Jésus-Christ »[63]. Il est clair que le seul vrai Dieu est le Père, mais il faut néanmoins bien comprendre que voir « le seul vrai Dieu » et voir « celui que vous avez envoyé, Jésus-Christ », c'est un seul et même « voir » puisque « qui m'a vu, a vu le Père »[64].

C'est ainsi au moyen du *vünkelin*, du Verbe ou de l'Image « en nous » que nous sommes appelés à entrer dans la Vie éternelle, ainsi que le Christ le déclare : « Je suis la porte »[65]. Comment donc passe-t-on par cette porte, comment entre-t-on dans la Vie éternelle ? Le mieux que l'on puisse dire, c'est qu'il s'agit d'un « voir », d'une *gnose* à proprement parler : c'est par la *vue* qu'on entre ! Or, alors que ce que nous avons dit jusqu'à présent constitue, essentiellement, l'enseignement commun du christianisme, Maître Eckhart nous en dit davantage encore. Non seulement il nous dit que « voir l'Image » c'est la Vie éternelle, mais il ajoute cette déclaration saisissante que tout « voir » – toute connaissance de tout ordre – est ultimement un « voir »

---

[63] Jn XVII, 3.
[64] Jn XII, 45.
[65] Jn X, 9.

de la seule et même Image ! Ce qui fait la différence est la façon dont nous voyons, le genre de « voir » dont il s'agit. Telle est l'affirmation prodigieuse qui se tient au cœur de l'enseignement eckhartien, tel est le coup de maître épistémologique qui tient la clef de toute sa doctrine. Il nous reste à présent à considérer cette prémisse eckhartienne au mieux de nos capacités.

Nous allons baser notre exposé sur l'un des sermons allemands de Maître Eckhart, un texte qui va nous amener au plein cœur du sujet[66]. Il explique ces paroles connues du Christ : « Encore un peu de temps, et vous ne me verrez plus ; et encore un peu de temps, et vous me verrez »[67]. Néanmoins, Eckhart comprend le *modicum*[68] du texte de la Vulgate, non pas dans un sens temporel : « un peu de temps », mais simplement comme « un petit quelque chose », quoi que cela puisse être. Ainsi commence-t-il son sermon par ces mots : « Quand bien même serait toute petite la chose qui colle à l'âme, nous ne pouvons voir Dieu ». Avec ce stratagème exégétique – apparemment jamais avant lui conçue – Maître Eckhart nous met dans les mains la clef de la métaphysique dans son spectre total : tout est inclus, ultimement, dans cette unique déclaration magistérielle. Que nous percevions le cosmos, les choses qui relèvent de ce que la théologie nomme « l'ordre de la création » ou que nous percevions plutôt le Verbe éternel, dépend entièrement des conditions de notre âme : que quelque chose « quand bien même petit colle à l'âme », ou non. En vérité : « Heureux ceux qui ont le cœur pur, car ils *verront* Dieu »[69].

Mentionnons en passant que l'enseignement eckhartien procure la clef non seulement de la métaphysique, mais également de la *physique* : la compréhension de ce que nous concevons comme réalité *cosmique*[70]. Ce qui nous préoccupe ici, toutefois, est le fait qu'Eckhart mette à nu, en même temps, les moyens d'atteindre les plus hauts degrés du « voir », jusqu'à la vision de Dieu, la gnose suprême – ce qui, notons-le, est en fait le principe de tout yoga authentique, qu'il soit de provenance orientale ou occidentale. Qu'est-ce donc que le yoga ? De toute évidence, c'est la discipline qui vise la suppression des « *modica* », des « petites choses si petites soient-elles » dont

---

[66] Sermon 69.

[67] Jn XVI, 16.

[68] [Le latin *mŏdĭcum*, i, n. signifie : « peu de chose », « un petit peu », « un petit quelque chose » ; NdT].

[69] Mt V, 8

[70] Dans ce contexte, le principe eckhartien est équivalent à ce que nous dénommons le « réalisme anthropique », une position qui s'avère capitale à toute cosmologie, et en particulier pour comprendre la science contemporaine et, plus spécialement, la théorie quantique. Voir notre *Christian Gnosis: From St. Paul to Meister Eckhart*, Sophia Perennis, 2009, ch. 2.

nous avons parlé. Quels sont donc ces « petits bouts » qui se collent à l'âme et, ce faisant, occultent notre vision du Verbe, la véritable Image ? En réalité, on ne peut pas dire ce que sont ces « petits bouts », car ces « *modica* » eux-mêmes ne sont jamais visibles : ils ne sont pas ce que nous savons ni même *pouvons* connaître. Patanjali, dans les *Yoga Sutras*[71], fait référence à ces « bouts » insaisissables sous l'appellation de *chittavritti*, « modifications de l'esprit », c'est-à-dire qu'elles naissent dans l'esprit (*chitta*), sont portées par l'esprit et disparaissent dans l'esprit[72]. Ce sont ainsi des quelque-chose qui n'ont pas d'essence, pas d'existence par elles-mêmes, telles les vagues à la surface de l'océan, elles ne sont en rien différentes de la mer. Pour autant, si non-existantes qu'elles puissent être, ce sont ces « modifications » (*vritti*) qui causent notre perception des « dix-mille-choses » de ce monde, au lieu de Dieu, au lieu de ce qui est[73]. Pour le dire en langage biblique, ce sont elles – ces *chittavritti* – qui rendent « le cœur appesanti », si bien qu'« en regardant », les gens « ne perçoivent pas »[74].

Ainsi qu'Eckhart nous le donne à comprendre, ces considérations conduisent à une métaphysique qui de loin transcende toutes nos conceptions dualistes de Dieu, de l'homme, du cosmos. Caché dans les Écritures et dans les mots des sages, c'est dans l'œuvre eckhartienne – et spécialement dans les sermons allemands – que cette métaphysique « secrète » est mise, au moins partiellement, en lumière. La doctrine eckhartienne, comme signalée ailleurs[75], est fondée sur la reconnaissance que « *connaître* » – c'est-à-dire « *voir* » – a préséance sur « *être* ». Il y a ultimement deux modes du connaître, à savoir avec ou sans « modifications mentales », qu'Eckhart renvoie l'une à l'homme et l'autre à Dieu. Connaître « sans modifications » – sans *media*, dit Eckhart – c'est connaître comme Dieu Lui-même connaît, et ce qui est connu est alors le Verbe ou le Fils de Dieu et, à travers Lui, Dieu le Père. Connaître « avec modifications », en revanche, c'est connaître à la façon des créatures, et ce que les créatures connaissent n'atteint pas son but – n'atteint pas la réalité – qui est et ne peut être autre que le Verbe Lui-même. Précisément, tout ce qui est connu médiatement, que le média soit une image sensible ou une conception

---

[71] Le livre primordial sur le yoga, selon la tradition hindoue.
[72] Il faut naturellement entendre l'« esprit » en soi – l'esprit « sans modification » – comme distinct de ce que nous entendons usuellement par ce terme – dans l'expression « le corps et l'esprit », par exemple.
[73] Le lecteur se souviendra du *nomen Dei* d'Exode III, 14 : « *Ego sum qui sum* ».
[74] Is VI, 9.
[75] Voir *Christian Gnosis…*, *op. cit.*, ch. 6.

mentale – tout cela qui donc « n'est pas Dieu », n'est pas divin, et n'est pas le Verbe de Dieu – Eckhart le nomme « créature ».

Et ne manquons pas de signaler que cette connaissance « médiate » par laquelle nous percevons les choses de ce monde, c'est ce « voir » auquel S. Paul se réfère dans sa fameuse déclaration : « maintenant nous voyons dans un miroir, d'une manière obscure »[76]. Évidemment, ce qui obscurcit notre vision – tel de la poussière sur une vitre ou un miroir – sont précisément les « impuretés » auxquelles Eckhart fait allusion et qui sont dites « s'accrocher à l'âme ». Mais il y a aussi un second mode de vision auquel S. Paul se réfère aussitôt : après avoir déclaré que « maintenant nous voyons dans un miroir, d'une manière obscure », il poursuit en disant qu'« alors nous verrons face à face ». Cet « alors » paulinien est en contraste avec le « maintenant » précédant, mais en référence, non pas à un futur vis-à-vis d'un présent, mais à un mode autre de connaissance : une connaissance « face à face », c'est-à-dire sans média ou intermédiaire. Mais quelle est la nature de ce second type de connaissance ? S. Paul répond à cette question au même verset qui se termine avec les mots « comme je suis connu ». Or, le texte original dit « epegnosten » (qui, en réalité, signifie « j'étais connu »), une expression qui renvoie spécifiquement à une connaissance « suprême », dénommée par S. Paul *epignosis* pour la distinguer de *gnosis*. L'enjeu ici, c'est une connaissance de Dieu le Père, conformément à la définition christique de la « Vie éternelle »[77] ; c'est cela connaître « face à face ». Voir sans intermédiaire, c'est donc voir, non d'une manière créaturelle mais, effectivement, « voir avec les Yeux de Dieu » comme le dit Maître Eckhart. Toute la doctrine eckhartienne est donc en vérité incluse dans cet unique verset paulinien (1 Co XIII, 12).

La quête métaphysique – qui n'est rien d'autre que la tâche de la religion selon sa plus haute conception – se réduit ainsi à un nettoyage qui débarrasse l'âme de ses impuretés : ces « petits bouts » intangibles et insaisissables qui s'y accrochent et altèrent notre vision[78]. Nous sommes appelés à la véritable « pureté de cœur » grâce à laquelle nous « verrons Dieu ». Rien de moins ne saurait le permettre, telle est la perfection que le Christ nous enjoint de réaliser[79] ; et c'est ce que Maître Eckhart soutient

---

[76] 1 Co XIII, 12.
[77] Ép. I, 17-18.
[78] Le tout premier verset des *Yoga Sutras* définit le yoga comme *chittavrittinirodha*, l'« arrachage » (*nirodha*) des modifications mentales.
[79] À voir, le plus explicitement, dans Mt V, 48 : « Vous donc, soyez parfaits comme votre Père céleste est parfait ».

sans équivoque comme norme universelle, la définition même de ce qu'il nomme « L'homme juste ». Voici comment il délimite cette norme :

> Je dis en vérité, tant qu'il y a quelque chose qui prend forme en vous, qui n'est pas le Verbe éternel et ne provient pas du Verbe éternel, si bon que cela serait, ce n'est réellement pas juste. C'est pourquoi est un homme juste, celui-là seul qui a annihilé toute chose créée et se tient sans distraction dans la vision directe du Verbe éternel, et qui en est formé et réformé en justice[80].

On nous dit que l'« homme juste » est celui en qui « rien ne prend forme qui n'est le Verbe éternel », que cela signifie-t-il ? À la lumière de ce qui précède, cela ne peut que signifier que notre vision n'est plus dégradée, plus distordue par des intermédiaires. C'est la raison pour laquelle l'homme juste « a annihilé toute chose créée » : en « déracinant les modifications », il n'aperçoit plus les « créatures » mais désormais voit en toute chose le « Verbe éternel » Lui-même. Ayant « annihilé toute chose créée », littéralement, il « se tient sans distraction dans la vision directe du Verbe éternel ».

La grande question, maintenant, c'est comment cet exploit herculéen peut-il être accompli, comment un homme peut-il « annihiler toute chose créée » ? Et qui peut donc accomplir cela, effectivement ? Maître Eckhart répond à ces questions dans son sermon sur le « *modicum* » que, comme nous l'avons vu, il rend par ces mots : « un petit peu, et vous ne me voyez plus, et à nouveau un petit peu, et vous me voyez ». Sa réponse est simple : c'est le second *modicum*, déclare-t-il, qui détruit le premier. Quel est donc ce second « *modicum* », ce second « petit peu » ? Il n'est rien d'autre que ce qu'il dénomme ailleurs le *vünkelin*, la « petite étincelle » dans l'âme qui est dite *increatus et increabile*. Cela aussi est un *modicum* – un « petit peu » – mais d'une bien différente sorte. Ce second « petit peu », Maître Eckhart l'identifie avec le Verbe ou l'Image dans l'âme ; et cette Image, poursuit-il, est la source de la puissance par laquelle les « modifications mentales » – les impuretés de l'âme – doivent être soumises. Comprenons bien cela : cette puissance n'est pas humaine, n'est pas crée mais est – nécessairement – *divine*. Elle n'est en fait rien d'autre que l'Esprit-Saint « qui vous guidera dans toute la vérité », ainsi que le Sauveur le déclare[81]. Selon l'analyse de Maître Eckhart, il l'effectue en déracinant les « modifications » – que la théologie connaît comme « péché », ou comme ses effets – qui nous empêchent de voir le Verbe. Et bien sûr, l'Esprit-Saint est envoyé par le Christ ou, comme Maître Eckhart le formule : jaillit du *vünkelin*, l'Image qui est le « Christ en nous ».

---

[80] Sermon 16b.
[81] Jn XVI, 13.

Nous en avons sans doute assez dit pour donner au moins un aperçu initial du cœur de l'enseignement eckhartien, et suffisant pour indiquer qu'il s'y agit du « voir », que nous voyions « dans un miroir, d'une manière obscure » ou « face à face », pour le dire en termes pauliniens. C'est ici, dans cette réalisation essentielle, que la religion et la métaphysique se rencontrent finalement, et se reconnaissent l'une dans l'autre. Ne manquons pas de dire que c'est en Christ qu'elles se rencontrent, en Lui qui est « la Voie, la Vérité et la Vie »[82] ; la « Voie » en ce qu'Il purifie et donne le pouvoir de « voir » à nos yeux ; la « Vérité » en ce qu'Il est Ce que « le cœur pur » verra ; et la « Vie » en ce que voir Dieu est en effet la Vie éternelle.

*
* *

Il faut noter que les « modifications » qui empêchent notre vision – qui nous empêchent de « voir Dieu » – se divisent en ce que le Vedanta nomme des *koshas* (« enveloppes ») et qui sont comme des « couches » ou des « coques » emboîtées les unes dans les autres, ce qui signifie qu'il y a en principe deux façons d'éliminer ces obstructions : toutes d'un coup – ainsi que c'est arrivé à S. Paul sur la route de Damas, du moins peut-on le présumer – ou bien, l'une après l'autre, en commençant par le *kosha* le plus extérieur et, étape par étape, jusqu'au plus intérieur. C'est la seconde de ces options – que S. Bonaventure appelle l'*Itinerarium mentis ad Deum* (« itinéraire de l'âme vers Dieu ») – qui constitue la voie « la plus courante » d'ascension spirituelle. Ce voyage, néanmoins, n'est en rien « continu » mais procède par « sauts quantiques » d'un « niveau » au suivant. De cette façon, le *viator*[83] passe successivement par les différents centres « intermédiaires » – auxquels il a été fait allusion précédemment – et, certainement, à chacun de ces degrés, il a l'option de poursuivre mais fait face au danger, faut-il le préciser, de retomber à un niveau inférieur.

Suivant ce que nous avons dit de la « phénoménologie », telle que pratiquée par ses représentants primordiaux – Goethe et Husserl –, on voit maintenant que l'approche phénoménologique est sans conteste intrinsèquement yogique, en ce qu'elle élimine les « modifications » (ou les circonvient), en ce qu'elle « purifie le miroir » par lequel nous voyons. Ainsi que les phénoménologues ont coutume de le dire, voir « avant » – « antérieurement » à la séparation entre objet empirique et sujet – permet de parer aux modifications ultérieures et, ce faisant, d'obtenir un mode de vision moins médiat et, par conséquent, plus « élevé ». Néanmoins, pour

---

[82] Jn XIV, 6.
[83] [Le latin *viātŏr, ōris*, m. signifie ici « voyageur » ; NdT].

autant que la méthodologie phénoménologique puisse mener le pratiquant qualifié à un certain niveau de son ascension, lui permettant de transcender, à quelque degré, la « cécité » qui a touché l'humanité dans son ensemble, elle ne lui permettra pas, clairement, à la lumière de la tradition sapientielle, de « faire tout le chemin ». La méthode phénoménologique, même à son meilleur d'elle-même, a des limites irrémédiables, que Husserl lui-même, apparemment, découvrit dans les dernières années de sa vie. Comme nous le signalions, il finit par reconnaître son incapacité : « J'ai cherché Dieu sans Dieu », admit-il. À quoi il convient d'ajouter que c'est là, véritablement, un aveu capital, une déclaration socratique d'incapacité qui, en définitive, ouvre la porte : savoir que « nous ne savons pas » – « séparés de moi, vous ne pouvez rien faire »[84], dit le Sauveur – constitue effectivement la condition préalable à l'édification.

Il nous faut comprendre que notre « cécité » – dont les Écritures nous avertissent et que les méthodes de yoga, au sens le plus large, ont pour but de guérir – est parvenue, non seulement à cause du péché originel, mais également par toutes les trahisons subséquentes, monstrueuses ou bénignes, intervenues tout au long de l'histoire. Il apparaît ainsi, à la lumière de la tradition judéo-chrétienne, que l'« avant » phénoménologique est corrélé avec un « avant » historique. Il s'ensuit que ce que les moyens phénoménologiques nous permettent d'accomplir, au moins à un certain degré, c'est de finalement retrouver des états correspondant à des périodes antérieures, à l'âge d'une humanité moins aveuglée qu'aujourd'hui. Ce que ces méthodes ne permettent pas, en revanche, c'est de « renverser la Chute » car pour cela, on a besoin de la puissance véritable dont parle Maître Eckhart, qui n'est autre que la puissance du Saint-Esprit.

La science authentique cherche à saisir le phénomène : « ce qui se montre lui-même en lui-même » ; tout le reste n'est, au mieux, que demi-connaissance. Mais, qu'est-ce que « le phénomène » ? La réponse à cette question figure dans la doctrine eckhartienne ; c'est la reconnaissance que *ce qui est connu sans intermédiaire* – « en lui-même » – *n'est autre que le Verbe*. Commence par ce que tu veux mais cherche « ce qui se montre lui-même en lui-même », alors tu trouveras le Verbe. Tu le *dois*, car il n'y a en réalité rien d'autre à trouver ! Le Verbe – le Fils unique du Père – contient en lui tout ce qui a été et sera ; comme l'affirme S. Paul : « en Lui habite corporellement toute la plénitude de la divinité »[85]. Ce n'est pas pure poésie lorsque le Christ déclare à ses disciples : « Toutes les fois que vous l'avez fait à l'un

---

[84] Jn XV, 5. [À propos du célèbre : « Je suis la vigne, vous êtes les sarments » ; NdT]
[85] Col II, 9. Sur la signification de ce « corporellement » (*somatikos*), voir mon traité sur la gnose chrétienne, *op. cit.*, spécialement le chapitre sur Jacob Boehme.

de ces plus petits de mes frères, c'est à moi que vous l'avez fait »[86]. Un *logion* prétendument christique, et faisant partie d'un évangile apocryphe, illustre cet enseignement : « fend le bois, et tu Me trouveras là ». Que ce soit du bois ou de la pierre ou tout autre chose, si tu y pénètres à cœur, dans son essence véritable, tu Le rencontreras. Tu le *dois*, parce que l'essence de toute chose est contenue dans le Verbe. Et ce Verbe est un Aimant qui attire toute chose à Lui et *en* Lui. Dans son sermon « *modicum* » – en un passage d'une rare beauté – Maître Eckhart parle de cette attraction suprême et universelle « destinée » :

> Tu dois comprendre que toute créature s'efforce par nature d'être comme Dieu. Les cieux ne tourneraient pas s'ils ne suivaient la trace de Dieu ou de ce qui lui ressemble. Si Dieu n'était en toute chose, la Nature mourrait aussitôt, ne travaillerait plus ni ne voudrait plus rien ; car, que tu le veuilles ou non, que tu le sache ou non, la Nature, en vérité, cherche, bien qu'obscurément, et tend vers Dieu. Le gibier de la Nature n'est ni un manger ni un boire… ni aucune des choses en qui il n'y a rien de Dieu, mais, secrètement, elle cherche et, avec acharnement, poursuit la trace de Dieu.

On ne saurait mieux faire que de clore cet essai par les mots avec lesquels le Maître lui-même conclut son grand sermon : « Afin que nous comprenions cela et devenions heureux éternellement, puisse le Père et le Fils et l'Esprit Saint nous y aider. Amen ».

Wolfgang SMITH

---

[86] Mt XXV, 40.

À LA RECHERCHE DES FONDEMENTS MÉTAPHYSIQUES DE LA POLITIQUE

Les problèmes qu'affrontent les philosophes, voire les métaphysiciens, sont souvent les mêmes que ceux qui se posent à tout être pensant, mais eux s'efforcent d'aller jusqu'au fond des choses, jusqu'au sol (*Grund*) en-deçà duquel aucune interrogation n'est possible. La voie la plus directe pour s'approcher de ce principe est de commencer par le commencement grec au IVe siècle av. J.-C. L'homme politique est alors considéré comme *tôn epistemôn tis*, « un de ceux qui possèdent une science ». Platon et Aristote systématisent son savoir en s'interrogeant sur le meilleur régime, ou constitution (*politeia*) possible[87]. Pour le Stagirite, cet ordre juste permet de réaliser la vie bonne, d'autres diraient la moins mauvaise. Dans le mot *politeia*, en effet, il y a, selon Leo Strauss, la pensée suivante : « la vie sociale est orientée vers un but »[88] qui ne peut être que le bien. La vertu, apanage du petit nombre, est la propension à poursuivre cet objectif. C'est pour cette raison que les classiques rejetaient la démocratie, le gouvernement par le grand nombre. La liberté comme libre arbitre (idéal de la démocratie) n'a pas de valeur en elle-même. Seul est authentiquement libre celui qui est apte à chercher la vérité[89]. Cette quête ne saurait être favorisée que par un régime qui vise le bien et c'est dans ce cadre que l'homme bon et le bon citoyen (qui sert bien son pays) se confondent. Par exemple, sous un régime totalitaire, un homme bon ne saurait être un bon citoyen et vice-versa. La vertu, qui suppose la connaissance vraie du bien, est cultivée par l'éducation, elle-même conditionnée par le loisir (*scholè*) chez les parents comme chez les

---

[87] Selon Deleuze, philosopher c'est élaborer des concepts nouveaux. Leo Strauss observe cependant que les philosophes politiques de l'antiquité utilisent à peine « un seul terme qui ne soit d'un usage familier sur la place publique ». *Cf. Qu'est-ce que la philosophie politique ?* P.U.F. 1992, p. 33.

[88] *Cf.* Leo Strauss, *ibid.*, p. 38.

[89] Un savant qui ne serait reconnu qu'à la condition de ne dire que des absurdités serait-il libre ? Or c'est, *mutatis mutandis*, la situation des artistes à notre époque. Ils jouissent en apparence d'une liberté illimitée mais sont privés, précisément pour cette raison, de la seule liberté qui vaille, celle de rechercher le beau.

enfants et les jeunes Tout cela est inséparable d'une certaine aisance qui ne saurait être donnée à tous à cause de la rareté à laquelle sont soumis les hommes et même les êtres vivants en général. Selon Strauss, les classiques avaient envisagé la possibilité d'une économie d'abondance grâce à un développement technique illimité mais ils n'en voulaient pas car un tel développement échapperait à tout contrôle moral et politique.

Une parenthèse ici pour y exposer mes objections :

1° La technique, pour notre malheur, n'a jamais été subordonnée à des interdits moraux ou politiques.
2° Ses progrès rapides sous le capitalisme industriel n'ont pas réduit les inégalités, ni même permis de satisfaire les besoins élémentaires des plus défavorisés si bien que les pauvres et même les misérables, sont restés nombreux. De plus, l'accroissement de la production se heurte au caractère fini de notre planète et aboutit à la destruction de sa biosphère.
3° Tous les hommes ne sont pas également capables de tirer profit d'une bonne éducation qui n'est donc pas une condition suffisante de la vertu. Elle n'en est pas non plus la condition nécessaire. Des exemples historiques célèbres confirment ces deux thèses. Le riche aristocrate Alcibiade, éduqué par Périclès devint un homme politique et un stratège habile mais s'avéra cynique et moralement dépravé, ne respectant aucune loi humaine ou divine. Son échec final n'avait pas d'autres causes et entraîna la ruine de sa patrie. En sens contraire on peut citer Aristide qui dirigea un temps Athènes en faisant preuve d'un désintéressement absolu. On le surnommait « le juste ». Il avait à peine de quoi vivre quoiqu'issu d'une bonne famille. Enfin est-il nécessaire de mentionner le cas de Socrate, philosophe sage et vertueux né de parents pauvres et pauvre lui-même au point de marcher pieds nus la plupart du temps ?

Léo Strauss avait sans doute raison de considérer qu'une réflexion philosophique rigoureuse sur la politique exigeait un retour aux classiques grecs : Platon, Aristote et même Xénophon. Cependant la différence des temps doit aussi être prise en considération. Le préjugé social contre les pauvres et les *banausoi* chez les philosophes anciens faussait leur jugement comme on vient de le voir. Il est donc nécessaire de partir des conditions actuelles. Non, certes, pour résoudre le problème mais pour se demander seulement à quelles conditions il peut être posé.

Je commencerai en clarifiant quelques notions.

Le politique est l'instance qui conduit les affaires communes d'une collectivité au moyen de l'appareil d'État quand celui-ci est séparé de la société civile. Il ne l'était pas dans la démocratie directe athénienne.

Parler d'affaires communes suppose que les membres du groupe ont des intérêts communs qui fournissent l'aune à laquelle on mesure l'œuvre du gouvernement. L'intérêt commun (ou général) est présupposé dans tout jugement positif ou négatif porté sur les décisions prises et ceux qui en sont responsables, entendu que le bien de tous est la fin de l'homme d'État. « Aucun chef, dit Platon dans *La République*, ne propose et n'ordonne ce qui est utile à lui-même, mais ce qui est utile à celui qu'il commande ». Quel que soit le régime, et serait-il très autoritaire, gouverner des hommes, c'est les servir.

Tant qu'il n'y a pas d'État universel, le gouvernement a des devoirs uniquement à l'égard de ses citoyens sauf en ce qui concerne la préservation des grands équilibres de la planète. Ceux-ci présentent un intérêt vital pour l'humanité entière. J'y reviendrai.

Les membres de la communauté ont aussi des intérêts divergents. Quand ces oppositions l'emportent, il y a danger de guerre civile (*stasis*). Comme c'est un grand mal, le devoir du gouvernant et du citoyen est de faire prévaloir le bien commun dont la paix civile est une partie essentielle. On est en droit de s'excepter de cette règle seulement quand le maintien de l'état des choses implique un mal encore plus grand.

Exercer le pouvoir, ou s'en emparer, c'est occuper les points culminants de l'appareil d'État.

La politique est l'art de diriger la *polis*. En une de ses acceptions, ce mot désigne non seulement la Cité-État, principalement grecque, de l'antiquité mais tout sujet collectif indépendant. La question qui se pose alors est : diriger à quelle fin ? Pour Aristote, c'était la « vie bonne » incluant la préservation du cadre social qui la rend possible. Un État et donc aussi une nation ou tout autre communauté caractérisée par une langue, une culture, une religion, une civilisation, un mode de vie, doivent pouvoir se défendre pour survivre. Or pour être sûr de pouvoir se défendre, il faut être puissant.

En un autre sens, la politique vise à prendre le pouvoir, le conserver, ou en infléchir l'exercice. Pour cela, il est nécessaire de mobiliser des forces sociales en apparaissant comme le représentant le plus capable de leurs intérêts.

Les partis sont des appareils idéologiques infra-étatiques qui remplissent deux fonctions dans le régime parlementaire :
- Ils contribuent à la stabilité du système oligarchique en participant à la cooptation du personnel habilité à briguer des sièges dans les assemblées soi-disant représentatives et des postes de responsabilité dans les instances du pouvoir.

- Lorsque les circonstances s'y prêtent, ils rassemblent des foules pour exercer des pressions et apporter ainsi un correctif au nombrilisme des dirigeants ou un exutoire aux passions populaires.

La « démocratie », ou plutôt l'oligarchie parlementaire pour l'appeler de son vrai nom, fait l'objet aujourd'hui de critiques diffuses venant aussi bien de la gauche que de la droite. Le pouvoir y est « sans garantie transcendante » pour citer Claude Lefort et sa légitimité fait constamment débat. Son discrédit s'accentuera avec la prise de conscience de ce que la démocratie directe est désormais techniquement possible grâce à *Internet*. Si ce régime venait à s'écrouler, il ne laisserait pas beaucoup de regrets. Ce qui compte en effet pour les gens, ce sont les actes, non les procédures.

Aujourd'hui, l'égalité communiste semble à beaucoup être le moyen le plus simple pour réaliser l'idéal démocratique. On doit néanmoins y renoncer parce qu'elle est utopique. Elle suppose l'absence de contradictions et de conflits alors que ceux-ci sont consubstantiels à la vie. Il est vrai que Mao Tsé-toung distingue les contradictions non-antagoniques (ou « au sein du peuple ») des contradictions antagoniques (« entre nous et nos ennemis ») équivalentes à un jeu à somme nulle. Cela signifie en fait que dans toute contradiction il y a deux composantes (ou « aspects ») : l'antagonisme (opposition d'intérêts) et la solidarité (convergence d'intérêts). Selon les cas, c'est l'une ou l'autre qui est dominante ou subordonnée. Notons que, selon Mao, même des contradictions au sein du peuple peuvent devenir antagoniques quand elles ne sont pas traitées comme il convient. Supposons un désaccord portant sur la distinction entre le faux et le vrai. En principe, cette opposition est non-antagonique puisqu'il est avantageux aux uns et aux autres de se rallier au vrai. Pourtant chacun sait que les intérêts en jeu (les susceptibilités des égos), pour être subjectifs, n'en sont pas moins des intérêts et font parfois dégénérer un tel différend. Et si les divergences portent sur les moyens, le glissement vers l'antagonisme sera encore plus facile car l'erreur sur leur choix compromettrait la poursuite de la fin concernée.

L'égalité n'est donc pas possible mais elle n'est pas non plus nécessaire. Il suffit que d'une part chacun reçoive selon son travail et ses mérites et d'autre part que le sort des moins bien lotis soit meilleur sous un tel ordre que sous tout autre.

Les concepts et notions que j'ai passés en revue et d'autres encore désignent des réalités objectives face auxquelles l'individu est appelé à se déterminer en fonction d'intérêts et de valeurs qui sont ceux d'un groupe légitime. Il va de soi que « légitime » ne signifie pas légal. Il peut être légitime d'agir illégalement, par exemple contre un pouvoir tyrannique. À l'exception des mafieux, tous les groupes sont peu ou prou légitimes, y compris ceux qui sont accusés par leurs ennemis d'être criminels et terroristes. À plus forte raison est légitime la nation. Jean-Claude Milner a lancé l'interrogation rhétorique : « Peuples, races, nations, classes, sont-ils fondés d'autre chose que de leur nom même ? »[90], sous-entendant que la réponse est non puisque en bonne théorie lacanienne tout lien est imaginaire et que tout ce qui est imaginaire relève du semblant. En fait, la réponse est oui (en partie) mais ce n'est pas ici le lieu de le démontrer.

Le souci de tout groupe de persévérer dans l'être contient le risque du conflit avec d'autres groupes qui ont la même préoccupation et cherchent à se renforcer pour mieux garantir leur sécurité. Les premières questions que se pose l'homme d'État concernent la désignation de l'ennemi principal. Il doit chercher ses alliés parmi ceux qui ont le même ennemi principal même si ce sont des ennemis (secondaires). Les réponses aux questions : qui est l'ennemi, qui est un ami ont un caractère objectif. Elles ne dépendent pas des sympathies et des antipathies et laissent de côté les vieilles rancunes et les souvenirs d'anciennes fraternités d'armes.

Autrefois, on s'inquiétait surtout des rapports de forces et de l'équilibre des puissances. Les guerres étaient souvent provoquées par les modifications dans ces paramètres. Aujourd'hui, d'autres enjeux entrent en ligne de compte dont certains, tels les inimitiés entre groupes nationaux et/ou religieux, ont une vieille histoire (qu'on pense aux conflits sanglants qui ont opposé en Irak les sunnites aux chiites ou les Arabes (sunnites) aux Kurdes). D'autres sont entièrement nouveaux comme ceux qui tiennent à la répartition des ressources limitées de la terre. Je ne me réfère pas aux hydrocarbures ou aux richesses minières car chaque peuple a les siennes et cela n'est pas contesté. Je fais surtout allusion à certains pays qui polluent l'atmosphère et l'océan mondial plus que les autres privant ces derniers d'un environnement vital. En tant que *free riders* ils pourraient devenir l'ennemi principal pour les pays moins resquilleurs.

Puisque ces menaces se dessinent à l'échelle du globe, il nous faut les penser sous l'angle d'une axiologie universaliste. La seule qui s'offre à nous est religieuse et plus précisément chrétienne. C'est elle qui peut répondre à la question des fondements et des fins ultimes J'en apporterai la démonstration à ceux qui auront la patience de me suivre.

Ce problème doit être posé dans le cadre de la complémentarité entre les deux sources de notre civilisation : la Grèce et le christianisme. La première nous a légué la philosophie, autre nom de la métaphysique selon

---

[90] *Cf.* Jean-Claude Milner, *Les noms indistincts,* Seuil, 1983, p. 109.

Heidegger, dont il y a lieu de se demander si elle est, de par sa rationalité, compatible avec la révélation. Et si oui, comme je le pense, comment doit-on concevoir leur articulation ? La réponse à cette première question je la puiserai paradoxalement chez Alain Badiou. La philosophie, nous dit-il, est sous condition de la politique, de la science, de l'art et de l'amour au sens où son devenir est déterminé par les vérités nouvelles produites dans ces quatre domaines. Sa tâche est de rendre ces vérités possibles ensemble et cohérentes, (*compossibles* selon le terme de Leibniz), étant entendu que, par vérités, il faut comprendre non pas des propositions adéquates à ce sur quoi elles portent (« *adequatio intellectu ad rem* ») mais des valeurs universelles. C'est pourquoi ces « vérités » surgissent dans une situation à la faveur d'un événement et ne sont pas découvertes. Elles sont nouvelles et non préexistantes. Or à cette liste, il faut ajouter la religion qui, elle aussi, engendre (révèle) des vérités spécifiques (*sui generis*). Elles éclairent l'entendement et suscitent l'émotion de milliards d'être humains tout comme les vérités admises par Badiou si bien que les philosophes, y compris les plus récents, se sentent tenus d'en parler longuement. On pourrait objecter que les philosophes athées ne voient pas dans la religion un champ générateur de vérités. Or pour Badiou ce ne peut être un argument car pour lui la vérité se déclare et ne se démontre pas. De ce fait en politique, mais aussi en art, en amour ou même en sciences, il peut y avoir des mécréants ou sceptiques qui rejetteront sans hésitation ce que Badiou tient pour des vérités telles que l'égalitarisme ou le cosmopolitisme. La répugnance de Badiou à inclure cette cinquième condition tient sans doute au fait qu'elle ne peut être mise sur le même plan que les autres. Elle est en surplomb tant par rapport à elles que par rapport à la philosophie. Nous verrons plus loin pourquoi et comment la raison spéculative et la révélation sont susceptibles de fournir ensemble le fondement dont la science politique (la métapolitique) a besoin[91].

Il est pourtant impossible à première vue de construire une philosophie politique sur la Bible car il ne s'y trouve aucun mot équivalent à « régime » ou *politeia*. Cela explique sans doute le rejet par le talmudiste Benny Lévy de ce qu'il appelait le « tout politique » caractéristique d'un certain marxisme soixante-huitard dont Jean-Claude Milner a aussi fait la critique mais d'un point de vue lacanien dans *Les noms indistincts*. Si l'on rejette ce point de vue unilatéral et qu'on accorde à la politique sa juste place, la philosophie politique apparaîtra comme illustrant la nécessaire

---

[91] Les premiers linéaments de cette problématique sont exposés au chapitre VIII de mon livre : *De quoi Badiou est-il le nom ? Pour en finir avec le (XXᵉ) Siècle*, L'Harmattan, 2009.

fusion et la dépendance réciproque de la raison naturelle et de la révélation, d'Athènes et de Jérusalem.

Le mot « régime », ai-je dit, est introuvable dans les Écritures, mais une notion assez proche est utilisée par Flavius Josèphe pour caractériser le pouvoir instauré par Moïse. Dans les *Antiquités judaïques* de cet historien on lit ceci : « notre législateur [...] a fait [*apedeixe*] de notre type d'État [*politeuma*] une théocratie ». Jésus-Christ, en revanche, « prophète désarmé » selon le mot de Machiavel, a prononcé deux paroles qui le situent à l'opposé d'un tel gouvernement : « Rendez à César ce qui est à César et à Dieu ce qui est à Dieu » et « Mon royaume n'est pas de ce monde ». De plus, il enseigna une non-violence radicale. Prise à la lettre, celle-ci est incompatible avec l'existence d'un groupe social indépendant car nous portons la violence comme une potentialité de notre nature[92].

Le seul moyen d'assouplir cette doctrine est de distinguer la morale qui s'applique aux rapports d'individu à individu, des principes qui valent pour l'État dont le pouvoir est, en dernière instance, au bout du fusil. Cette distinction est illustrée dans ce propos de Napoléon (athée radical mais secret) : « Le cœur d'un homme d'État doit être dans sa tête » et dans celui d'un roi très pieux, Louis XIII, répondant à ceux qui lui demandaient la grâce de Cinq-Mars : « Je ne serais pas roi si j'avais les sentiments des particuliers ». Le problème s'est posé quand l'empire romain est devenu chrétien. Saint Augustin fut le premier à s'interroger sur la guerre juste et ses réflexions furent approfondies et systématisées par Saint Thomas. Ces philosophes sur lesquels s'appuie la doctrine de l'Église catholique en la matière ont remarqué que Jésus-Christ n'interdit pas la guerre puisqu'il dit aux soldats : « n'usez de violence ou de fraude envers personne ; contentez-vous de votre solde ». C'est ainsi qu'est née la notion de *miles christianus*. Saint Bernard a prononcé des sermons pour encourager les chevaliers du Christ en partance pour la Terre sainte. On pourrait aussi invoquer le grand nombre de saints qui étaient militaires de carrière.

Ce qui a longtemps fait obstacle à l'alliance entre philosophes et théologiens, c'est le rejet *absolu* par les penseurs libéraux de la tradition et de l'autorité. Cette posture est intenable car l'une et l'autre ont leur place dans un système de pensée rationnel. Pas plus qu'une place d'ailleurs car la référence à la tradition et le recours au principe d'autorité peuvent être abusifs. Il est par ailleurs faux que la religion fasse peser une menace sur la paix civile. Même à l'époque des guerres de religion, il y a trois siècles et

---

[92] Les sociétés primitives sans État se font la guerre.

demi, les enjeux étaient politiques plutôt que religieux[93]. Les libéraux hostiles à la religion scient la branche sur laquelle ils sont assis car les mêmes vertus qui resserrent le lien social et assurent la prospérité de la cité des hommes, aident à bâtir la cité de Dieu et inversement. Très tôt, les capitalistes ont cru qu'ils n'avaient pas besoin du soutien de la religion puisque le marché marche tout seul. Quand ils s'apercevront que « la main invisible » ne garantit pas toujours les « harmonies économiques » chères à Bastiat et encore moins les harmonies politiques également nécessaires, il sera peut-être trop tard. Pour le moment, les capitalistes sont surtout soucieux de mettre de l'huile dans les rouages de l'économie mondiale et d'empêcher qu'ils ne soient grippés par les différences religieuses. Mais les différences de langue et de civilisation sont tout autant génératrices de conflits et non moins irréductibles. En revanche, le message de l'Évangile est universaliste et promet le salut à tous les hommes. Il propose, il est vrai, une croyance se rattachant à une civilisation particulière mais il peut accentuer et actualiser son caractère universaliste en renouvelant le geste de Clément d'Alexandrie consistant à montrer aux païens qu'ils retrouveront dans le christianisme certaines des valeurs auxquelles ils sont le plus attachés. Il y a dans l'hindouisme, le bouddhisme, le confucianisme des « vérités » morales et religieuses intégrables par le christianisme. Sans l'écarter de sa tradition, cet élargissement (qu'on nomme *epectase*) lui faciliterait l'accueil des peuples asiatiques. L'essence du christianisme, comme celle de l'Occident, lui permet d'englober tout ce qui est excellent dans les potentialités humaines[94].

Le rationalisme matérialiste étroit des prétendues lumières a causé l'échec de la philosophie dans sa vocation à penser la religion. À la place de la théologie philosophique (d'un Saint Thomas d'Aquin par exemple), nous avons dû nous contenter de son substitut : la théologie athée de l'Histoire. La grandeur de l'homme consistant à être un animal qui a besoin de sens, il nous fallait un monde intelligible et l'esprit prométhéen de la modernité voulait que ce monde fût maîtrisable par la science et la technique au niveau physique et par l'action politique sur le plan de l'Histoire. Le marxisme nous offrait à cet égard une double garantie : une vision eschatologique concevant le mouvement objectif de l'Histoire comme orienté vers une fin

---

[93] Lire sur ce point de William Cavanaugh, *Le Mythe de la violence religieuse*, Éditions de l'Homme Nouveau, 2009.

[94] Sur la pénétration du christianisme en Chine et le rôle actif joué dans sa propagation par des éléments parmi les plus avancés de la société (ingénieurs, médecins, hommes d'affaires, enseignants) lire *God is back* de John Micklethwait et Adrian Wooldrich, The Penguin Press, New York 2009.

et une science des lois de l'Histoire permettant de guider l'action politique volontaire. Cette dernière ne pouvait pas faire que le processus de gestation de l'Histoire eût un autre aboutissement mais seulement l'abréger et soulager les douleurs de l'enfantement. Bref, l'homme qui s'était fait lui-même par le travail (Engels) continuerait à être maître de son destin et, à condition de bien se prosterner devant les nouvelles idoles de l'Histoire, de la Modernité, du Progrès, recevrait une promesse de salut éternel : le paradis communiste.

En face, le libéralisme avait en commun avec le marxisme l'économisme productiviste (l'idéologie du développement), la croyance au progrès et l'exaltation de la modernité ; trois piliers du discours apologétique de l'ordre établi. La seule différence portait sur le changement social. Les capitalistes n'en veulent pas (on les comprend). En annonçant « la fin de l'histoire », Francis Fukuyama s'est exprimé en fidèle porte-parole de la classe dominante qui bouleverse constamment les rapports sociaux (par exemple le mariage, la filiation), à l'exception de ceux sur lesquels sont assis ses privilèges. Le conservatisme obtus de cette classe est néanmoins voué à l'échec. Les illusions sur les bienfaits du productivisme se dissipent malgré tous les efforts pour les perpétuer. En Angleterre, une commission gouvernementale a mis au point des plans pour une « économie à niveau constant » (*steady state*) prévoyant d'interdire la publicité à la télévision pour réduire le consumérisme. En Allemagne un *best seller* propose la « *prospérité sans croissance* ». Sur l'objectif de sauver la planète, il semblerait que tous les peuples du monde aient un intérêt commun. Mais dès qu'il s'agit de partager le fardeau, il n'en va plus de même. Si nous voulons préserver le monde pour nos enfants il nous faut payer un prix dans l'immédiat. Par leur égoïsme, les dirigeants de certains pays à savoir la Chine, les États-Unis et les pays émergents se rendent coupables d'un crime contre l'humanité en comparaison duquel les crimes commis au siècle précédent font figure de vétilles. En conséquence de quoi, les guerres écologiques ne sont pas loin. On se battra pour les terres et les mers, pour le ciel et les forêts, pour l'eau douce et l'atmosphère, pour sauver les abeilles, les lémuriens, les poissons et finalement tout simplement les hommes. J'ai la faiblesse de croire en des valeurs, telles que la Création dont nous avons reçu la garde, supérieures aux valeurs en bourse et même à la vie d'individus éphémères.

L'égalitarisme, dont l'emprise idéologique est très forte, pourrait aggraver la dégradation écologique de la planète. Dès 2005, les émissions de CO_2 des pays en voie de développement ont dépassé celles des pays développés et l'écart augmente rapidement parce que les pays riches font des sacrifices pour ne pas accroître leurs émissions et y sont parvenus depuis plus de vingt ans alors que les émissions des autres n'arrêtent pas de monter. Or ces pays sont également responsables de l'explosion démographique. D'ores et déjà pour assurer à l'humanité son mode de vie actuel, il faudrait près d'une planète et demie. L'empreinte écologique par habitant (la superficie nécessaire à ses besoins) augmente de presque un quart tous les dix ans. En même temps, selon Nicholas Stern, le changement climatique pourrait coûter jusqu'à 20% par an de la richesse mondiale. Pour éviter la catastrophe, il faut regarder en face ces antagonismes au lieu de permettre au « politiquement correct » d'imposer ses tabous et interdits. Le secrétaire général de l'ONU n'exagérait nullement lorsqu'il s'est écrié « notre pied est bloqué sur l'accélérateur et nous nous dirigeons tout droit vers l'abîme »[95].

Comme nous l'avons vu la philosophie politique grecque suppose que la raison puisse, par elle-même, déterminer ce qu'est la justice et, plus généralement, les fins ultimes de l'homme et de la cité. Héritier des classiques, Léo Strauss le pense aussi. En revanche, pour les modernes depuis Max Weber (et déjà depuis Kant), les jugements de valeurs ne peuvent s'appuyer sur la raison et celle-ci est inapte à trancher les conflits qui les opposent. Or pour autant que l'homme d'État admette le principe selon lequel sa fin est le bien commun, il est obligé de prononcer des jugements de valeur et de fonder sur eux ses choix et décisions. Il en va de même pour ses adversaires quand ils le critiquent. L'argumentation de Léo Strauss montre qu'il ne peut y avoir de science dont la rigueur s'établirait sur l'élimination des jugements de valeur, une science *wertfrei*, comme le voulait Max Weber. Mais de ce que les jugements de valeur sont nécessaires, il ne s'en suit pas que la philosophie politique soit en mesure de les fonder pas plus qu'elle ne peut se fonder elle-même. Aucune théorie ne le peut. C'est sans doute pour cette raison qu'Alvin Johnson a émis la thèse que cite en l'approuvant Eric Voegelin selon laquelle « ce n'est qu'à travers la religion qu'un ordre social est possible »[96]. Quand le même Voegelin met sa foi entre parenthèses, il lui faut chercher un autre fondement à la philosophie politique qu'il fait alors « reposer sur une théorie de la nature humaine »[97].

---

[95] Sur ce point il y a une singulière convergence entre athées d'extrême gauche et athées d'extrême droite. Alain Badiou a déclaré qu'il ne fallait « pas se laisser distraire […] par les diversions millénaristes, dont la principale aujourd'hui est l'écologie (*cf.* l'interview accordée à Pierre Gaultier parue sur le site *Internet* « Le grand Soir ». Pour le Front National, le « réchauffement climatique est une imposture mondialiste ! » (*cf. Droite ligne* n° 2, avril 2010).
[96] *Cf. Faith and Political Philosophy. The Correspondence between Leo Strauss and Eric Voegelin*, University of Missouri Press, Columbia and London, 2004, p. 36.
[97] *Ibid.*, p. 99.

En lui-même, ce fondement semble faible mais il paraîtra plus solide si l'on admet que la nature humaine renvoie à la nature du *Tout*. On serait alors sur le terrain non de je ne sais quelle cosmologie mais d'une métaphysique théologique car la nature du Tout est sous-tendue par la Raison immanente à la Création, autre nom du *Logos*.

Le problème métaphysique par excellence porte sur les fondements de toute pensée y compris de la métaphysique. Cela revient à dire que la pensée s'interroge sur sa propre garantie. Ou encore que son questionnement a pour objet le *meta-* de toute méditation théorétique. Or aucun objet de savoir ne contient sa propre garantie. L'invitation à prouver sa preuve est aporétique. Cela vaut pour la religion mais également pour la science la plus dure qui est nécessairement hypothético-déductive et dont les hypothèses ne sont jamais vérifiées mais seulement (le cas échéant) infirmées (*falsifiées* pour reprendre l'anglicisme poppérien).

On se souvient de ce que j'ai dit plus haut concernant les quatre types de vérités chez Badiou. En politique mais aussi en art, en amour et même en sciences, ces vérités peuvent se heurter à des mécréants. La discussion avec eux relève de la philosophie dans son aspiration encyclopédique. Le peintre, le physicien, l'amoureux ou le militant politique n'ont pas besoin du philosophe pour savoir ce qu'ils font, mais dès que des objections fondamentales sont soulevées au sujet des vérités apparues dans leurs domaines respectifs la discussion de ces objections requiert le recours à un métalangage fourni, dans un premier temps, par la philosophie. Le métalangage est un langage formalisé qui décide de la vérité des propositions du langage objet. La description de ce métalangage exige un métalangage d'un ordre supérieur et ainsi de suite à l'infini. On est placé alors devant l'alternative suivante : ou bien on admet qu'il n'y a pas de métalangage (ultime) ou bien on en adopte un généralement fourni par la révélation. Ce métalangage est nécessaire à la cohérence de tout discours. Sur ce point, Jean-Claude Milner a prononcé une parole définitive : « À supposer qu'on ne croie pas au métalangage [ultime], qu'on ne construise pas l'énoncé suprême d'un Dieu ou d'une harmonie [au sens des religions orientales, par exemple le *Tao*], rien n'assure personne que le Chaos n'existe pas, sinon que nul ne puisse le penser »[98]. Il y a là une dure injonction à l'adresse des athées comme Onfray ou Badiou : « soyez conséquents, taisez-vous ! »

Kostas MAVRAKIS

---

[98] *Cf.* Jean-Claude Milner : *op. cit.*, p. 62.

LA MÉTAPHYSIQUE HIER ET DEMAIN.
ANALOGIE DE L'AMOUR.

Quels progrès la métaphysique, en tant que science constituée, a-t-elle engrangés au vingtième siècle – et dans quelle direction progresse-t-elle en ce début de nouveau millénaire ? Ces deux questions peuvent recevoir une réponse assez claire et précise, si du moins l'on s'en tient à un bilan de la philosophie première classique, de racine platonico-aristotélicienne et disposant dans la doctrine de saint Thomas d'Aquin d'un moment d'équilibre singulier.

Si l'on demande en effet à un physicien fondamental de résumer *ex abrupto* les avancées principales de son domaine depuis cent ans, il dira sans doute qu'elles tiennent à l'élargissement du paradigme newtonien, et ceci dans plusieurs directions : théorie de la relativité pour la macrophysique, mécanique quantique pour la microphysique, mécanique du chaos pour les systèmes complexes, etc.

Le métaphysicien ne sera pas en peine de nommer lui aussi la courbe essentielle qu'a subie sa science. Elle tient pour l'essentiel à la redécouverte du *principe d'analogie* au cœur de l'ontologie. Une telle analogie est dirigée contre le conceptualisme vulgaire d'un certain rationalisme et logicisme qui, de Suarez à Wolff, de Descartes à Pedro Descoqs, a constitué la plus haute menace contre la métaphysique.

Cette analogie va en partie dans le sens de la dialectique hégélienne, laquelle remet en cause la distinction *a priori* du réalisme et de l'idéalisme, afin de saisir l'idée même de l'être dans son identité exemplaire tellement méprisées depuis Nietzsche. De manière paradoxale, mais non-contradictoire, elle s'appuie aussi jusqu'à un certain point sur des pensées postmodernes de la différence jusque Heidegger et ses émules, de manière à ce que le sens de l'être ne sombre pas dans une titanesque syllogistique de l'Esprit absolu.

La découverte de l'analogie au cœur du processus de la pensée constitue ainsi le propre du progrès métaphysique, selon les trois intentions que l'on vient de dire. Le principe d'analogie de l'être place de ce fait la métaphysique au cœur d'un triangle symbolique adjacent au rationalisme de Descartes, à l'idéalisme de Hegel et à la pensée de Heidegger ; elle renvoie dos à dos ces théories sans se soumettre à aucune, mais en les intégrant toutes. L'analogie est de ce point de vue la mise en tension réciproque, et la solution focale sur le plan métaphysique des grandes orientations de la philosophie moderne et contemporaine.

La découverte de ce principe fondamental et structurant de la métaphysique s'est faite pour l'essentiel à partir des travaux pionniers d'Erich Przywara (1889-1973) et a culminé dans les recherches hautement spéculatives de Gustav Siewerth (1903-1963) ; on ne saurait néanmoins limiter à ces deux noms importants la galerie des auteurs ayant participé à cette découverte, comme par exemple E. Gilson, C. Fabro, L.-B. Geiger, L.B. Puntel, B. Welte ou encore J. Maréchal.

Prenons point par point les éléments constitutifs de cette doctrine analogique, selon l'ordre que l'on a proposé plus haut : en quoi elle se dégage du rationalisme ; en quoi elle implique un sens dialectique ; en quoi enfin elle préserve la différence au sein même de l'identité.

1. La raison métaphysique contre le rationalisme

La mauvaise réputation de la métaphysique vient en grande partie de la caricature d'elle-même qui a été affichée par certains de ses sous-produits, plus ou moins influencés par le nominalisme ou le scotisme ambiants. On citera en honteuse mémoire les manuels de séminaire « *ad mentem sancti Thomae Aquinatis* » qui déduisaient Dieu, l'âme, le monde de quelques principes premiers, et relevaient plus d'un brouet cartésien que d'une noble composition thomiste. Mais cela concerne aussi les grandes sommes renaissantes elles-mêmes, qui ont souvent rigidifié depuis Fonseca leurs amples ambitions dans une logique codifiée et stérile. Même de véritables intelligences philosophiques, telles celles de Cajetan ou bien de Suarez, ont souvent corseté l'ample dessein de la métaphysique dans une série syllogistique de raisonnements subtils où perce un vrai rationalisme. C'est l'époque où la métaphysique se confond avec une espèce de dévotion aux notions, définitions, agencements de concepts : on subordonne de manière décisive l'être à l'abstraction issue de l'entendement. C'est l'amour aristotélo-thomiste pour la pensée qui est ainsi transformé, de manière dramatique, en une ferveur quasi-dogmatique à l'égard des modèles formels et des règles logiques. La passion pour la vérité s'est peu à peu muée en une tyrannie conceptuelle où la raison prétendument métaphysique identifie ses lois à celles de l'être.

Dans les temps modernes Pascal est certainement celui qui a le plus cherché, avant Kant, à sortir la métaphysique de cette tendance rationaliste (qui allait pourtant connaître encore une radicalisation de Leibniz à Wolff) : loin, comme on a cherché à le dire, de déployer une théologie antiphilosophique, le célèbre interlocuteur de M. de Sacy a surtout permis aux ordres de communiquer à nouveau entre eux, et à l'esprit de géométrie de s'appuyer enfin sur l'esprit de finesse. On ne peut nier non plus, si l'on adopte le regard d'Henri Gouhier, que plusieurs des métaphysiciens modernes les plus rationalistes aient cherché la voie de l'intériorité et la vraie nature de l'esprit et que perce, chez plusieurs d'entre eux, un authentique sens de l'être.

Mais enfin, il demeure que la tentation foncière de la métaphysique, du XIVe siècle au Kant précritique – et ce en dépit de quelques exceptions notables – a été celle d'un rationalisme qui cherche à ramener l'être au concept de l'être. De ce point de vue, lorsqu'il désynchronise la pensée de son objet, le Kant des trois Critiques fait enfin respirer la métaphysique : il rétablit, comme l'a montré éloquemment le P. Marty, un certain espace pour l'analogie qu'empêchait l'univocité scolastique et moderne. Il reste qu'avec cette tentative, une section seulement du chemin métaphysique a été parcourue, et que la solution critique, comme Schultze et Hegel s'en rendront compte, n'est au final que le négatif de la proposition dogmatique : toutes deux présupposent un rapport, soit d'inclusion, soit d'exclusion, entre l'être et l'esprit, dont elles ne donnent ni l'une ni l'autre le fondement. Pour vraiment s'établir en tant que science, la métaphysique ne peut donc simplement tomber dans la pensée critique : il lui faut, sans verser à nouveau dans le conceptualisme passé, retrouver la règle qui détermine la vivante relation de vérité entre l'intelligence et son objet.

C'est à ce niveau précis que la métaphysique va évoluer le plus fortement dans la période contemporaine, bornant peu à peu son chemin en direction de l'analogie. Plusieurs solutions vont être successivement envisagées, qui vont chacune participer à l'élaboration de la formule analogique finale. On peut les citer de manière un peu taxinomique, et sans aucun doute avec quelques raccourcis, en les ramenant à deux grandes tentatives : l'issue « dialectique » d'une part, la découverte de « l'événement » de l'autre.

L'on est presque gêné de rappeler ce qu'il en est de la première proposition : celle-ci consiste pour l'essentiel en la prise en compte de la vraie rationalité de l'esprit, qui ne relève pas de l'entendement ratiocinant (*ratio, Verstand*), mais de l'intellect unitif (*intellectus, Vernunft*). De Hegel à Hamelin, de Renouvier à André Marc, une puissante métaphysique postkantienne s'est mise en place qui a cherché à réconcilier la conviction assertorique des Scolastiques avec la distance critique instaurée par Kant. C'est là un moment de très grande importance pour le progrès de la métaphysique car même chez Thomas d'Aquin, on n'avait pas atteint à une telle conscience de l'articulation profonde entre être et esprit. Voilà un gain non-négligeable, que le « retour à Thomas » observé au vingtième siècle ne pourra perdre par la suite comme si aucun chemin n'avait été accompli.

L'autre grande découverte métaphysique réalisée depuis Kant est, tout à l'opposé, celle de l'événement absolument singulier de l'être que ne peut présumer l'universalité de la raison métaphysique. Ici les noms affluent de toute part, depuis Jacobi : on songera bien évidemment à Kierkegaard, mais il est aussi question ici des diverses philosophies de la volonté, de la vie ou de l'intuition de la fin du XIXe siècle. On peut aussi citer ici, *cum grano salis*, le principe général de la phénoménologie husserlienne qui suspend « l'attitude naturelle » et le jugement pour laisser se dévoiler le phénomène. Il n'est cependant pas possible d'assimiler la réduction transcendantale à ce retour aux choses mêmes, seule la réduction phénoménologique ayant droit de cité en ce qui concerne notre problématique.

C'est néanmoins et surtout à la poématique de Heidegger que revient la préséance en ce domaine, tant le maître de la Forêt Noire a permis à la métaphysique de retrouver la primauté de l'être sur toute pensée de l'être. C'était là faire pièce de manière radicale au rationalisme de la fin du Moyen Âge et jusqu'à la période moderne. C'était là aussi ouvrir le chemin pour l'analogie, qui certes n'est « pas une solution » selon Heidegger, mais qui se présente bien pourtant dans sa version przywarienne comme un progrès avec et sur l'auteur de *Sein und Zeit*.

Il faut bien reconnaître que les deux impulsions métaphysiques décisives que l'on vient de dire, à savoir le dépassement de la doctrine critique par des systèmes dialectiques et l'ouverture d'une pensée de la différence insursumable, ont trouvé chez un philosophe du vingtième siècle une forme de synthèse remarquable : Maurice Blondel n'est pas seulement l'anthropologue de l'action, mais il est aussi et surtout le théoricien profond d'une « métaphysique à la seconde puissance » très originale et féconde. Ce n'est pas pour rien d'ailleurs qu'elle va être à l'origine de la plupart des développements métaphysiques ultérieurs que l'on dira. Dans la philosophie mature de Blondel, qu'exprime notamment sa grande Trilogie des années

1930, on trouve en effet de quoi satisfaire l'exigence dialectique la plus rigoureuse, par son sens de la synthèse ou du « *vinculum substantiale* » intrinsèque, mais aussi et paradoxalement, en tant que doctrine du manque et du toujours-plus divin, la pétition négative selon laquelle l'être n'est jamais saisi par l'esprit fini. C'est clairement à partir de Blondel que la métaphysique classique va progresser, à travers des débats internes douloureux, dans le sens d'un déploiement comme métaphysique analogique qui fait droit à la fois à l'univocité hégélienne et à l'équivocité des postmodernes.

2. *Identité et différence : la solution analogique*

Lorsque J. Habermas propose une pensée « post-métaphysique » afin de dépasser la philosophie transcendantale de Dieter Heinrich, il s'inscrit à la fois dans une logique postmarxiste où le sujet ne vaut pas, et dans la perspective de Heidegger. Sans que l'on puisse nier la légitimité partielle du propos habermassien, il convient de rappeler que la métaphysique s'est constituée au cours des deux derniers siècles en impliquant le point de vue du sujet dans une meilleure vue sur la relation dialectique de la pensée à l'être. Une doctrine « post-métaphysique » qui oublierait ce sens dialectique deviendrait rapidement une pensée antimétaphysique : car qui sous-estime la puissance de synthèse de l'esprit humain, ainsi que la relation originaire du sujet à l'objet, ne peut que régresser au plan sophistique du règne immodéré du langage et de ses jeux (comme on le voit chez R. Rorty ou chez les disciples américains de J. Derrida).

C'est pourquoi il est impératif de noter à quel point la métaphysique a gagné en compréhension de ses propres méthode et fondements lorsque, à la suite de Hegel, elle a saisi que l'unité de l'être avec lui-même s'opérait dans l'esprit et qu'une relation vivante, historique et dialectique, en était la clé. Sans revenir au dogmatisme précritique d'une partie de la tradition occidentale, ni verser dans le flottement indécis de la pensée kantienne, cette percée métaphysique dans le sens d'une identité originaire de l'être et de l'idée est un progrès indéniable que l'on ne saurait biffer, même sous l'effet des leçons unilatérales de Heidegger.

Avec des penseurs comme J. Lagneau, J. Lachelier, L. Lavelle ou J. Maréchal, il est bien sûr possible d'accentuer le rôle constitutif du sujet de telle manière qu'on mette si particulièrement en lumière la médiation de l'esprit qu'on en occulte, par méthode, le consentement originaire. Il reste que, même chez de tels auteurs, le terrain reste bien celui d'un rapport dialectique à l'être où la dichotomie réalisme-idéalisme est déjà dépassée par l'identité apriorique et finale. C'est ainsi surtout que Blondel, fondé sur une analyse méticuleuse de la chaîne des actes humains, manifeste au terme de son enquête l'être (« C'est ») qui était présent dès le début et qui donne sens à l'homme lui-même.

Une grande question pour la métaphysique au début du vingtième siècle sera ainsi de savoir comment elle peut se constituer comme science dialectique, tout en conservant son objet propre qui est l'être en tant qu'être. Une telle issue est possible, mais il faut clairement en délimiter l'intention par rapport au projet ultime de Hegel ou de tout idéalisme absolu : sur quel fondement asseoir un rapport d'identité dialectique de l'être et de l'esprit, mais qui ne présume pas de la donation première et originelle de l'être lui-même par Dieu ? Comment préserver la dialectique au sein de la pensée métaphysique, sans qu'elle tourne en identité absolue, et en logique divine prématurément déduite ?

Si Blondel et les auteurs que l'on a cités, parmi d'autres, ont bien montré *in actu exercitio* cette voie moyenne, il fallait encore en dire le principe et en formuler le nom. Deux auteurs surtout s'y emploieront : Przywara et Siewerth. Le premier montrera que l'analogie est le fondement, la fin et le sens même de la métaphysique d'une manière qui intègre et dépasse tout à fait la voie hégélienne. Le second montrera que cette analectique, si l'on veut en préserver le moment dialectique, doit s'appuyer sur le sens thomiste de l'être comme identité exemplaire de Dieu et du monde.

Dans la première édition de son chef d'œuvre *Analogia entis* (1932), E. Przywara met en effet à jour le radical le plus profond de la métaphysique, en tant que loi de proportion du fini à l'infini : c'est l'analogie de l'être qui permet à la métaphysique de s'affirmer comme science disposant d'une heuristique propre. L'analogie de l'être, en tant que méthode par excellence de la métaphysique, n'est donc pas un simple ornement logique, servant à régler les limites du discours humain sur Dieu, mais elle est au contraire la structure la plus solide et l'architecture même de tout le projet métaphysique depuis Platon et Aristote (ce que montre Przywara). La prise de conscience que l'analogie est aussi déterminante constitue un progrès essentiel de l'intention métaphysique. On ne saurait sous-estimer l'importance, voire le caractère primordial, de cet ouvrage de Przywara dans l'histoire de la métaphysique occidentale.

Au cœur de cette découverte, il y a la conviction que l'analogie, comme loi métaphysique première, implique nécessairement ce que la dialectique veut mettre en place en termes de relation originaire de l'être et de l'esprit, mais aussi de négativité et de dépassement. S'il l'exprime sous forme d'une « rythmique », dans un vocabulaire parfois dionysiaque,

Przywara manifeste surtout à quel point l'analogie est un point d'équilibre entre les revendications univoques de Hegel et les pétitions équivocistes contemporaines : la doctrine analogique n'est-elle pas d'ailleurs née pour offrir une solution au différend initial de Parménide et d'Héraclite ? C'est pourquoi, loin d'opposer (comme le fera dommageablement B. Lakebrink) analogie et dialectique, Przywara voit au contraire dans la première la forme supérieure de la seconde.

Reprenant, comme H. U. von Balthasar et K. Rahner, l'héritage de Przywara, le thomiste G. Siewerth fournira à la doctrine majeure de celui-ci un point d'appui incontestable dans l'ontologie même : ainsi qu'il le démontre dans *Le thomisme comme système d'identité*, c'est l'acte d'être lui-même qui s'analogise parce qu'il est pure identité exemplaire entre l'infini et le fini. Dans cette mesure, l'identité est bien le moteur de l'analogie elle-même, de sorte que l'on peut affirmer que la métaphysique, en tant que science analogique, constitue la vérité de Hegel. À ce niveau de conscience, la métaphysique classique aura opéré grâce à Siewerth sa plus grande révolution depuis le XIVe siècle.

En même temps, il n'était pas possible pour la métaphysique de perdre, avec le sens de la dialectique, deux données que la philosophie contemporaine ne cesse de mettre sous les yeux : le caractère absolument inéductible de l'être toujours souverain d'une part, au point que l'absurde puisse en sembler la manifestation même ; l'impossibilité, pour la différence, d'être ramenée à un quelconque « moment » dialectique d'autre part. De ce point de vue, il est hors de question pour la métaphysique de ne pas entrer en « postmodernité » : celle-ci appelle la métaphysique à progresser sur elle-même pour éviter toujours plus que l'identité rationnelle ne présume de la différence toujours plus grande de l'être. Mais, précisément, c'est ici qu'est le coup de génie de Przywara : d'emblée, à l'instant même où il montre que l'analogie est le destin de la pensée dialectique, il en révèle la profonde aptitude à ne pas laisser se refermer à nouveau la différence. En tant que pur milieu entre l'identité et la différence, univocité et équivocité, « Hegel et Heidegger », l'analogie métaphysique se présente comme l'issue aux grands débats de la pensée contemporaine. L'analogie, affirme Przywara, est précisément la clé des revendications contradictoires les plus puissantes de la philosophie postkantienne, à savoir le sens de l'identité dialectique et la pensée de la différence. On ne peut nier à ce propos que Przywara, dont le destin et la pensée sont assez comparables à ceux de Hölderlin, a toujours plus été fasciné par le pouvoir de négation et de différenciation que porte l'analogie, au point que l'idée de Dieu « toujours plus grand » a fini par le faire sombrer dans une nuit totale de la raison.

G. Siewerth approfondira et rectifiera par la suite la voie przywarienne, en montrant que l'identité exemplaire de l'être repose sur sa non-susbsistance, que seul le néant produit par la raison découvre ; par les étants qu'il pose dans l'être, l'acte est sa propre différence et porte ainsi la différence comme image première de Dieu. Exemplaire, l'être l'est donc essentiellement par la différence qu'il transmet en tant qu'acte, de sorte qu'il n'y a pas d'identité qui ne soit, constitutivement, tout autant différence. Blondel avait déjà saisi auparavant ce paradoxe analogique, lorsqu'il posait, avec l'image du Panthéon romain flanqué d'une trouée centrale, que l'élévation maximale vers Dieu est toujours en même temps le manque maximal à Dieu.

3. L'avenir de la métaphysique

On a jusqu'ici tiré dans les grandes lignes un bilan de la métaphysique jusqu'au milieu du vingtième siècle environ.

Plusieurs seront à cet égard surpris de ne pas voir bien des noms ou des doctrines métaphysiques célèbres être évoqués, de même que n'a pas été considérée comme un perfectionnement essentiel la contestation de la métaphysique depuis le *Wienerkreis* jusqu'aux slogans grandiloquents de la phénoménologie contemporaine. Où sont donc en effet passés des Maritain, des Pieper, des Van Steenberghen, tous les autres doctrinaires ou historiens qui ont compté pour la métaphysique thomiste ? Pourquoi ne pas évoquer des figures aussi importantes que Simone Weil par exemple ? C'est que nous n'avons pas souhaité présenter une « histoire » de la métaphysique selon les normes classiques, mais bien une lecture rétrospective et synthétique des mouvements les plus profonds au sein de l'aventure métaphysique. Il est question ici de discernement conceptuel, et non d'une exposition de faits et de doctrines. Nous aurions pu par contre insister sur des recherches qui ont permis d'approfondir ce que recouvre précisément la méthode analogique : notamment sur le fait qu'il faut toujours associer, pour parler vraiment d'analogie, l'analogie d'attribution et l'analogie de proportionnalité qui, chez Thomas lui-même, forment les deux aspects indissociables de cette démarche métaphysique fondamentale (B. Montagnes, J. Borella). En ce qui concerne la contestation de la métaphysique, elle procède généralement d'une opposition assez légitime à des formes surannées de la métaphysique, comme celles que nous avons dénoncées entre les XIVe et XVIIIe siècles. Il importe beaucoup de faire voir à quel point, et jusqu'à quels sommets, la métaphysique a pu renouer avec le projet foncier de Thomas d'Aquin et de ses devanciers en retrouvant, dans l'analogie de l'être, sa forme la plus originaire et la solution des paralogismes contemporains.

À partir de la fin des années 1960 s'est esquissée une discrète et nouvelle révolution d'une métaphysique désormais bien installée sur son assiette analogique. On ne sera pas surpris que cette évolution soit le fait de disciples de Blondel ou de Siewerth, tels Ferdinand Ulrich ou Claude Bruaire. Après avoir tiré le bilan général de la métaphysique, il importe de s'arrêter un instant sur ce qui apparaît de plus en plus comme son avenir. On peut assez aisément qualifier cette évolution inédite de la métaphysique : après que l'analogie soit devenue la forme de la métaphysique, on pressent que l'amour sera bientôt son contenu. C'est à progresser dans cette voie d'une métaphysique de l'amour qu'est promis l'avenir de la pensée.

Dès le *Rapport sur la philosophie en France* de F. Ravaisson (1867), et peut-être même d'ailleurs au sein des « trois vies » de Maine de Biran, une vieille intuition pascalienne a commencé à faire son chemin en métaphysique : à savoir que la raison première de l'être est le bien, plus transcendantal que le vrai lui-même. Blondel n'était pas en reste, qui a insisté de manière aussi pressante sur l'amour de l'être comme action. Dans sa foulée, le jésuite Pierre Rousselot, qui allait marquer la grande génération métaphysique des années 1920, montrait avant guerre à quel point la pensée de saint Thomas est pénétrée par une doctrine de l'amour qui seule donne à comprendre sa métaphysique. Le génial Maréchal allait reprendre à son tour l'antienne, en manifestant le rôle foncier de l'amour dans la connaissance de l'être, comme aussi A. Forest, ou L. Lavelle à la même époque. Tout ce travail préparatoire n'a cependant commencé à porter ses fruits que plus tard, en particulier dans la puissante métaphysique d'un lecteur féru à la fois de Siewerth et de la tradition spiritualiste française, à savoir Ferdinand Ulrich. Dans son maître-ouvrage *Homo abyssus*, cet ami de Urs von Balthasar a, le premier, systématisé une métaphysique de l'être comme amour dans un contexte analogique. Pour Ulrich, Thomas d'Aquin est d'abord un penseur de l'être comme amour, et il convient de révéler à quel point l'analogie elle-même vit de la donation de l'être lui-même.

Ces travaux de Ulrich auraient pu rester confidentiels s'ils n'avaient inspirés la métaphysique de Balthasar lui-même et n'avaient provoqué G. Siewerth à faire évoluer sa propre métaphysique dans ce sens de l'être comme amour. Mais surtout ces travaux de Ulrich permettent de répondre, sur un terrain métaphysique et analogique, à une revendication de la philosophie la plus récente. Il faut reconnaître que la phénoménologie française en particulier, mais aussi les derniers écrits de Derrida, convergent toutes pour exiger que soit pensée la *donation*. De ce point de vue, ils rejoignent la dernière avancée de Claude Bruaire qui, sur les pas de Blondel et de Schelling, a vu dans une onto-do-logie, ou ontologie du don, la forme la plus avancée de la philosophie. C'est à ce niveau que les travaux de Ulrich, mais aussi d'autres siewerthiens du même tonneau tel H. Beck, apparaissent comme précurseurs et annonciateurs d'une configuration inédite de la métaphysique, non seulement comme analogie, mais comme analogie de l'amour. C'est précisément dans l'approfondissement de cette connexion entre analogie et amour que réside, selon nous, l'avenir de la métaphysique au XXe siècle. Plusieurs penseurs actuels, par exemple O. Blanchette, ont déjà commencé à prendre conscience de cette liaison essentielle et à la mettre en œuvre.

Les travaux de Ulrich restent en effet des chantiers de pionnier, et ne sauraient circonscrire le champ de la recherche. La donation, par exemple, ne suffit pas à définir l'amour ou le bien super-transcendantal de l'être : l'être qui s'analogise ne se donne pas seulement, mais aussi se reçoit de manière à impliquer le sujet du don lui-même. D'autre part, ni la donation, ni le consentement ne disent tout ce que l'amour veut exprimer : comment donc penser la fécondité qui est le propre essentiel de l'amour, ainsi que le délirant et magistral Franz von Baader l'avait déjà pensé voici deux siècles ? Donation, consentement, fécondité. C'est sur ce triple terrain que se joue l'avenir de la métaphysique, qui sera une analogie de l'amour, ou ne sera pas[99].

Emmanuel TOURPE

---

[99] Bibliographie sommaire : E. Przywara, *Analogia Entis*, trad. Ph. Secretan, PUF, Paris, 1990 ; G. Siewerth, *Gesammelte Werke*, I-IV, Trialogo Verlag (I-III)/ Johannes Verlag (IV), Konstanz /Einsiedeln, 2003 ; M. Blondel, *Œuvres complètes*, I, PUF, Parius, 1997 ; F. Ulrich, *Homo abyssus*, Johannes Verlag, Einsiedeln, 1998 ; E. Tourpe, *Donation et consentement*, Lessius, Bruxelles, 2001 ; E. Tourpe, *Siewerth après Siewerth*, Peeters-Vrin, Leuven-Paris, 1997.

ÉTANT DONNÉ, NÉANT DONNÉ
MÉTAPHYSIQUE EN CHRISTIANISME

> « *Dieu fait l'homme, comme la mer fait les continents : en se retirant* »
> Hölderlin

La structure métaphysique du christianisme se révèle à travers les innombrables *disputationes* qui émaillent son histoire. Sans doute la métaphysique chrétienne est-elle déjà pleinement donnée dans la Révélation mais ce n'est que par un long et patient travail de la pensée que le christianisme parvient à se comprendre lui-même d'un point de vue métaphysique. De ce fait, la prise de conscience de l'être métaphysique du christianisme est toujours *in via* et ne s'achèvera qu'avec la totale connaissance de la Révélation confiée à l'Église.

La métaphysique chrétienne se fonde sur la doctrine fondamentale de la création *ex nihilo*. À la différence des cosmogonies suméro-babyloniennes, égyptiennes ou du *Timée* de Platon, la Genèse biblique ne fait aucune référence à une matière première à partir de laquelle Dieu aurait formé le monde. Nous devons donc discerner deux modèles cosmogoniques et, conséquemment, deux types d'anthropogénèse, *ex deo* et *ex nihilo* – pour reprendre l'importante distinction proposée par le Père Henri Lussiat[100]. Dans le premier modèle, la substance du monde est préexistante et éternelle. L'homme est une émanation de Dieu : il est créé *ex deo* mais seule son âme provient de Dieu, son corps n'est que matière. Le second modèle, celui de la métaphysique biblique, repose au contraire sur l'idée qu'il n'y a qu'un seul Principe à l'origine des choses : Dieu incréé et créateur. L'âme n'est pas issue de la substance de Dieu et n'est donc pas immortelle puisque, de même que le corps, elle est créée *ex nihilo*.

Comme l'a souligné Claude Tresmontant, la différence fondamentale entre la pensée hébraïque et la pensée grecque vient du fait que, pour la philosophie hellénique, à l'origine de tout il y a le Chaos originel – l'illimité

---
[100] Père Henri Lussiat, *L'actualité de la catéchèse apostolique*, Éditions Présence, 1978.

d'Anaximandre ou la matière d'Épicure – qui est l'Être premier et absolu, tandis que, selon les métaphysiciens hébreux, à l'origine de tout il y a la pensée, l'intelligence, l'amour du Créateur[101]. L'âme de l'homme se joue entre ces deux métaphysiques principales. On distinguera donc une métaphysique de la création et une métaphysique de l'émanation.

La métaphysique grecque rationalise les théomachies mythologiques encore présentes chez Hésiode. L'Être se présente comme principe divin, éternel, absolu, se mouvant perpétuellement d'un mouvement cyclique. La conception *ex deo* donne lieu à de nombreuses variations. Certains, comme Épicure, considèrent la matière comme le seul principe incréé, d'autres, tel Platon, stipulent la coexistence de plusieurs principes incréés. Cependant, aussi distincts que soient ces différents systèmes philosophiques, tous s'accordent sur l'absurdité d'une création *ex nihilo*. Lucrèce, disciple latin d'Épicure, formulera éloquemment cette déconsidération : « *Nil posse creari de nihilo* » (Rien ne peut être créé de rien)[102].

La distinction ontologique entre Dieu et le monde fait irruption dans la métaphysique biblique et s'oppose aux doctrines émanationnistes pour lesquelles, d'une manière ou d'une autre, le monde est consubstantiel à Dieu – que les êtres soient issus de la substance de Dieu ou les dieux issus de la substance du monde. Il s'agit donc de distinguer entre la création, qui ne requiert aucune matière préalable, et la fabrication, qui nécessite un matériau.

Une chose vient à l'être, de rien, par création mais elle procède d'autre chose par fabrication. C'est pourquoi le dieu platonicien, dont l'âme humaine est émanée, s'assimile plutôt à un démiurge artisan du monde. La création implique d'abord que l'acte créateur ne présuppose rien dans la chose créée, elle diffère des autres mutations qui présupposent une matière. La causalité proprement créatrice s'étend à tout ce qui est dans l'être créé. La création est *ex nihilo* parce que rien d'incréé ne préexiste à l'acte créateur. De plus, la création signifie que, pour l'être créé, la non-existence précède l'existence, non pas d'une priorité temporelle, mais d'une priorité de nature : l'être créé, s'il était laissé à lui-même, retournerait au non-être, car il n'a l'exister que par l'influence d'une cause supérieure. Celui qui requiert nécessairement une matière préexistante à partir de laquelle il opère est un agent particulier mais le Dieu de la Bible agit en tant que cause universelle d'existence. Il n'agit pas seulement en mouvant ou en transformant ; créer, c'est produire quelque chose à l'existence sans matière préexistante. La

---

[101] Claude Tresmontant, *Les métaphysiques principales,* François-Xavier de Guibert, 1995, p. 98.
[102] *De natura rerum,* I, 155.

création n'est pas une mutation, une transformation, elle est dépendance de l'être créé par rapport au principe créateur. La création est une relation. Saint Thomas l'a constamment professé : la création, dans le créé, n'est rien d'autre qu'une relation au Créateur, principe de son existence[103]. Si Dieu agissait en partant de quelque chose donné à l'avance, il s'ensuivrait que ce donné présupposé ne serait pas produit par lui ; or, rien ne peut exister parmi les êtres qui ne provienne pas de Dieu. Dieu est la cause universelle de la totalité de l'existence. C'est pourquoi il est nécessaire de dire que Dieu produit les choses à l'existence à partir de rien. Mais, ce rien, d'où vient-il ?

Selon Wolfhart Pannenberg[104], ce dogme de la création *ex nihilo* a permis à la théologie chrétienne de franchir les limites du concept grec de la divinité et d'ouvrir l'espace du Dieu de la Bible. Dès les premiers siècles de notre ère, la métaphysique immanente à l'Écriture s'est ainsi formulée en langage philosophique, emprunté à la culture grecque, par opposition à certaines thèses de la théologie hellénique ainsi qu'aux doctrines dualistes de la gnose alexandrine. Ce n'est toutefois qu'avec Irénée de Lyon et son *Adversus haereses*[105] que l'idée d'une création « à partir de rien » sera unanimement considérée comme partie intégrante du dépôt révélé et l'on peut affirmer que, jusqu'au dernier Concile du Vatican, la doctrine chrétienne concernant la métaphysique de la création n'a pas varié d'un iota.

Cependant, si l'on s'en tient strictement au corpus biblique, on ne relève que très peu d'allusions à la création *ex nihilo*. On sait que, d'emblée, la Genèse ne se réfère à aucune matière première : « Au commencement, Dieu créa le ciel et la terre » (Gn 1, 1) ; puis, dans Isaïe : « C'est moi, YHWH, qui ai fait toutes choses, qui seul ai déployé les cieux. » (Is 44, 24) ; enfin, dans le second livre des Maccabées, la thèse est explicite : « Regarde le ciel et la terre et vois tout ce qui est en eux, et sache que Dieu, les a faits de rien et que la race des hommes est faite de la même manière. » (2 M 7, 28)[106]. Quant au nouveau testament, on notera deux allusions. Dans l'évangile de Jean : « Tout fut par lui, et sans lui rien ne fut » (Jn 1, 3) ; et dans saint Paul, lorsqu'il est dit que Dieu « appelle le néant à l'existence » (Rm 4, 17).

Le problème de l'être et du néant est la question métaphysique fondamentale. « Pourquoi y a-t-il l'étant et non pas plutôt rien ? » Telle est la première de toutes les questions, selon Heidegger. Dans *L'Évolution créatrice*, Bergson soutient que la question de savoir pourquoi il y a de l'être plutôt

---

[103] *Cf. Somme théologique*, I, q. 45, a. 3.
[104] *Métaphysique et idée de Dieu*, Cerf, 2003.
[105] *Cf.* Irénée de Lyon, *Adversus haereses*, I, 22, 1 ; II, 10, 4.
[106] « M » vaut pour « Maccabées » ; NdE.

que du néant est absurde. En effet, cela présuppose qu'il pourrait ne rien y avoir, ce qui est impensable puisque, pour penser, quelque être est nécessaire. Il faut un penseur qui pense le néant et il est donc inconcevable que le néant précède l'être. Selon Bergson, aucun être ne peut penser ce qui est la négation de tout être. Cet impensable du néant est la preuve ontologique de l'existence de quelque être dont la non-existence est impensable.

Heidegger, quant à lui, nous invite à retrouver chez les Grecs l'acte inaugural de la métaphysique, ce qui est assez paradoxal puisque ce n'est qu'à partir du modèle *ex nihilo* que se pose vraiment la question du pourquoi de la création. Cette question ne se pose même pas si l'on considère que la substance matricielle existe de toute éternité. Cependant, c'est bien depuis une vision *ex deo* qu'Heidegger pose la question fondamentale de la métaphysique. Mais comment pourrait-il y avoir un monde si Dieu est partout ? Si Dieu est *tout en tout*, comment des choses qui ne seraient pas Dieu existeraient-elles ? Comment Dieu peut-il créer le monde *ex nihilo* si le néant n'est pas ? Selon Heidegger, il y a une différence ontologique entre l'être et l'étant : l'être de l'étant n'est pas un étant. Si bien qu'il est impossible de dire ce qu'est l'être puisque, par définition, seul l'étant est. Or, que dire de l'être si l'on ne peut dire ce qu'il est ? sinon que l'être est le néant à partir duquel l'étant est.

Pour Heidegger, la métaphysique est l'élaboration de la question du néant : « Si le Néant, quoi qu'il puisse en être, doit être – lui-même – le *contenu de la question*, il faut qu'il puisse être tout d'abord *donné*. Il faut que nous puissions *le* rencontrer »[107]. Dès 1510, Charles de Bovelles, dans un ouvrage peu connu mais constamment pillé, *De nihilo*[108], apportait la réponse de la métaphysique chrétienne à la question heideggerienne : *Quid nihil ?* Qu'est-ce que le néant ?

Afin de saisir la relation mystérieuse du dogme de la création et de l'idée de néant, Bovelles distingue quatre espèces du temps. Le temps de Dieu, l'éternité, est sans commencement ni fin ; le temps de l'éon (*aevum*), spécifique des êtres spirituels, a un commencement mais pas de fin ; le temps du sensible comporte commencement et fin ; le temps de l'instant (*momentum*) est la limite de toute durée, point sans extension en lequel se confondent les extrêmes et le médian.

Dans cette analyse remarquable, chacun des degrés du temps, sur la verticale où il s'inscrit, représente une moitié (*medietas*) de celui qui le

---

[107] « Qu'est-ce que la métaphysique ? » in *Questions I,* Gallimard, 1968, p. 54.
[108] Charles de Bovelles, *Le livre du néant,* trad. Pierre Magnard, éd. Vrin, 1983.

précède. Ainsi, l'éon ne retient que le « sans fin » de l'éternité ; le sensible ne partage avec l'éon que le « commencement » ; et l'instant annule les deux extrêmes du temps, le « commencement » et la « fin ».

La création, incompatible avec l'éternité, doit donc se situer dans une des trois autres durées, mais laquelle ? Si l'on accorde que l'éon divise l'éternité – puisqu'il n'en retient que le « sans fin » – on conviendra aussi que les deux moitiés de l'éon se donnent à penser l'une par l'autre. Or, l'autre moitié de l'éon, qu'est-elle sinon, même fictive, le « sans commencement » ? Cette durée imaginée, néant de création, équivaut à la création du néant. En effet, si l'on accepte la partition de l'éon en deux segments, dont le premier, « sans commencement » est irréel, il est évident que le second, par un commencement réel, efface le premier. Il s'ensuit que, si Dieu n'a rien produit de sa substance ni d'une matière extérieure, tout a été tiré par lui du néant. Dans le premier éon, Dieu était et le néant était. Dans le second éon, l'univers est mais le néant n'est pas. L'univers existe en un instant car Dieu ne procède pas en fabriquant. Il ne met pas du temps à l'ouvrage : la fulguration du commencement crée le monde. L'acte créateur n'est pas un commencement chronologique mais ontologique : il *est* maintenant comme à l'origine du monde.

Pour la catéchèse apostolique dont s'inspire saint Irénée, le but de la vie humaine est la « contemplation » de Dieu. Dans cette perspective, la création est un acte d'amour. Ce point est absolument essentiel dans le système de la création *ex nihilo* : la matière et le monde sont bons, ils sont l'effet de la bonté de Dieu qui, pour ne pas être Tout, se retire, se contracte, se limite. L'acte créateur est un acte de renonciation à soi, un acte d'humilité, un acte par lequel Dieu va jusqu'à effacer sa propre liberté afin que l'homme puisse naître libre. Dans l'esprit de la création *ex nihilo*, l'existence même du monde est l'effet d'un Dieu Tout-puissant qui a *déjà* sacrifié sa Toute-puissance, cette réalité imprègne la métaphysique de la création : l'étant donné éclot dans le néant donné. Loin d'être la négation radicale de la totalité de l'existant, le Néant en est la possibilité même.

Ainsi, le premier mouvement de la création – le néant donné – ne désigne pas la concentration de Dieu *en* un point mais sa retraite *loin* d'un point. En cet exil intérieur du Créateur, la création se révèle sacrificielle et oblative. Comment pourrait-il y avoir un monde si Dieu est partout ? Si Dieu est « tout en tout », comment des choses qui ne seraient pas Dieu existeraient-elles ? Comment Dieu peut-il créer le monde *ex nihilo*, s'il n'y a pas de néant ?

Dieu fait place au monde en ouvrant, à l'intérieur de lui-même, un espace mystique duquel il se retire. La contraction qui précède la manifestation – l'étant donné – est donc le contraire de l'émanation : l'espace vide du rien est la matrice du tout. Nous ne suivrions pas ici ceux qui seraient tentés d'établir un parallélisme avec la théorie kabbaliste du *Tsimtsum* d'Isaac de Luria[109], préférant nous référer sur ce thème à la spiritualité orientale et particulièrement à la grande Tradition de saint Grégoire Palamas ou bien encore, plus près de nous, à la métaphysique intégrale de la création de Maurice Blondel[110].

À l'image spécieuse d'un néant qui entourerait Dieu, Blondel substitue l'image d'une place que Dieu fait aux créatures en Lui-même, en se retirant afin de les laisser croître librement, sans les écraser de sa toute-puissance et de sa toute-présence : « L'Être s'est comme retiré d'une part de sa propre plénitude ; il a fait un vide pour y mettre non pas rien, mais ce qui serait capable de l'y restituer lui-même »[111]. Cependant, la kénose divine pose une question métaphysique majeure : « Comment peut-il y avoir des êtres véritables au sein de l'Être absolu ? »[112] Comment des créateurs créés sont-ils compossibles avec le Créateur incréé ? Comment le Créateur peut-il créer des êtres qui deviennent d'authentiques créateurs ? Saint Thomas affirme que Dieu a communiqué à des créatures la dignité d'être causes, à son image et ressemblance, mais comment cette création d'êtres capables d'initiative est-elle compatible avec la plénitude souveraine de l'Agir divin ?

Ce problème des rapports et de la compatibilité entre l'agir humain et l'Agir divin a secrété le discours de la philosophie moderne qui s'est appliquée à le résoudre en supprimant l'un des termes. Que l'on dénie la réalité de l'action humaine pour magnifier l'action divine, ou que l'on nie l'action divine pour exalter celle de l'homme, dans les deux cas on rejette la distinction réelle entre l'Agir divin et l'agir humain et l'on aboutit à la négation de l'idée hébraïco-chrétienne de la création qui distingue la créature et Dieu. Blondel, dans l'esprit même du thomisme, expose ce point capital de la métaphysique chrétienne : comment, sans aliéner son pouvoir absolu et universel, Dieu peut-il céder quelque chose de son imprescriptible souveraineté ? L'homme est une créature et Dieu lui est incommensurable. Mais ce qui est par nature incommunicable, Dieu peut le communiquer par grâce. La réponse blondélienne est donc celle qu'avaient entrevue les Pères,

---

[109] Gershom Scholem, *Les grands courants de la mystique juive,* Grande Bibliothèque Payot, 2002, « Isaac de Luria et son École », pp. 263-304.
[110] C'est dans sa Trilogie – *La Pensée, L'Être et les êtres, L'Action* – suivie de *La Philosophie et l'Esprit chrétien,* que l'on pourra découvrir la véritable grandeur de l'œuvre blondélienne.
[111] Maurice Blondel, *L'Être et les êtres - Essai d'ontologie concrète et intégrale,* Félix Alcan, 1935, p. 208.
[112] *L'Être et les êtres,* p. 313.

en particulier saint Irénée : Dieu n'a pas créé un être achevé mais un être capable de se créer. Le Christ est Fils par nature, l'homme est appelé à le devenir par la grâce. Et pour que l'homme puisse devenir son fils, Dieu lui *prête* une part de son pouvoir créateur. La parabole des talents prend, chez Blondel, une valeur métaphysique : l'homme doit faire fructifier le prêt que Dieu lui consent pour se promouvoir et se sanctifier. Ce prêt, sans usure, est donné en toute liberté : l'homme peut être déifié mais, s'il refuse ce don, il pourra aller jusqu'à détruire la création et même devenir déicide, tel est le risque, tel est l'enjeu requis par l'excellence du dessein amoureux de Dieu pour l'homme.

La métaphysique de l'incarnation redouble la métaphysique de la création, la kénose du Père est la prolepse de celle du Fils. L'Amour distingue et unit. Dans la kénose du Père, le néant donné s'assimile à la distinction. Bovelles, dans son *De nihilo,* énonçait ce principe : « L'être ne peut-être reçu dans un être, mais uniquement dans le non-être ». Par contre, la kénose du Fils s'identifie à l'union : « Le Christ, de condition divine, ne retint pas jalousement le rang qui l'égalait à Dieu, mais il s'anéantit lui même, prenant la forme d'esclave et devenant semblable aux hommes » (Ph 2, 6-7). Ainsi, les kénoses de la création et celle de l'incarnation se croisent en forme de chiasme.

Pour ne pas écraser l'homme, sa créature, sous sa puissance, et ne pas l'éblouir par sa lumière, Dieu, à dessein, se voile. Il se fait tout petit afin que l'homme puisse grandir. Il se retire. Le Dieu d'Israël est un Dieu caché. Dans le premier *Livre des Rois*, il nous est raconté comment Élie se tenait sur la montagne devant YHWH. Dieu lui dit : « Sors, et tiens-toi dans la montagne devant YHWH, car voici que YHWH va passer. Et il y eut un vent fort et violent qui déchira la montagne et brisa les rochers mais YHWH n'était pas dans le vent. Puis, après le vent, un tremblement de terre mais YHWH n'était pas dans le tremblement de terre. Et encore, un feu mais YHWH n'était pas dans ce feu. Et après le feu, il y eut un murmure doux et léger. Quand Élie l'entendit, il s'enveloppa le visage de son manteau » (1 R 19, 11-13). Dieu était là, présent dans ce murmure. L'incarnation continue la création : Dieu se remet entre les mains de l'homme, comme un tout petit enfant.

Seule la création ouvre la perspective de l'incarnation trinitaire dans la personne humaine, la fabrication ne saurait produire des créatures créatrices mais seulement des objets. La métaphysique de la création fonde la théologie chrétienne de la grâce et de la charité : si l'homme n'est qu'une parcelle de la Substance divine, il ne saurait y avoir de relation personnelle entre le Dieu d'Amour et sa créature car l'amour implique et présuppose la différenciation. Les métaphysiques émanationnistes de l'identité sont par conséquent incompatibles avec les fondements théologiques du christianisme.

Le mystère de la Création est de tous les mystères chrétiens le plus mystérieux des mystères. Le Dieu qui se révèle en premier dans la Bible, n'est pas le Dieu créateur mais le Dieu libérateur. La métaphysique de l'Exode précède la métaphysique de la Création. Les juifs ne se sont posé la question de la création que fort tardivement. L'expérience fondatrice d'Israël, la libération de la servitude d'Égypte, au XIIIe siècle avant J.-C., est antérieure d'au moins cinq siècles au second récit de la création (Gn 2 et 3), qui est le plus ancien et date probablement du VIIIe siècle ; et elle précède de sept siècles le premier récit de la Genèse, qui est le plus récent et date du VIe siècle. Nous avons vu qu'il fallut attendre le premier siècle après J.-C. pour trouver, dans le second livre des Macchabées, la thèse explicite de la création *ex nihilo*. En réalité, le dogme ne s'est imposé dans la métaphysique chrétienne qu'avec saint Irénée. Comme nous l'avons souligné, le concept de personne, un des apports fondamentaux du christianisme, est directement relié à l'idée de création.

Délaissant la création *ex nihilo*, l'influence du néoplatonisme sur la mystique médiévale a réorienté le champ du néant vers le Créateur lui-même. Le Néant délaisse alors l'acte de la création pour affecter la divinité elle-même qui devient « Néant par excellence » ou « Néant incréé », tandis que le « Néant par défaut » ou « Néant selon le pire » sera, *a contrario*, l'expression du mal dévolu à la créature privée de Dieu. Saint Augustin avait ouvert cette voie en adoptant l'ontologie néo-platonicienne du *nihil* dans le but d'éviter la réification manichéenne du néant. C'est aussi dans cette perspective que nous devons interpréter le « Néant divin » de Jean Scot. Reprenant un thème majeur de Denys l'Aréopagite, dont il fut le véritable introducteur en Occident, l'Érigène soutient, dans son *Periphyseon*, que Dieu est à la fois au-delà de l'être et au-delà du non-être. Mais il innove quand il applique à la création *ex nihilo* la notion dyonisienne du Néant divin : « Nous croyons que Dieu a tout fait à partir du néant (*de nihilo*). Que faut-il entendre par là, sinon que ce néant (*nihil*) est Celui-là même qui, étant exalté comme suressentiel, au-dessus de toute chose et glorifié au-delà de toute parole et de toute pensée, est appelé non sans raison Néant par excellence, puisqu'il ne peut en aucune façon être rangé dans la catégorie des "choses qui sont" ? Si c'est par excellence et non par privation qu'il n'est pas un "quelque chose", il s'ensuit qu'il est Néant par infinité ».

Si la création *ex nihilo* n'a pas été envisagée par la métaphysique grecque de l'émanation, c'est parce que l'idée de l'Amour créateur lui est demeurée étrangère et qu'elle n'a pu percevoir la générosité créatrice de la création[113]. Là, se trouve pourtant la clef de la métaphysique chrétienne : l'idée de création est impensable si l'Absolu ne se découvre pas *agapê*. Le christianisme a apporté au monde, à la suite du judaïsme et à l'encontre de la métaphysique moniste de la Grèce, la médiation essentielle entre l'être créé et l'Être incréé qui ouvre la perspective d'une métaphysique du don. La réalité objective tout entière est un don de Dieu, tout l'étant est donné dans le sacrifice oblatif de la limitation mystérieuse, le néant donné, que l'Être absolu s'impose à lui-même. Ce qui est montré à l'homme dans l'acte créateur, c'est l'avènement de la personne dans l'émergence de la conscience de soi. En effet, la conscience implique nécessairement la limite et la conscience de soi ne se donne que dans la distinction avec ce qui n'est pas soi. Comme en témoigne la grande tradition de la mystique apophatique, l'*expérience originelle* surgit de la négation du Tout.

Alain SANTACREU

---

[113] Le platonisme ne peut être placé sans réserve du côté de la métaphysique *ex deo*. Il faut distinguer au moins deux platonismes ; si le premier est formellement dualiste – opposant de façon radicale le sensible et l'intelligible – le second, au contraire, celui des derniers écrits de Platon, comme le *Timée* et *Les Lois*, comprend la descente des âmes dans le monde comme l'effet d'une volonté bénéfique de Dieu – le Souverain Bien – et non plus comme une dégradation et une catastrophe : Dieu donne les âmes au monde pour que le monde devienne parfait. Toutefois, la conception platonicienne de l'âme demeure émanationniste car, immortelle et divine par nature ou par essence, elle peut retourner, après purification, à sa condition originelle antérieure. Dans la métaphysique chrétienne de la création, l'âme n'est divine ni par nature ni par essence, ce n'est que par la grâce qu'elle peut se diviniser et participer au divin.

MÉTAPHYSIQUE ET LOGIQUE

François Chenique, logicien, orientaliste et métaphysicien, ne pouvait être absent de ce livre, en dépit d'une maladie l'empêchant de mener à bien sa contribution. C'est pourquoi, avec son accord, nous avons pris le parti de présenter quelques-uns des éclairages qu'il a pu exposer par ailleurs[114] – cette bien trop succincte colligation nous paraissant néanmoins offrir la valeur ajoutée d'un premier regroupement de textes autrement dispersés. Également, la logique (classique) est une telle propédeutique à la métaphysique, que ces extraits devraient inciter à en poursuivre l'étude.

1. *Logique et métaphysique*[115]

Comme la physique, la métaphysique est tournée vers l'objet de connaissance ; c'est donc le *concept objectif* qui intéresse la métaphysique mais […] en tant qu'il contient une *réalité positive*, à la différence de la logique qui considère l'*ordonnancement* des concepts par l'esprit.

L'*objet matériel* de la logique est donc exactement le même que celui de la métaphysique puisque la métaphysique s'occupe de tout « ce qui est », et la logique de tout « ce qui peut être pensé » ; or, tout ce qui peut être objet de pensée, c'est précisément tout ce qui est. Mais ces deux sciences se distinguent par leur *objet formel* : la métaphysique étudie l'être dans ce qu'il est en lui-même, avec les propriétés réelles qu'il a dans les objets *concrets*, tandis que la logique considère cet être en tant qu'il est pensé par nous, avec les attributs qui lui appartiennent en raison du mode d'existence *abstrait* dont il jouit dans notre esprit.

---

[114] En particulier : *Éléments de Logique Classique*, Paris : Dunod-Bordas, 1975, rééd. Paris : l'Harmattan, 2006 ; *Sagesse chrétienne et mystique orientale*, Paris : Dervy, 1996, *Le Message du futur Bouddha, la Lignée spirituelle des Trois Joyaux*, Paris : Dervy, 2001 ; *Souvenirs métaphysiques d'Orient et d'Occident*, Paris : l'Harmattan, 2009.
[115] *Éléments de Logique Classique*, p. 46.

2. *Concept ou terme mental*[116]

Il convient de distinguer le *terme mental,* ou concept, et ce par quoi il s'exprime, le *terme oral :* le terme oral ou écrit est le signe du concept, comme le concept est le signe de la chose.

Le concept suppose donc la simple appréhension d'un objet considéré comme intelligible. Le concept (*ennoêma, noêma*) est distinct du terme oral (*onoma, dictio*) qui n'en est que l'expression orale ou écrite : le concept ou terme mental est la représentation intellectuelle d'un certain objet. L'esprit humain *conçoit* les choses, et le fruit de cette *conception* est le concept. L'image est ici évidente, et il convient de distinguer :
- le *concept subjectif* : c'est l'acte même du mental qui conçoit (*actus ipsius mentis*) ;
- le *concept objectif* : c'est ce qu'exprime le concept, c'est-à-dire le résultat de l'acte du mental.

La logique ne s'intéresse qu'au concept objectif, lequel jouit de cette remarquable propriété d'être commun à tous les hommes sains d'esprit

Il convient d'évoquer ici le problème de l'identification par la connaissance. Aristote dit au troisième livre du *De Anima* que « l'âme est en un sens toutes choses... car l'acte du sensible et celui du sentant sont un seul et même acte »[117]. Si, dans la sensation, le sensible et le sentant ont un acte commun « subjecté » dans ce dernier, de même, dans l'intellection, l'intelligence et l'intelligible s'unissent, mais dans une identification beaucoup plus profonde des deux termes. Saint Thomas a repris la doctrine d'Aristote et l'a précisée par les divers « degrés de l'identification » qui varient selon la nature des êtres connaissants[118]. La doctrine de l'École se résume dans cet adage célèbre : « L'intellect en acte est l'intelligible en acte » (*intellectus in actu est intellectum in actu*). Dans l'acte d'intelligence, l'intellect s'identifie à ce qui est intelligible dans l'objet, c'est-à-dire à sa forme, reflet de son *essence,* en tant qu'elle est abstraite ou dégagée de la matière. L'immatérialité, c'est-à-dire la forme en acte, est donc bien pour un objet ce qui le situe au niveau de la connaissance et le rend intelligible.

---

[116] *Éléments de Logique Classique*, p. 55-56 [légèrement résumé par nos soins, NdE].
[117] *De l'âme,* III, c. 8, 431 b 21 et c. 2, 425 b 26.
[118] I *Sent.* d. 35, q. 1, a. 1, ad 3 ; *S. th.,* I, q. 87, a. 1, ad 3. Voir sur ce sujet l'exposé de Gardeil, *Psychologie,* pp. 75-81.

3. [Concept et métaphysique] Existence et légitimité du concept[119]

La logique du concept ne s'intéresse ni à la formation psychologique du concept, ni à sa valeur objective ou métaphysique. Elle a seulement pour objet la validité intrinsèque du concept. Nous ne pouvons toutefois écarter le problème du concept puisque certaines logiques ont nié l'existence même du concept et se sont construites sans lui.

a) Existence du concept. En logique, l'existence du concept dépend de l'absence de contradiction qui est en somme son critère d'évidence. Cette analyse de l'existence convient parfaitement aux êtres logiques car les êtres logiques et les êtres mathématiques ont ici la même nature ; leur possibilité seule est à considérer, et leur existence réelle importe peu.

Note : En effet, du point de vue logique, l'essence vraie des choses peut rester imprécise ; seule importe ce que nous pourrions appeler « *l'essence opérationnelle* » dont le contenu pratique entraîne le consensus de tout homme sain d'esprit. Il importe de remarquer que nous délimitons ainsi le domaine de la logique en lui interdisant de prétendre résoudre les problèmes métaphysiques. Mais, en retour, le métaphysicien peut exiger de la logique qu'elle soit un instrument efficace pour sa science. Il faut reconnaître que la logique classique est particulièrement bien adaptée à l'exposition et à la résolution des problèmes métaphysiques. Il serait périlleux de faire la même chose avec la logique moderne si l'on réduit celle-ci à son seul aspect quantitatif. Quant à la logique mathématique, son nom indique le domaine qui lui est propre. Étudier la métaphysique à l'aide de la logique mathématique ou à l'aide d'une logique moderne seulement quantitative, c'est commettre l'erreur grave qui consiste à confondre le second et le troisième degré d'abstraction. Si le Moyen Âge a maladroitement appliqué telles quelles au monde physique les méthodes et les certitudes de l'univers métaphysique, l'erreur non moins grave de notre époque est de vouloir généraliser, en dehors des domaines qui leur sont propres, les méthodes de la physique et de la mathématique.

Le concept *contradictoire* est donc celui qui renferme une contradiction interne lui déniant tout droit à l'existence. L'idée devra par conséquent être, comme dit Descartes[120], *claire et distincte*. C'est à cette condition que

---

[119] *Éléments de Logique Classique*, p. 58-59.
[120] *Principes de la philosophie*, I, §§ 45 et 46.

l'existence du concept pourra être affirmée. Cette analyse de l'idée claire et distincte a été également développée par Leibniz[121].

b) Légitimité du concept. La conception classique se réfère à la philosophie du concept chez Aristote. Pour lui le *concept est la réalité première de la pensée,* celle qu'il faut d'abord saisir car elle est un préalable à toute activité de l'esprit. Ainsi, le concept, idée générale, est l'objet même de la définition de la science, car le singulier comme tel ne peut être défini et il n'y a de science que de l'universel[122].

Les théories qui nient cette philosophie du concept ou *théories nominalistes* sont nombreuses, depuis les débuts de la philosophie grecque jusqu'à nos jours en passant par le Moyen Âge chrétien.

Le problème du concept a une importance particulière en métaphysique, mais il n'appartient pas à la logique de le résoudre. Celle-ci se contente de ce que nous proposons d'appeler le « *concept opérationnel* », c'est-à-dire une idée générale admise par tous, quelle qu'en soit par ailleurs la nature profonde.

Par contre, nous affirmons la primauté du concept en logique, ceci contre la tendance de certains logiciens modernes qui opposent à la *logique conceptuelle* une logique fondée sur le jugement. Ils estiment, en effet, que le jugement est l'activité première et la seule réalité de la pensée. Pour eux, l'esprit ne saisit les objets que par synthèse, donc à l'aide d'un jugement ; de plus, la finalité du raisonnement conduit elle-même à un jugement-conclusion. Ces logiciens construisent alors toute la logique sur le jugement et sur sa place exceptionnelle dans l'activité de la pensée. On peut répondre à cette théorie que, si le jugement occupe une place très importante dans la vie de l'esprit, il n'en reste pas moins que la perception des objets de la pensée est une activité *préalable* au jugement, sans laquelle celui-ci ne pourrait pas exister.

---

[121] *Nouveaux Essais sur l'entendement humain* (1704), Livre II, Chap. 22. Voir également *les Méditations sur la connaissance, la vérité et les idées* (1684). Dans cet ouvrage, Leibniz se sépare de Descartes et établit une distinction entre la possibilité logique et la possibilité de l'existence, ce qui le conduit à distinguer le principe de non-contradiction et le principe de raison suffisante.
[122] *Existentia est singularium, scientia est de universalibus.*

4. [Métaphysique et langage] Les fonctions du langage humain[123]

Les problèmes du langage n'avaient pas totalement échappé aux Anciens, comme en témoigne ce passage du commentaire de saint Thomas sur le *Perihermeneios* dont le début constitue en fait un petit traité du langage :

> Si l'homme était par nature un animal solitaire, les passions de l'âme lui suffiraient, en le conformant aux choses, pour en avoir en lui la connaissance. Mais, comme l'homme est par nature un animal politique et social, il fallut que chacun pût communiquer aux autres ses pensées, ce qui se fait par la voix ; il fallut donc des paroles significatives pour permettre aux hommes de vivre ensemble ; aussi ceux qui sont de langues différentes ne peuvent-ils pas vivre aisément ensemble. D'autre part, si l'homme ne jouissait que de la connaissance sensible qui vise le présent et l'immédiat, il lui suffirait pour vivre avec autrui de paroles significatives, comme aux autres animaux qui par certains sons de voix se manifestent entre eux leurs représentations. Mais, comme l'homme jouit également de la connaissance intellectuelle qui fait abstraction du présent et de l'immédiat, il a le souci non seulement de ce qui lui est présent dans l'espace et le temps, mais encore de ce qui lui est distant dans l'espace et futur dans le temps ; aussi, pour manifester également ses pensées à ceux qui lui sont distants dans l'espace et à ceux qui viendront dans le futur, il lui fallut faire usage de l'*écriture*.[124]

Le concept qui est intérieur et mental a besoin d'un signe extérieur pour être compris par les personnes auxquelles nous désirons communiquer notre connaissance. Ce signe extérieur peut être un geste ou une mimique, mais le langage articulé a un caractère hautement privilégié pour nous puisqu'il est le moyen de communication propre à l'homme, qu'il soit oral ou figé dans son expression écrite.

La langue a une grande importance pour la logique, puisque celle-ci étudie précisément le bon usage des mots de la langue parlée ou de la langue écrite dans l'expression des jugements et dans la construction des raisonnements. Mais pour légiférer dans ce domaine, la logique est obligée d'utiliser la langue naturelle et la logique spontanée. De redoutables confusions risquent de se produire si l'on n'y prend garde, ce qui explique l'importance des définitions en logique et le soin avec lequel il faut les établir.

Note : Le lien inévitable entre le concept et le mot explique que toute théorie linguistique part d'un *a priori* métaphysique ou aboutit à des

---

[123] *Éléments de Logique Classique*, p. 60-61.
[124] *Perihermeneias*, I, lect. 2, n° 2, Trad. Gardeil. Par « passions de l'âme », il faut entendre ici les faits psychiques relatifs à la connaissance.

questions d'ordre métaphysique. Le *traditionalisme* qui soutenait au XIXe siècle avec de Bonald que les idées et les mots avaient été transmis à l'homme dans une Révélation primitive, et le *structuralisme* actuel, vigoureusement antimétaphysique, témoignent de la difficulté de séparer totalement les domaines lorsqu'il s'agit des sciences de l'homme. La logique n'échappe pas à cette difficulté, sur laquelle nous reviendrons.

Il convient encore de distinguer l'analogie propre et l'analogie métaphorique[125] :
- L'analogie propre est celle dans laquelle la « raison » signifiée par le terme se retrouve formellement dans chacun des analogues : c'est l'exemple donné de la vision par l'œil et par l'intelligence ;
- L'analogie métaphorique (ou impropre) est celle dans laquelle la « raison » ne convient proprement qu'à un analogue, et convient aux autres par une construction intellectuelle : on dira ainsi, pour reprendre un exemple très classique, que la prairie est riante, alors que seul l'homme rit véritablement.

Remarque. L'analogie soulève les problèmes métaphysiques les plus difficiles. [...] Disons seulement que l'analogie métaphorique est fréquemment utilisée en littérature et en théologie, alors que la métaphysique n'admet que l'analogie propre ; on entend par là que l'analogie métaphorique n'a pas de réalité propre ou métaphysique. Nous dirions plutôt que la métaphysique convertit l'analogie métaphorique en analogie propre, car si l'analogie métaphorique n'est pas convertissable, elle n'a pas de sens[126]. C'est donc en définitive la métaphysique qui fonde l'analogie métaphorique aussi bien que l'analogie propre.

5. *Universel métaphysique et universel logique*[127]

Objectivité et réalité de l'universel. Pour distinguer l'universel logique de l'universel métaphysique, il convient de rechercher, d'abord, les

---

[125] [Les analogies d'attribution et de proportionnalité sont parts bien sûr des présentations de Chenique, mais elles n'ont pas été reprises ici ; NdE].
[126] Tout le symbolisme est fondé sur l'analogie, c'est-à-dire en définitive sur les correspondances qui existent entre les différents ordres de la réalité universelle. C'est pourquoi il nous semble trop restrictif de réserver, comme le fait René Guenon, le mot « analogie » aux symboles qui traduisent de manière inverse ce qui est « en bas » par rapport à ce qui est « en haut » (comme le sceau de Salomon). Voir René Guénon, *Symboles fondamentaux de la Science sacrée* (NRF 1962), Chap. L, les symboles de l'analogie.
[127] *Éléments de logique classique*, pp. 106-112. [Ce passage est légèrement résumé par nos soins ; NdE].

principes premiers de la logique puis de distinguer, ensuite, la vérité logique et la vérité ontologique.

Les premiers principes : logique et métalogique. Si l'on dit que la logique trouve en elle-même ses propres principes, on évite le problème métaphysique, mais on tombe de toute évidence dans un cercle vicieux. Certains logiciens disent que ces principes sont *évidents* et qu'ils appartiennent à la *structure* même de l'esprit humain qui pense. Mais une telle réponse réintroduit subrepticement la métaphysique dans la logique puisqu'elle admet au départ la réalité d'une certaine structure d'être : elle confond en tout cas *l'ordre logique* et *l'ordre ontologique*.

Une autre réponse au problème du fondement ultime de la logique est de déposer la logique sur trois principes, que l'on retrouve en logique moderne comme axiomes ou théorèmes de divers systèmes formels. Ce sont les *principe d'identité* (ce qui est, est ; ce qui n'est pas, n'est pas), *principe du tiers exclu* (toute chose est, ou n'est pas) et, surtout, *principe de non-contradiction* (l'être n'est pas le non-être). « Surtout », parce que les principes d'identité et du tiers exclu trouvent leur fondement dans le *principe de non-contradiction* qui est ainsi le premier de tous les principes dans l'ordre logique.

Enfin, une troisième solution consiste à repousser les principes premiers sur lesquels est fondée la logique dans une logique d'ordre supérieur appelée *métalogique*. Est-ce l'autre nom de la métaphysique ? Non, si la *métaphysique* étudie les premiers principes en tant qu'ils sont la structure de l'être (ordre ontologique), la *métalogique* étudie les premiers principes en tant qu'ils reflètent la structure de la pensée (ordre logique). Ainsi, les objets formels de ces deux sciences restent différents, même si leur objet matériel est, cette fois, rigoureusement le même.

Pour autant, il convient de se demander ce qui fonde à la fois la métaphysique et la métalogique puisqu'il n'y a pas de métaphysique sans une métalogique par laquelle elle puisse s'exprimer, ni une métalogique sans une métaphysique qui lui fournisse les principes premiers. Nous pourrions dire qu'à l'origine il y a le langage naturel en tant que « métalangue » ; sans reprendre un exposé sur le problème de la métalangue[128], on peut ajouter, dans une perspective augustinienne, que le langage naturel n'est que le reflet du Verbe éternel créateur à la fois du monde extérieur et du monde intérieur, du Macrocosme et du Microcosme (*adhidaiva* et *adhyātma* en sanscrit), selon la formule *causa essendi, ratio intelligendi, ordo vivendi*[129]. Le

---

[128] Voir *Comprendre la logique moderne*, Paris : Dunod-Bordas, 1974.
[129] S. Augustin, *Civ. Dei,* VIII, 4 ; Dieu est « Cause de l'être, explication de l'intelligence, ordonnancement de la vie ».

Verbe est à l'origine des choses, comme à l'origine de l'intellect qui connaît les choses, et aussi à l'origine du mot (*verbum*) qui exprime les choses et les crée en quelque sorte pour autrui. Un des sens du mot *logos* est « rapport », « proportion » ou « médiation » : le langage naturel est, en effet, un *rapport* entre la chose et l'idée ou concept de cette chose, d'où sa traduction par le mot « ratio », en français *raison*, que l'on retrouve dans le principe de *raison* suffisante qui s'énonce dans l'ordre (méta)logique : Tout être est intelligible (*Omne ens est intelligibile*) et dans l'ordre métaphysique ou ontologique : Tout ce qui est a sa raison suffisante (*Quidquid est rationem sui sufficientem habet*)[130].

Notons que René Guénon remarque que la forme négative du *principe de non-contradiction*, principe de portée universelle, est due au fait que son expression s'étend au-delà de l'Être, alors que, dans le domaine de l'Être, ce principe prend une forme positive et devient principe *d'identité*.[131]

Notion de vérité. Le vrai se manifeste, d'abord, comme le but vers lequel tend toute connaissance, c'est-à-dire comme la *fin* ou la *perfection* de l'intelligence. C'est le point de vue subjectif, celui qu'a principalement développé Aristote. Saint Augustin, le docteur par excellence de la philosophie du vrai, et toute la tradition qui se rattache à son nom, considèrent la vérité comme un objet qui domine l'esprit et s'impose à lui ; car elle est d'abord et fondamentalement la vérité immuable et éternelle que Platon plaçait dans les Idées, et à laquelle les esprits créés participent. Saint Thomas recueille les deux courants, et pour lui la vérité est à la fois *perfection de la connaissance* ou vérité logique, et *propriété objective de l'être* ou vérité ontologique.

Le vrai dans les choses se définit ainsi comme un rapport (*habitus*) à l'intelligence, et ce rapport peut être de deux sortes :
- Celui d'une chose qui dépend de l'intelligence qui l'a créée, comme l'œuvre d'art dépend de l'artiste. Dans ce cas essentiel, les choses se subordonnent à l'intelligence qui les pense et les crée, et la vérité des choses n'est que leur conformité à l'intelligence suprême ou divine dont elles dépendent.
- Celui d'une intelligence qui se soumet à la chose qu'elle connaît comme à son objet. Dans ce cas, le rapport entre la chose et l'intelligence est accidentel, et la vérité est seulement l'aptitude des choses à être l'objet d'une intelligence spéculative comme l'est l'intelligence humaine.

---

[130] Sur le *logos* comme « rapport », voir Simone Weil, *la Source grecque*, 3ᵉ édition, pp. 155 sq.
[131] Voir la correspondance de René Guenon avec Mme Denis-Boulet (lettre du 12/8/1917) reproduite dans les *Études traditionnelles* (n° 427, sept.-oct. 1971) et par Jean Tourniac, *Propos sur René Guenon* (Dervy Livres, 1973), p. 39.

La vérité ontologique est la conformité ou la « conformabilité » de la chose à l'intelligence (*Conformitas vel conformabilitas rei cum intellectu, vel adaequatio rei ad intellectum*). Cette définition découle de ce que nous avons dit plus haut du *vrai* comme propriété objective de l'être, que l'on appelle encore le *vrai transcendantal*.

Les cinq transcendantaux. La métaphysique classique attribue à l'être cinq prédicats transcendantaux. Un prédicat transcendantal est un prédicat qui convient à tout être et qui, comme l'être, *transcende* tous les genres, les espèces et les différences[132]. Les *cinq prédicats* transcendantaux sont : la chose (*res*), quelque chose (*aliquid*), un (*unum*), bien (*bonum*), vrai (*verum*). Ces transcendantaux sont *convertibles* avec l'être, c'est-à-dire que l'on peut indifféremment, dans les propositions qu'ils forment, prendre l'être ou l'un de ses modes comme sujet ou comme prédicat, et dire par exemple : « *l'être est un* » ou « *l'un est être* ». Mais s'il y a cinq transcendantaux, il n'y a que *trois propriétés* : l'*un*, le *vrai* et le *bien* ; on les appelle encore « attributs » de l'être ou, avec Aristote, « passions » de l'être. Toutefois, ce sont des propriétés au sens large, car elles ne sont pas réellement distinctes de l'être et n'entrent pas en composition avec lui. Ces précisions sont nécessaires pour comprendre ce qu'est le *vrai transcendantal* coextensif à l'être.

Remarques.
- Du principe, « Tout être est vrai », on tire parfois d'autres principes comme « Tout être est intelligible », puis « Tout être est intelligible en tant qu'être », cette dernière formule voulant éviter le rationalisme total. De là, on tire encore le célèbre principe de raison d'être qui, sous sa forme habituelle « Tout être a sa raison d'être », se rattache incontestablement au rationalisme leibnizien. Au plan de l'essence, ce principe signifie que les propriétés ont leur raison d'être ou leur explication dernière dans l'essence du sujet ; au plan concret de l'existence, il est le principe de l'explication causale.
- Il faut toutefois ne pas oublier que le principe de raison d'être est un principe analogique, ce qui signifie qu'il doit être appliqué proportionnellement aux différents types d'explication. Si on l'oublie, on risque de

---

[132] Les prédicats transcendantaux expriment des façons d'être qui s'attachent à tout être et qui diffèrent des modes de l'être, comme l'aséité, l'abaliété, l'inséité, ces modes n'exprimant que des façons d'être qui ne conviennent pas à tous les êtres, mais à certains d'entre eux seulement. On dit que ces façons d'être sont contraignantes pour l'être, alors que les transcendantaux ne le sont pas : comme l'être ils transcendent, c'est-à-dire dépassent tout. Une bonne étude des transcendantaux est faite par Gardeil, *Métaphysique,* Chap. III, avec références aux textes d'Aristote et de saint Thomas.

ramener l'être aux dimensions de la raison, car si tout être est intelligible en soi, il ne s'ensuit pas que tout être soit totalement intelligible pour nous.

Vérité logique. La vérité logique (ou formelle) est la conformité de l'intelligence à la chose (*Conformitas intellectus cum re, vel adaequatio intellectus ad rem*).

> La vérité est définie par la conformité de l'intelligence et de la chose. Il s'ensuit que connaître cette conformité est connaître la vérité. Ce que le sens ne parvient en aucune façon à faire. La vue, en effet, bien qu'elle ait en elle la similitude de ce qui est vu, cependant ne perçoit en aucune manière le rapport qu'il y a entre cette chose vue et ce qu'elle connaît. Au contraire, l'intelligence peut connaître la conformité qu'elle a par rapport à la chose connue ; toutefois elle ne l'appréhende pas dans sa simple saisie des essences, mais seulement lorsqu'elle juge que la chose est bien conforme à la forme qu'elle en appréhende ; alors, pour la première fois, elle connaît et elle dit le vrai... La vérité en conséquence peut bien se trouver dans le sens ou dans l'intelligence en tant qu'elle connaît la nature des choses, de la même manière que dans une chose vraie, mais non pas comme ce qui est connu dans le connaissant, ce qu'impliqué le terme de vrai. Or, la perfection de l'intelligence se trouve dans le vrai en tant qu'il est connu. De sorte que, à proprement parler, la vérité est dans l'intelligence qui compose et qui divise, et non dans le sens ni dans l'intelligence comme faculté de la simple saisie de ce qu'est une chose.[133]

Ajoutons, pour être complet, qu'il existe une troisième sorte de vérité : la vérité morale ou véracité qui est la conformité de l'expression avec la pensée (*conformitas locutionis cum mente*).

Universel métaphysique et universel logique : le général. Comme le véritable universel est seulement d'ordre métaphysique, il est certain que la logique, en tant que telle, ne peut atteindre que le général. Les concepts considérés comme universels par la logique ne sont donc pas véritablement d'ordre universel, mais seulement généraux, c'est-à-dire qu'ils sont seulement du particulier « *abstrait et généralisé* ».

De toute évidence aussi, ce que nous avons appelé le « concept opérationnel » est d'ordre général, puisqu'on refuse de considérer la nature ultime du concept pour ne conserver que son caractère pratique. Dans le schéma ci-dessous[134], il apparaît clairement que l'universel logique n'est que

---

[133] *S. th.*, I, q. 16, a. 2 (trad. Gardeil).
[134] *Cf.* Chap. V, p. 67. Ce tableau est commenté dans *L'homme et son devenir selon le Vêdânta*, de René Guénon, 2ᵉ éd., pp. 40-41.

de l'individuel généralisé, quand bien même la position des philosophes scolastiques modernes n'est pas toujours claire[135].

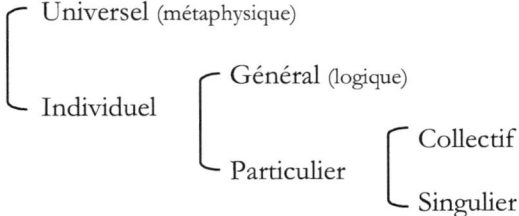

Quelles relations y a-t-il entre l'être dans la pensée et l'être hors de la pensée ? Nous l'avons dit, tout ce qui est hors de la pensée peut être aussi dans la pensée sous forme d'« être de raison ». Il existe une science qui traite de l'être de raison en tant que tel, c'est la logique. Par être de raison en tant que tel, nous entendons l'objet de pensée qui, quels que puissent être d'ailleurs ses rapports à la réalité, n'est considéré précisément qu'en tant que tel. Avec la grammaire et la rhétorique, la logique a en commun de spéculer, non sur le réel, comme font la mathématique, la physique et la métaphysique, mais sur de simples contenus de la raison. En fait, elle traite des « universaux », c'est-à-dire de ce qui peut se prédiquer d'une pluralité d'individus. L'universel ainsi entendu est avant tout l'*unum de multis*. Assurément, pour pouvoir se dire de *multis*, il doit d'abord être *in multis*, mais comment il y est, ce n'est pas au logicien de le dire. L'universel du logicien consiste essentiellement en sa prédicabilité. Les universaux sont au nombre de cinq : le genre, l'espèce, la différence, l'accident et le propre, ce qui revient à dire que, quel que soit le concept particulier dont il traite, le logicien le considère uniquement en tant que prédicable à l'un des cinq titres. Or, nous avons dit que l'être commun, dont traite la métaphysique, n'est pas un genre, il n'est donc pas non plus un être de raison, du type étudié par la logique. En d'autres termes, l'être du métaphysicien n'est pas un « universel logique ».[136]

Abordant le cas particulier de Duns Scot, l'auteur poursuit :

Les interprètes de Duns Scot, qui parlent de sa doctrine en historien, ont donc entièrement raison de protester contre ceux qui attribueraient au Docteur subtil une confusion quelconque entre la métaphysique et la logique. Rien n'était plus contraire à ses intentions que de faire de l'*ens*

---

[135] Ainsi, Gardeil (*Logique*, p. 79) semble dire que l'universel logique, c'est-à-dire le concept considéré dans ses rapports avec ses inférieurs, est le véritable universel. Il précise également que l'universel métaphysique n'est pas encore l'universel en son état parfait [Cette difficulté est reprise par Chenique dans son Chap. XVIII, section 2, NdE].

[136] Gilson, *Jean Duns Scot, Introduction à ses positions fondamentales*, Paris : Vrin, 1952, pp. 106-107.

rationis le sujet de la métaphysique. Lui-même a clairement affirmé que, bien qu'en un sens le logicien considère la totalité de l'être tout autant que le métaphysicien, ce n'est pas du même être que l'un et l'autre parlent, car le logicien ne parle que de l'*ens rationis*, au lieu que le métaphysicien parle de l'*ens reale*. Ainsi, non seulement Duns Scot ne confond pas les deux ordres, il interdit de les confondre.

Nous avons soigneusement établi, du moins nous l'espérons, la différence entre l'universel logique et l'universel métaphysique, notions difficiles, mais indispensables pour éviter les confusions entre logique et métaphysique. Ni l'une ni l'autre des disciplines n'aurait de bénéfice à retirer d'une quelconque confusion.[137]

François CHENIQUE

---

[137] Il faudra lire d'autres importantes contributions sur ce thème dans des ouvrages ultérieurs de François Chenique, en particulier une confrontation des logiques indiennes et grecques et une synthèse sur le tétralemme (enseigné dès avant le Bouddha) :
- *Souvenirs métaphysiques d'Orient et d'Occident, Entretiens avec Christian Rangdreul*, Métaphysique au quotidien, l'Harmattan, 2009, « Logique et ontologie », pp. 207-225
- *Sagesse chrétienne & mystique orientale*, Éd. Dervy, 1996, « Logique indienne » et « Logique d'Orient et logique d'Occident », pp. 517-552.

LA GRANDE CRISE MÉTAPHYSIQUE DE L'ART

> *Constatant l'effondrement du goût, l'épuisement de la culture, sa massification, son instrumentalisation… Dans cette situation ce qui décline est la partie la plus créatrice de notre Culture : le cycle de la philosophie et des conceptions du monde ainsi que le sommet des sciences théoriques à l'application utilitaire apparemment éloignées et en premier lieu assurément l'art tout entier.*
>
> A. Soljenitsyne,
> « Discours à l'Académie de Moscou », 1997

C'est sans doute dans le domaine des arts plastiques qu'est apparu de façon visible et concentrée les mécanismes étranges enclenchés par le phénomène de l'apostasie massive dans la société au XXe siècle

Le microcosme du milieu de l'art a connu une véritable guerre d'idées et de pratiques tout particulièrement pendant la deuxième moitié du XXe siècle. Observée avec le recul du temps, cette guerre intestine, divisant le microcosme des artistes et des intellectuels, rend visible par les écrits et les œuvres les profonds déchirements de l'époque. Est-ce si étonnant ? Les grandes guerres du XXe siècle sont plus que ce qu'elles disent être : lutte des classes, guerres raciales, économiques ou nationales… Ce sont des conceptions du monde qui s'affrontent.

I. DÉSACRALISATION ET MYSTIFICATION

Le sacré et l'art au XXe siècle

Au printemps 2008, vingt ans après la chute du mur de Berlin, juste avant l'effondrement d'un système économique et financier mondial, une exposition au Musée Georges Pompidou marque la fin d'un siècle qui s'est voulu « lucide » et « rationnel » : « Les Traces du Sacré ». Ce qui est en soi un paradoxe. Cette exposition se présente comme une élucidation de l'histoire de l'art des XIXe et XXe siècle en prenant le parti de détruire le préjugé, selon lequel l'art « moderne » et « contemporain » serait athée, matérialiste, révolutionnaire et rationnel… pour en faire un siècle hanté par le sacré.

Dans la première salle on peut voir une gravure de Goya ; un mort revient à la vie et témoigne de ce qu'il a vu : « Nada » – c'est-à-dire rien. À proximité on aperçoit une toile tailladée de Lucio Fontana et son titre « La mort de Dieu » et, enfin, une devise, tracée au néon, de Brice Nauman parachève ce qui est le sens du parcours à venir : « le véritable artiste vient en aide au monde en révélant des réalités mystiques ».

Le parti pris de l'exposition est énoncé : Dieu est mort, l'homme est libre enfin ! Il va se révéler ! Le sacré existe mais n'a plus l'aura du transcendant et du divin. Il émane du cosmos et de l'homme. C'est la « bonne nouvelle » annoncée par les Commissaires dans le catalogue, les interviews, conférences et dossiers de presse.

Tout commence avec un tableau romantique daté de 1831 de Gaspard David Friedrich, une église gothique en ruines, en hiver. La notice commente : « Ce monument était debout quand l'énergie païenne innervait encore la nouvelle foi ». Cela rejoint les idées développées à la fin du XXe siècle par Emmanuel Lévinas ou Mikel Dufresne. Pour ce dernier : « toute sacralité est païenne ». Le sacré ne devient chrétien qu'en devenant païen. Là donc est l'énergie, la source à laquelle il faut puiser pour un renouveau de l'art.

La sacralisation de l'ego

Les « Lumières », la Révolution française ont brisé le monopole du sacré que détenait jusque là l'Église en Europe. Il était canalisé par la liturgie, les rites et le dogme catholique. Une génération a suffi pour que le sacré, l'imaginaire lié à l'invisible et au métaphysique se débride et prenne mille formes contenues jusque-là. Le Romantisme est la première manifestation esthétique de ce défoulement : Le moi n'est plus haïssable. Désormais, subjectivité, épanchements intimes, affirmation de l'ego sont à l'honneur. C'est le « génie » de l'homme qui intéresse et, particulièrement, celui de l'artiste. Alors que les derniers recoins de la planète sont découverts, commence l'exploration des profondeurs de l'inconscient humain. La « folle du logis » devient la muse des poètes, les formes académiques volent en éclats et libèrent des expressions nouvelles.

Les Commissaires Jean de Loisy et Angela Lampe nous entraînent, dans un parcours de 350 œuvres et 200 artistes de 1830 à 2008, qui va du sacré transcendant au sacré d'effroi éprouvé devant la mort irrémédiable. Ils nous font revisiter les sacrés païens antiques, archaïques et primitifs, puis aborder les sacrés modernes et postmodernes : immanents, numineux, *new age*, chimiques et convulsifs... Ils veulent prouver au passage que le christianisme n'est plus qu'une forme morte servant de terreau à un nouveau sacré fondé sur la disparition de Dieu et l'affirmation de l'homme. L'art, la culture, deviennent le sanctuaire de ce nouveau culte.

La grande régression

L'exposition fait la preuve sans le vouloir que l'art, même s'il trouve une nouvelle source d'énergie, une nouvelle flambée, grâce à la redécouverte des sources archaïques du sacré, dépérit sur la longueur de temps qui nous sépare de la Révolution française. La perte progressive d'un sacré *transcendant* semble avoir des conséquences immenses sur l'art et les formes.

La dernière partie de l'exposition montre un art qui a en mémoire deux guerres et les grands massacres engendrés par les totalitarismes. L'Occident s'interroge. Dieu est mort mais les utopies ne se réalisent pas pour autant ; quel progrès ? Quel génie ? Le surhomme est impuissant, les politiques les plus idéales ont eu des dégâts collatéraux monstrueux… Les expressions sacrées, jadis chatoyantes, deviennent soudain très noires. Ainsi, la prédiction de Hegel se réalise : Dieu a entraîné l'art dans sa chute.

La métamorphose conceptuelle

Duchamp entre en scène, suivi de Cage et enfin de Warhol. À partir de 1960, le grand système de l'AC[138] s'enclenche : déclaratif et médiatique, créant ainsi de la valeur sans valeur objective. L'art est bien mort ! Que vive l'AC ! L'art se définira par sa cote, reflet du réseau fondateur, il devient art financier fondé sur le délit d'initié, dans un marché non-contrôlé. L'arbitraire et le cynisme de ce nouveau système vont entraîner l'art vers la célébration des abîmes ; pour compenser sa vacuité et son asservissement mercantile absolu, il lui faut s'entourer pour cela de l'aura terrible du sacré. Il gouvernera les âmes par l'effroi et la stupéfaction brutale. C'est en ayant l'absolu besoin d'une légitimité qui ne peut trouver son appui sur la sensibilité, et pas davantage la raison, que l'art conceptuel va investir le domaine du sacré numineux.

En Amérique, de 1960 à 1980, on expérimente le dernier sacré paradisiaque avec la « *Beat Generation* » et son utopie « *Peace and Love* ». On croit une dernière fois aux « possibilités illimitées de notre esprit » en communion avec le Cosmos. Un art psychédélique naîtra, puisé aux sources du LSD, apprécié pour les visions planantes et angéliques qu'il procure. La drogue devient le sésame de la création. L'artiste va chercher la dernière

---

[138] Acronyme de « art contemporain » employé par Christine Sourgins dans *Les Mirages de l'Art contemporain* (éd. de la Table Ronde, 2005) pour distinguer ce genre particulier de l'ensemble de l'art d'aujourd'hui.

énergie dans le dérèglement chimique des sens et les états dépassés de la conscience artificiellement obtenus.

En Europe, au même moment, le sacré a déjà des formes plus sombres. L'art, à partir des années soixante, est marqué par l'image insurmontable du mal. Les œuvres ressemblent à des monuments funèbres érigés à la mémoire du grand massacre d'Auschwitz qui prend une dimension symbolique et eschatologique. L'art est dénonciateur, critique et pénitentiel. L'artiste prend la place du Christ et s'offre en sacrifice pour renouveler le monde :

« L'ascèse de l'artiste est de parvenir à cette parole dépouillée de tout ce qui n'est pas lui », explique Jean de Loisy qui donne ainsi à l'ego la monumentalité du sacré. « La foi en l'artiste est nécessaire », précise-t-il, la confiance est la condition de « la transsubstantiation de l'œuvre ». Le « regardeur », en communiant à l'œuvre, « accède à un monde nouveau ». Il devient lui aussi, grâce à la médiation de l'artiste, vraiment « contemporain » : « Vous les amateurs d'art, vous êtes contemporains, c'est à dire témoins d'un monde élargi ! »[139]. Voilà ce que Jean de Loisy a déclamé au cours d'une conférence de carême sous les voûtes de Notre Dame quelques semaines avant l'ouverture de l'exposition. Il a brossé le portrait de l'artiste « contemporain » en idole postmoderne. Catherine Grenier[140], autre conservateur de Beaubourg, prononça elle aussi en chaire en 2007, un « sermon » analogue. Ce sont aujourd'hui les théoriciens de référence de l'art sacré.

Ce nouvel « art sacré » est décrit comme une liturgie inverse qui puise visibilité et puissance dans l'effet sidérant du blasphème et de la malédiction. Il existe un autre courant, plus sobre : une école minimaliste attachée à une pureté absolue, rejetant matière et forme, proclamant l'impeccabilité du vide, l'absolu du rien dont l'inconvénient est de programmer à court terme la disparition de l'art.

Est-ce le dernier sacré ? Pas encore... L'extrême fin du siècle et les débuts du millénaire voient apparaître une autre métamorphose ; elle exprime l'étape qui suit la mort : quand l'arbre est abattu, les organismes saprophytes se nourrissent du cadavre et le recyclent. Cette « post-post modernité » crée en « coupant-collant », en mixant tous les sacrés du monde

---

[139] Citations tirées de la « Conférence de Carême », prononcée à Notre-Dame de Paris, et publiée aux éd. du Cerf, en mai 2008.
[140] Catherine Grenier, auteure de *L'Art Contemporain est-il chrétien ?*, éd. Jacqueline Chambon, 2005 – ouvrage de référence pour comprendre la théorie officielle française de l'AC vu comme substitut de l'art sacré chrétien.

et, surtout, le sacré catholique – ce sacré qui n'a pas que des sacramentels mais aussi des sacrements, pour en détourner la dernière énergie.

L'exclusion du sacré chrétien

Malgré la prétention exhaustive de l'exposition, une forme très spécifique du sacré n'y figure presque pas : L'art sacré chrétien qui a pourtant connu une exceptionnelle création tout au long de ces deux siècles.

Jean de Loisy s'explique : il a délibérément exclu de son propos les artistes qui font de « l'art religieux », pour ne s'intéresser qu'aux artistes « spirituels »[141]. L'énonciation de ces deux concepts aux contenus vagues et sans rigueur intellectuelle, l'autorise, selon lui, à ne pas tenir compte de l'art sacré chrétien, notion dépassée selon lui. C'est une façon créative de faire œuvre d'historien d'art !

Il concède, pour représenter tout le sacré chrétien du XXe siècle, quelques œuvres de Matisse, Manessier, Richier, Rouault et un petit tableau de Maurice Denis, de 10x15 cm, pour solde de tout compte. Il en profite pour utiliser les théories de l'abbé Couturier afin d'assurer son propos. Celui-ci avait, dans les *Cahiers d'Art Sacré*, condamné en bloc, sans faire de détail entre petits et grands talents, l'art pratiqué dans les divers « ateliers d'Art sacré ». Il s'appuie pour cela sur une théorie : « si l'art est génial, il est forcément sacré ; s'il est médiocre, il est une insulte à l'art et au sacré ». Il faut donc faire appel « aux génies ». Plus personne après lui ne semblera hanté par cette notion. La condamnation, *a contrario*, de tout travail d'artiste fait avec la foi au service de l'Église, a été instrumentalisée et servira à condamner, plus d'un demi-siècle durant, tous les artistes, croyants ou non, travaillant dans l'esprit d'un sacré chrétien. On dira simplement d'eux, sans autre examen, qu'ils ne sont pas des artistes et qu'ils ne sont pas modernes. Ainsi, la forme spécifiquement chrétienne de relation au sacré n'est, tout au long de l'exposition, jamais décrite quoique partout présente, mais détournée et dépecée. Cette exposition, qui clôt le XXe siècle, fait apparaître le sacré chrétien, mais « en creux » ; la référence est là, mais invisible. Ce sacré *transcendant, mystérieusement incarné, est de ce fait incontournable, même s'il est caché.*

---

[141] Interview de Jean de Loisy sur les traces du sacré, *Le Figaro*, 9 mai 2008 ; voir la vidéo de cette interview.

II. La « théologie » opportuniste d'un clergé culturel

Le consensus se fait... mais sur un sacré numineux et minimum

En France, à partir de la fin des années 70 et surtout des années 80, apparaît un discours officiel sur l'art sacré. Un vocabulaire commun, un corpus de formules aisément utilisables par les médias voit le jour pour permettre dialogue et discussions. Il n'y a pas, à la source de tout cela, des philosophes ou des théologiens ayant fait une œuvre de fond sur ce sujet. En revanche, on peut citer un certain nombre de personnes ayant écrit au cours de ces vingt dernières années des présentations d'exposition, articles, préfaces de catalogues, textes de dossiers de presse et, plus rarement des livres, comme Paul Louis Rinuy, Isabelle Renaud Chamska, Dominique Ponneau, le P. Michel Brière, Mgr Albert Rouet, Mgr Gilbert Louis, le P. Robert Pousseur, Catherine Grenier, Jérôme Alexandre, Jean de Loisy. L'ensemble est décousu pour ne pas dire incohérent mais cela permet désormais à l'Église et à l'État, en France, de ne plus être séparés pour ce qui est de l'art sacré. Chacun y trouve apparemment son compte... L'État cependant, dans ce jeu, détient le pouvoir, impose ses artistes et réalise par ce biais d'autres finalités moins visibles, comme celle de légitimer face à l'histoire ses choix, de les pérenniser en les inscrivant dans le patrimoine et de travailler la cote de ses artistes.

Méthode d'élaboration d'un vocabulaire commun

L'essentiel consensus nécessaire pour collaborer repose sur des jeux sémantiques : On utilise des mots pouvant avoir plusieurs sens et chacun y met le contenu qui lui convient.

Les concepts bifides

Tout d'abord le mot « art » peut être pris *dans son sens original*, signifiant des œuvres dont la forme accomplie délivre le sens. Le mot « art contemporain », à l'insu de l'usager peu cultivé, signifie tout autre chose que *l'art d'aujourd'hui* : c'est une pratique conceptuelle, excluant la main, privilégiant le discours, et ayant pour finalité le détournement, dans un but critique ou subversif, du contexte dans lequel il se trouve.

Sur cette première bifurcation du sens s'en greffent quelques autres concernant le mot « sacré » qui recouvre des réalités diverses : – un *sacré païen* et polythéiste associé à l'idolâtrie ; – un *sacré numineux* et immanent à la nature ; – Un *sacré d'effroi* devant l'absolu de la mort ; – un *sacré transcendant* qui admet une dimension dépassant le monde visible.

Le mot *kénose*, très prisé, exprime pour les uns la fatalité du vide, la vidange générale du sens, c'est, pour les autres, une démarche purificatrice nécessaire.

Le mot *apophatisme* convient à tous et fait l'unanimité. La « théologie négative » a l'immense avantage de concevoir Dieu comme échappant à toute appréhension intellectuelle et représentation plastique. Son existence ou sa négation produit alors le même effet sur le plan de l'art : Qu'Il existe ou pas, Sa représentation n'est pas pertinente. Ainsi tout art minimaliste ou conceptuel est préféré à la peinture, la sculpture, aux images toujours suspectes.

Les thèmes de la *passion*, des *ténèbres*, de la *douleur* et de la *mort* jouissent d'une grande faveur. En effet, pour les uns il s'agit de pointer le mal irrémédiable, le monde mauvais, la dérélection que subissent tous les hommes. Pour les autres, le mal, dont la cause est l'exercice de la liberté, n'est pas vainqueur ; l'amour est plus fort que la mort.

Le thème de *la victime sacrificielle* plaît aussi beaucoup… Le théoricien Daniel Sibony écrit : « l'artiste opère une rédemption du manque, c'est pourquoi il s'identifie beaucoup au Christ ». Il en est l'image douloureuse. Le Christ préfigure « l'artiste contemporain ». L'AC est un progrès car « jamais comme dans l'art contemporain, l'identification entre l'artiste et sa création est aussi dépassée, puisqu'il est échec permanent et doit être recommencé. Le partage narcissique, l'échec et le recommencement sont la supériorité sur l'art traditionnel qui a le tort de produire un objet à jamais figé ». Ainsi, il condamne le Ressuscité et Son image : l'œuvre accomplie.

Dans ce « dialogue » qui se poursuit depuis trente ans, on n'aborde pas les thèmes qui fâchent ! On ne va pas au-delà du Vendredi Saint qui célèbre la mort de Dieu et du Samedi Saint qui voit sa descente aux enfers. Deux thèmes également appréciés.

Un néo-marranisme post moderne

Ce vocabulaire à double fond permet l'élaboration de discours ambigus et obscurs : on vit apparaître, au cours des années 90 à la faveur « d'évènements » autour de l'art sacré, des jeux hermétiques pour initiés comme cela se pratiquait à la Renaissance. Deux expositions notamment : « Les Formes de L'Invisible », aux Cordeliers à Paris en 1996, et « Épiphanies », en 2000 au centre d'Art de la Cathédrale d'Évry, ont fonctionné sur ce modèle. Une « proposition » théologique écrite par Dominique Ponneau est présentée dans la préface du catalogue ; des artistes y répondent par des œuvres, sous forme d'énigmes, jouant à détourner, renverser, vider le sens de son discours. Est invoquée, pour justifier cette démarche, la polysémie qu'engendrent naturellement le verbe et les images. Mais là s'affrontent, sans que ceci soit dit, deux formes de polysémie. Une polysémie traditionnelle que l'on pourrait dire verticale : tout texte comprend quatre lectures possibles (les lectures littérale, analogique, symbolique et mystique) et une polysémie, excluant le transcendant, qui décline des lectures marxistes, freudiennes, lacaniennes, sociologiques, etc. Les initiés savent, le commun des mortels ne sait pas. Le jeu, fondé sur l'ambigüité, permet un « dialogue » ludique…

Grâce à de multiples « évènements » de ce type, les dogmes de l'AC se sont glissés dans les thèmes chrétiens. À partir de 1975, la commande publique de vitraux pour les églises du grand patrimoine est presque exclusivement faite à des artistes conceptuels ; à partir de l'an 2000, on voit apparaître dans les églises une grande quantité d'installations éphémères. Les églises sont devenues un lieu privilégié d'exposition pour les DRAC. Ce sont des lieux idéaux conjuguant plusieurs avantages : la gratuité, le passage des fidèles et des touristes alors que les musées d'AC sont peu fréquentés. Mais, surtout, les concepts prennent beaucoup plus de relief grâce au détournement du caractère sacré du sanctuaire et de son sens. Cela permet le scandale et le blasphème sans lesquels il n'y a pas d'écho médiatique, de succès et de cote.

Une deuxième pratique se fonde sur la confusion : De nombreux artistes conceptuels adoptent un mimétisme de la figure du Christ. Ils endossent son verbe, son rôle et sa personnalité, et détournent les lieux de son culte.

Il s'est opéré, à la longue, un transfert du sacré vers l'AC qui se nourrit de cette aura et survit de cette façon. Paradoxalement, sous l'influence de quelques philosophes et théologiens, tels que Karl Rhaner ou Emmanuel Lévinas, le clergé a parfois assimilé l'art sacré, la liturgie, les formes du culte à des survivances du paganisme, source d'idolâtrie et de conflits religieux, et a voulu purifier l'Église de ce péché en réduisant représentation et sacrés, culte et liturgie au strict minimum. La disparition des très belles liturgies a créé un vide qui a attiré des formes de sacré inattendues et surtout peu perçues, car là aussi la compréhension des concepts est réservée à des initiés.

Tout particulièrement quelques thèmes ont permis ces transferts d'aura et de sacré *non pas à des œuvres mais aux artistes d'AC*.

Le Verbe créateur

Dieu crée le monde par le Verbe. Le Christ, en présentant le pain et en prononçant les mots de la consécration, le transmute en sa propre chair.

L'artiste conceptuel fait de même ; il détourne un objet et dit : « ceci est une œuvre d'art » et cela est. Le verbe crée la réalité. Le nominalisme duchampien fait de l'artiste l'égal de Dieu. L'artiste d'AC rejette par contre toute métamorphose de la matière par le travail des mains.

Le Messie transgresseur

L'artiste d'AC transgresseur de la société trouve son archétype dans le Christ qui transgresse la loi mosaïque. La transgression est, on le sait, dans le dogme de l'AC à la fois créatrice et rédemptrice. Ne voit-on pas resurgir ici l'une des variantes gnostiques récurrente à travers les siècles ? Le schéma est le suivant : Dieu en créant le monde par une sorte d'explosion a laissé échapper quelque chose de lui-même. En faisant cela, il a perdu le contrôle de son œuvre. C'est l'homme élu, l'artiste ici en l'occurrence, qui doit aller aux lieux les plus profonds de la chute pour « remonter les étincelles » retombées de cette explosion, pour « aider Dieu » devenu impuissant. Cette gnose[142] en se sécularisant est sans doute à la source des progressismes politiques. Toutes les transgressions, toutes les violences sont permises pour « sauver Dieu » et rendre le monde plus juste. Les thèmes de l'AC sanctuarisent l'artiste, sa transgression et son œuvre, il est exempté pour remplir sa mission salvatrice de toute barrière esthétique, morale ou intellectuelle.

Le chrétien, dans un esprit d'ouverture et de charité, retiendra les ressemblances avec ses croyances et non les différences. Il verra dans le discours de l'AC ce qu'il croit : Dieu malgré sa puissance désire, par nécessité amoureuse, avoir besoin de l'homme… Dieu se présente pauvre et faible. Cette ressemblance suffira, comme suffisent la ressemblance du sacré numineux avec le sacré transcendant, la ressemblance entre l'autre et l'Autre… Pourtant, à jamais se pose en filigrane la question de l'Être et de la Transcendance, toujours supposée mais secrètement exclue parce que non consensuelle.

Le Grand Sacrifice Permanent

L'AC se complaît dans le spectacle du chaos que provoquent la passion et la mort de Dieu. C'est la grande destruction bienfaitrice qui doit permettre l'émergence de la société juste. Elle correspond à la formule de Bakounine : « créer c'est détruire », qui a fait tant d'adeptes au XXe siècle : Léon Trotski, Mao, Antonio Gramsci, Guy Debord, Yves Michaud, Michel

---

[142] *La Cabale* d'Isaac Louria (1572-1624) est de ce type et, en se sécularisant au XVIIIe siècle, enclenche le cycle des messianismes politiques.

Foucauld, Jacques Derrida, Alain Badiou, Nicolas Bourriaud et tous les théoriciens de l'AC.

Toute guerre menée contre soi, contre la société, l'identité, la religion, l'art, renouvelle le monde. Le Christ est un précurseur de la Révolution permanente et l'artiste d'AC a la vertu de déranger, déstabiliser les « regardeurs », de les dépouiller de leur confort, identité et certitudes. Cette icône consensuelle du Christ en révolutionnaire, ou en philosophe postmoderne voué à la déconstruction, a sorti beaucoup d'artistes minimalistes du rejet de toute figure et autorisé un retour à la représentation à partir des années quatre-vingts.

Le Christ image de la déréliction

L'icône du Christ souffrant est l'image de prédilection de l'artiste d'AC qui justifie ainsi la monstration de l'horreur comme étant sa mission la plus fondamentale, son rôle social le plus sacré. Il se doit de montrer, de force, ce que personne ne veut voir de plein gré. Un artiste d'AC accompli doit témoigner de la tragédie d'Auschwitz, icône contemporaine du Christ au sommet de sa passion, lorsqu'il est abandonné de Dieu. L'aura du sacré est ainsi transférée sur toute œuvre qui provoque fascination, horreur et tremblement[143].

Les tabous de l'AC : Les hypostases du mal

Ce transfert du sacré réussi, apparaissent de nouvelles formes de tabous et d'interdits.

La Beauté. Concevoir la beauté devient un interdit absolu. La beauté est dangereuse, entachée d'idolâtrie, accusée d'excès de pouvoir. L'émerveillement et la séduction qu'elle procure sont de l'ordre de la manipulation. Le désir d'harmonie, de transfiguration de la matière, le désir de l'objet unique, du chef d'œuvre est une volonté de puissance et de possession, une insulte à l'égalité et au malheur commun : Henri Michaud dénonce cette démarche « L'idée d'une grande esthétique pour un grand art est la machine terroriste destinée à nier cette réalité plurielle des comportements artistiques et esthétiques ». Derrida, dans sa déconstruction, enjoint de choisir le laid en dénonçant le beau comme « préjugé ».

Mais, comme on est dans un double langage, il est néanmoins extrêmement fréquent de voir, dans les textes qui expliquent et commentent

---

[143] Citons quelques œuvres qui sont devenues emblématiques : Piss Christ, de Andreas Serrano, Hitler à genoux, le pape écrasé par un météorite de Maurizio Cattelan et le Christ sur la chaise électrique de Peter Frye, le Rétable, « La vie du Christ » de Keith Haring, La madone des travelos de Pierre et Gilles, etc. etc.

les œuvres, à la fois la condamnation morale de ces notions de beau et d'harmonie sensible, et leur emploi incongru au détour d'une phrase pour qualifier esthétiquement ces mêmes œuvres par un : « C'est très beau ! Très bien fait ! ».

La valeur. L'idée qu'une œuvre puisse être meilleure qu'une autre va contre ce que Michaud considère comme un devoir moral : « mettre en pratique les conditions d'entente minimales et imparfaites entre hommes égaux et libres ». La virtuosité, le charisme unique, le talent, le génie sont dangereux et à proscrire. Ils vont contre la démocratie.

L'identité est vue comme une sclérose, un repli défensif, une peur de l'inconnu et du nouveau. Et non pas la limite à laquelle aucun homme n'échappe et sur laquelle tout homme doit danser.

L'incarnation. Ajoutez à cela le rejet de la matière jugée impure, l'interdit de la main et par conséquent du travail de métamorphose de la matière pour faire une œuvre accomplie.

Cette nouvelle variante postmoderne du marranisme a ceci de particulier : c'est un double langage qui relie non pas deux religions, une dominante et l'autre minoritaire, mais une religion et une idéologie dominante qui nient la transcendance. Au fil des décennies qui s'écoulent, le discours para-théologique de l'AC devient banal, conventionnel et de plus en plus incohérent à mesure que tout le monde l'adopte sans en connaître les jeux sémantiques originels qui en sont la source.

III. UN DOGME MÉDIATISÉ FACE À UNE PENSÉE VOILÉE

Une gigantomachie secrète

Ces cinquante années qui viennent de s'écouler ont été le théâtre d'une grande contradiction des idées, peu perçue. On le sait le néo-marranisme de « l'Art sacré contemporain » est visible tout le long de l'année grâce aux Foires, « Nuits Blanches », expositions à thèmes, scandales, commandes publique, ventes aux enchères faramineuses, etc. Des universitaires s'y consacrent, les publications sont multiples et bien relayées. Théoriciens, artistes et fonctionnaires font aujourd'hui partie des « people », exposés à la vue par les grands médias. Les courants contraires, soumis aux interdits et aux tabous, ont laissé beaucoup d'écrits[144] mais peu de traces médiatiques.

---

[144] Laurent Danchin en a réuni dans une bibliographie d'une quarantaine de pages, consultable sur Internet sur le site : « Dissidence Art Contemporain ».

Le phénomène de la dissidence

Ce réel, caché derrière le théâtre médiatique, est un phénomène contemporain. Toute pensée complexe, attachée à l'être, sa création, sa contemplation, tout ce qui fait appel à l'esprit critique, n'est pas adapté à la technologie médiatique qui fabrique de la réalité en la présentant aux regards du plus grand nombre. Elle a besoin de littéralité, de choc, d'évènement, de scandale pour être vue. L'AC est fait sur mesure pour les médias, d'où son succès. La technologie médiatique n'est ainsi pas pour rien dans cette « disparition » de l'art.

Cette situation unique dans l'histoire a créé une dissidence qui n'est pas exilée en Sibérie ou enfermée dans les camps mais simplement reléguée dans l'ombre. Qu'a-t-elle de particulier, si non d'être en rupture avec l'étrange dernière férule totalitaire du siècle qui n'est ni parti, ni dogme, ni État, ni police mais cependant entourée de sacré ? Il émane d'elle une terreur liée à la fatalité postmoderne, au déterminisme économique et sociologique de « l'englobant », au terrorisme d'une cote fabriquée en réseau.

La dissidence, pour celui qui la vit, est le fruit d'une transformation intérieure, d'une réappropriation de la réalité déformée par les médias. Les artistes sont devenus dissidents en constatant le décalage entre ce qu'ils vivaient de mystérieux dans leurs ateliers et le discours officiel sur ce que doit être la création. Il leur a fallu comprendre tout ce qui avait pu causer la condamnation de l'art, de la beauté, du sens, du métier. Il leur a fallu passer au crible leur propre pratique et faire leur examen de conscience : « Ai-je triché ? Ai-je menti ? ». Le dissident doit donc se transformer, se cultiver, développer à la fois son esprit critique et sa sensibilité. Le mot « dissident » est apparu dans les années 40 dans la presse du gouvernement de Vichy pour désigner les français qui refusaient la défaite et en Union Soviétique dans les années cinquante pour nommer les intellectuels et artistes n'adulant pas le régime. Ces derniers avaient souvent été des communistes convaincus. Cela surprit… et à la question que l'on se posait à Moscou sous forme de plaisanterie : « mais qu'est-ce qu'un dissident ? », la moquerie populaire répondait : « c'est celui qui dit la vérité ».

Qui sont les contemporains des « Contemporains »

Les « dissidents » ne sont pas liés par un parti, ou une idéologie, ils sont tous singuliers !

Ils se sont tous, de façon solitaire, remis en cause, interrogés, aguerris… Il leur a fallu plusieurs décennies. Quelle ne fut pas leur surprise lorsqu'ils ont découvert d'autres courants de pensée que ceux de la pensée dominante répondant mieux à leurs questions. La pensée dominante en matière d'art est un mélange de Duchamp, Trotski et Bakounine mais, sait-on que certains de leurs contemporains ont dit le contraire ? Claudel, Martin Heidegger, Simone Weil, Wladimir Weidlé, David Jones, J.R.R Tolkien, Etienne Gilson, etc. La liste est longue ! Nous retiendrons ici Teilhard de Chardin, leur exact contemporain.

La Création permanente face à la « pulsion de mort créatrice »

Dans *Malaise dans la civilisation* (1929), Sigmund Freud parvient à la conclusion que c'est ce « combat éternel » entre l'Éros et la « pulsion de mort » qui a déterminé selon lui de manière fondamentale le développement de la culture humaine et a joué un rôle primordial dans la formation du surmoi. L'essentielle négativité de l'Art contemporain se fonde en partie sur cette notion de « pulsion de mort » *créatrice*. Elle se conjugue, sans s'y confondre, avec la fameuse formule fondatrice elle aussi de Bakounine : « créer c'est détruire ». Freud n'a-t-il pas forgé là avant tout un concept à connotation biologique permettant, en l'expliquant, de contourner le mystère de la création, sa dimension transcendante ?

Teilhard, au même moment, devant la même interrogation voit autre chose. Il évoque la « cosmogénèse » qui est *création permanente*. Chacun y participe par le seul fait d'exister. Elle entraîne chaque être vers plus d'individualité et plus de conscience. Teilhard conçoit une évolution positive, comme attirée par un aimant, le « point oméga », un point hors de l'atteignable, mais ordonnant le monde en rendant progressivement visible l'invisible. Ce point est un Être suprêmement Différent, Présent et préexistant à Lui-même. Cette évolution vers toujours plus de singularité de chaque être, et donc plus de nouveau, ne peut exister que parce que cet infiniment Personnel existe. C'est le moteur de la grande métamorphose.

Lorsque Duchamp crée « une œuvre », c'est-à-dire un concept, il détruit le réel en le détournant à son profit. Il agit en prédateur. Lorsque Teilhard évoque le processus de la création, il évoque un phénomène bouleversant qui s'apparente à l'Eucharistie : la transformation positive de l'un par l'Autre. Quelque chose qui ressemble à un mariage, à la communion des corps, à l'échange amoureux. Phénomène où la liberté est essentielle, ainsi que la réciprocité et l'amour, pour que l'avènement du nouveau ait lieu.

Teilhard évoque la mystérieuse synthèse de l'Incréé et du créé qui est l'essence même de la création. Pour décrire ce choc entre Dieu et l'homme à l'origine de toute création, il emploie la puissante image de deux couches géologiques qui se rencontrent. Il décrit la transformation réciproque qui suit : un homme « métamorphisé » et un Dieu « endomorphisé » par ce choc.

Plotin voit le monde issu de l'Un se dégrader dans le multiple, les mouvements gnostiques au long des siècles reprennent inlassablement cette idée, mais Teilhard voit le mouvement contraire : une montée, une synthèse progressive qu'il appelle « l'Union créatrice ». L'observation de l'évolution ne lui donne pas tort. Toutes les époques de Renaissance, dans l'histoire, sont des moments où s'élaborent des synthèses.

L'espace, la matière et le temps face au concept

Teilhard magnifie la modernité en donnant ses lettres de noblesse à la matière et au temps, lieu et moment de l'Incarnation divine. Il résiste à la volatilisation de toute substance dans le concept, le nominalisme et le virtuel. « Le milieu Divin, c'est exactement moi-même », disait-il… Il n'y a pas de création, pas d'œuvre, pas de nouveau sans une personnalité, un esprit, un corps, une liberté.

Pour Teilhard « Dieu est attingible au-delà de la possession du monde, non point par une négation mais par un retournement des choses visibles. C'est principalement la notion et le geste du retournement qui sont à découvrir à la lumière du désir, de la prière et du travail créateur »[145]. Cette définition éclairerait la différence qu'il faut faire entre le terme de création et celui de « créativité », que la pensée dominante aujourd'hui magnifie en célébrant le goût pour l'à-peu-près, l'inaccompli, le fragmentaire, et condamnant toute forme de perfection et de beauté qui pourrait donner aux hommes le désir de conserver ses objets et non de les remplacer, contribuant ainsi à la grande rotation des marchandises.

Le « contemplateur » face au « regardeur »

Celui qui contemple est dans un rapport de liberté et de réciprocité par rapport à l'œuvre qu'il voit. Le philosophe et historien Etienne Gilson dit du chef d'œuvre qu'il a mystérieusement le statut de « l'être ». L'artiste en créant une œuvre lui confère de l'« être ». Le transfert d'image par le travail de la matière crée donc quelque chose d'immatériel. Dieu a créé l'homme à son image et l'homme peut aussi, à son niveau, créer de l'être. Saint Thomas d'Aquin enseignait que la matière, travaillée par l'homme, devient forme en y insufflant l'esprit. Il s'en suit que ce que le contemplateur entretient avec l'œuvre d'art accomplie est un échange d'être à être.

---

[145] Lettre à Jeanne Mortier citée page 82-83, dans « Paroles d'un Témoin » livre écrit par Jeanne Mortier.

Chez Duchamp « le regardeur » fait partie de l'œuvre, il est donc instrumentalisé, englobé, chosifié. L'œuvre conceptuelle est réussie et « fonctionne », si elle a réussi à piéger le « regardeur ».

La transcendance face à l'immanence

L'idéologie dominante affirme comme une évidence que l'homme est déterminé par le social et l'économique. La « pertinence » d'une œuvre d'AC dépend donc de sa correspondance à « l'englobant ». L'artiste ne doit donc se référer qu'au réel seul ! Il ne doit y voir que ce qu'il voit et admettre que l'invisible n'est que le réel que l'on ne veut pas voir.

De ce fait la « réalité » tourne infiniment sur elle-même, en boucle, aucune Transfiguration n'est imaginable ! Aucune anticipation, aucune synthèse, rien de nouveau n'est possible.

La situation est bloquée… Pourtant Heidegger a posé une question qui a hanté tout le XXe siècle : « Qu'est-ce que l'être ? Qu'est-ce que la création ? ». Tous les philosophes se sont situés par rapport à lui.

Le philosophe et écrivain Maxence Caron[146] pose la question de façon abrupte en 2009 : Comment sortir du bagne matérialiste ? Comment échapper à la circularité de la pensée postmoderne ? Il entrevoit l'issue en artiste qu'il est aussi : « Mettre de la distance, retrouver la perspective longue, réintroduire la Différence fondamentale, et rouvrir les portes de la métaphysique ».

Au même moment le peintre Philippe Lejeune suggère dans ses carnets d'atelier quelque chose de semblable. En évoquant la perspective en peinture, il remarque : « Le point de fuite, dans une œuvre est l'unité cachée du visible ». Le très grand développement de la perspective dans la peinture occidentale n'est pas sans rapports avec la pensée chrétienne qui admet une continuité entre le visible et l'invisible. Ce point de fuite au-delà du visible, vers lequel convergent les formes, ordonne le réel. Il est au fond du tableau dans l'art Occidental et en avant du tableau, dans le cœur de l'homme qui le contemple, pour les orthodoxes… La perspective, comprise au sens large, ouvre l'espace et le temps et brise le mur qui nous enferme. C'est un des pouvoirs oubliés de la peinture.

Teilhard voyait dans « le point Oméga », le moteur de la grande métamorphose…, suprêmement attrayant car infiniment Présent, infiniment Personnel et Transcendant.

C'est l'être, sa pensée, qui est à la source de la création.

---

[146] Philosophe français né en 1976, écrivain et musicologue, auteur de *La vérité Captive* (éd. du Cerf).

L'expérience unique face à la norme conceptuelle

En 1939, Teilhard, écrit au moment où la « lutte des classes » est considérée comme le moteur de l'histoire et la source de toute nouveauté :

« L'amour a toujours été soigneusement écarté des constructions réalistes et positives du monde. Il faudra bien que l'on se décide à reconnaître en lui l'énergie fondamentale de la vie ou si l'on préfère : le seul milieu naturel en quoi puisse se prolonger le mouvement ascensionnel de l'évolution ».

Sans amour notre destin sera celui de la termite dans une société de masse, parfaitement nivelée.

« L'amour resserre sans confondre ceux qui s'aiment, l'amour leur fait trouver dans ce contact mutuel une exaltation capable, cent fois mieux que tout orgueil solitaire, de susciter au fond d'eux-mêmes les plus puissantes et créatrices originalités »[147]. C'est aussi la condition biologique de l'évolution.

Dans la vision chrétienne de la création, Dieu crée un homme libre et créateur à son image et attend, comme un amoureux, un signe de l'être aimé. Il désire que sa créature invente les mots et les formes d'une réponse… quelque chose qui vienne de l'être unique pour l'être Unique : chant pour Chant !

La peinture face à l'image mortelle d'Auschwitz

Quel évènement, autre que le phénomène de la généralisation de l'apostasie, a-t-il rendu l'art suspect et surtout quasiment impossible ? C'est bien évidemment un phénomène lié à l'image… « C'est Auschwitz ! », disent les théoriciens de l'AC. Pourquoi ? Un des pays les plus civilisés du monde, pratiquant tous les arts et en particulier la musique et la peinture, a, en plein XXᵉ siècle, élaboré une machine parfaite d'extermination organisée par un État de droit usant de sa légitimité. La peinture a échoué et n'a pas accompli son rôle civilisateur.

L'icône d'Auschwitz fabriquée par l'Art contemporain a le pouvoir de stupéfaction de l'idole, c'est une image mortelle, terrible et sacrée, entourée d'interdits, et qui ne renvoie qu'à elle-même. Elle maintient, dans la fatalité et la peur, les bourreaux, les victimes et tous ceux qui la regardent impuissants. Elle immobilise, arrête l'art et la civilisation considérés comme désormais impossibles.

---

[147] Teilhard de Chardin, *L'avenir de l'humanité, la nouvelle actualité de Teilhard de Chardin*, actes du colloque international de New York-Washington, 7-12 avril 2005, Saint-Etienne : Aubin, 2006.

L'histoire nous montre *a contrario* que la peinture a toujours été ce moyen de conjurer la vision mortelle et paralysante du mal. Le peintre use de la ruse de Persée face à la Gorgone Méduse. Sa toile est le miroir-bouclier qui permet de voir sans mourir. Il y recueille une image élaborée avec amour et compassion portée par une forme et baignant dans une lumière qui rayonne à partir de l'évènement futur de la Résurrection ou tout mal connaît réparation.

Au moment où Christian Boltanski au Grand Palais montre un spectacle brutal et sans espoir de la Shoa, on peut voir à Paris la peinture de Zoran Music, juif italien réchappé des camps. L'un stupéfie, l'autre suscite naturellement une communion.

La postmodernité, une modernité qui aurait raté ?

En l'espace de 50 ans, pendant la deuxième moitié du XXe siècle, l'Histoire a connu pour la première fois non pas une décadence de l'art mais une radicale condamnation de ce qui était son essence et sa raison d'être, au point de changer de définition et de devenir une démarche conceptuelle et critique, rejetant la main. La prise de conscience dans les ateliers du décalage, qui existe désormais entre ces pratiques et les processus beaucoup plus complexes de la création, a rendu évidente pour l'artiste la nécessité de rompre les interdits de l'AC. Briser le cercle vicieux de la destruction permanente devient la condition pour créer. Comment créer sans reprendre le merveilleux circuit qui va de l'œil, au cerveau et à la main, processus qui engendre des œuvres uniques et incarne les visions intérieures ? Comment créer sans rouvrir les portes donnant sur le Transcendant ?

Le temps presse, les immenses métamorphoses que la technologie et l'économie imposent à la société semblent aller dans le sens d'une massification, un empilement, une globalisation sans miséricorde. Il manque l'élaboration d'une nouvelle synthèse entre le passé et le présent, entre les connaissances immenses et diverses... Comme ce fut le cas à la Renaissance ! La destruction de tout référent ne peut pas être à l'origine du nouveau. L'artiste, le créateur a d'autres voies pour affronter l'inconnu. Aimer, être fécondé, risquer l'altérité et le don de soi, enfanter... Faire de l'Art et de la Connaissance ce lieu hors du champ de bataille et de la consommation convulsive, où l'homme rencontre la femme, le colonisateur le colonisé, le fort le faible, le dominant le dominé...

Aude DE KERROS[148]

---

[148] [On lira avec intérêt le livre d'Aude de Kerros, *L'Art caché, les dissidents de l'art contemporain*, Éd. Eyrolles, 2007 ; NdE].

MÉTAPHYSIQUE EN BOUDDHISME

LA LOI DE « PRODUCTION CONDITIONNÉE » (PRATÎTYA-SAMUTPÂDA) *ET SES IMPLICATIONS ONTOLOGIQUES*

Qu'une tradition comme le bouddhisme, dont la réputation, fort établie, est de laisser croire, ou de prétendre, qu'elle cultive une constante mise à distance du discours abstrait, puisse se prêter à un exercice de relation avec la métaphysique peut paraître éminemment surprenant. Pourtant, force est de constater que l'enseignement du Bouddha est, non seulement l'un des plus riches qui soient sur le plan doctrinal en thématiques métaphysiques, mais que ses continuateurs et disciples, toutes écoles ou branches confondues, ont poursuivi, voire même pour beaucoup intensément amplifié, les intuitions premières de leur maître en divers domaines théoriques.[149]

Ce constat est à ce point vrai, qu'il serait quasi impossible, en un seul exposé, de dresser la liste complète des thèmes relatifs au questionnement métaphysique abordé par le bouddhisme au cours des siècles. Ceci, d'autant que le développement propre de cette tradition s'est effectué en plusieurs directions géographiques, où il trouva un terrain extrêmement propice à l'expression de sa sensibilité vis-à-vis des problèmes subtils de la pensée.

Afin de cerner la nature du questionnement métaphysique suscité par le bouddhisme, nous nous proposons d'approcher le sujet non dans le détail spécifique qu'il prit à tel ou tel endroit de son implantation (Tibet, Chine, Japon, Laos, Thaïlande, Corée, etc.), et la traduction que lui donnèrent les grandes figures représentatives du bouddhisme propre à ces régions, mais de mettre en lumière les principaux thèmes originels exposés par le

---

[149] Les plus anciennes tendances du bouddhisme, *Vaibhâshika* et *Sautrântika*, sont des tendances clairement philosophiques issues du *Hînayâna* (ou « véhicule des Auditeurs »), qui nous sont connues par l'*Abhidharma koça çastra*, œuvre composée au Cachemire vers le Ve siècle par Vasubandhu. Ce texte, divisé en deux parties, l'une de 600 vers l'*Abhidharma koçâ karika*, qui compose le corps proprement dit du texte, suivi d'un commentaire en prose l'*Abhidharma koçâ bhâshya*, est une mise en ordre, une classification des doctrines et des positions du bouddhisme initial.

Bouddha dans, selon l'expression choisie, « la mise en mouvement de la roue de la loi ».

I. L'enseignement des principes

Comme son nom l'indique, le bouddhisme est l'enseignement des principes prêchés par Gautama Bouddha. Le contenu de cet enseignement est le fruit de la connaissance personnelle du Bouddha – de son éveil (illumination) ou de ce à quoi il a été éveillé, c'est-à-dire les vérités immuables et éternelles, impérissables de la « Loi » (*Dharma*).[150]

Ainsi, le Bouddha, soit « Celui qui s'est éveillé à la Sagesse Suprême », assure à ceux qui suivent sa « Loi » de libération, de pouvoir parvenir, comme lui, à devenir un Bouddha, un « Éveillé ». Par conséquent, le bouddhisme peut être défini comme une doctrine invitant les hommes à expérimenter concrètement l'identique éveil réalisé par le Bouddha lui-même.

D'un autre côté, le bouddhisme peut être considéré également comme le chemin, ou plus exactement la « Voie » par laquelle l'éveil peut être atteint. Donc, le terme « bouddhisme » possède trois significations possibles : l'essence de la réalisation, la libération personnelle de Gautama, « l'Éveillé », l'enseignement par lequel le Bouddha invite les hommes à atteindre l'éveil et le chemin, la « Voie » vers la libération et l'éveil.

De par l'effet de ces trois significations, ont surgi du bouddhisme trois systèmes conceptuels principaux :
- la Loi dite de « production conditionnée » (*pratîtya-samutpâda*),
- les Quatre Nobles Vérités (*âryasatya*),
- la « Triple érudition » (*tri-siksâ*).

---

[150] Le *Dharma*, que certains orientalistes ont voulu traduire de façon erronée par « religion », pourrait éventuellement, bien que de manière plus précise, signifier « morale » ou encore « devoir », mais la racine sanskrite *dhri*, dont *Dharma* est dérivé, a plutôt le sens « d'ordre total de l'univers ». Mais c'est la « Loi » au sens de la plus grande extension, la « Loi » qui gouverne toutes choses et tous les êtres manifestés, la « Loi » des cycles, la « Loi » de l'Univers visible comme de l'Univers invisible, qui rend certainement le plus exactement le mot *Dharma*. Le *Dharma* est donc, si on veut le définir correctement, « l'ordre total de l'Existence universelle », c'est l'expression du Principe, la manifestation de ce que René Guénon nommera la « Volonté du Ciel » (*cf*. René Guénon, *L'Homme et son Devenir selon le Védânta*, ch. IV, « Purusha et Prakriti »), ce qui serait à l'origine, chez tous les êtres, de leur nature essentielle. Toutefois, on sait que pour le Bouddha, et c'est ce qui constitue la grande différence d'avec l'ontologisme, tous les *dharma* sont impermanents ("*sabbe dhammâ anattâ*", *Dhammapada*, XX, 7), qu'ils soient manifestés ou non-manifestés ; à ce titre, pour la pensée bouddhiste, la loi d'impermanence est absolue, et s'applique sans partage dans toute la force de son extension totale en tous les domaines existentiels.

La loi de « production conditionnée », selon l'expression du Bouddha lui-même, correspond au premier aspect du bouddhisme, elle insiste sur le caractère interdépendant des phénomènes, leur lien les rivant, les uns aux autres, dans une succession continue et incessante de causes et effets. Les Quatre Nobles Vérités quant à elles, en tant qu'enseignement requis pour l'acquisition de l'éveil, forment le système doctrinal central qui est le second aspect du bouddhisme, le corpus théorique énonçant les principes fondamentaux de l'enseignement. Enfin, les formes de la « Triple érudition » sont le troisième et dernier aspect de la doctrine, elles signalent la discipline qui doit être suivie pour arriver à un éveil identique au Bouddha, elles relèvent de la méthode ascétique et morale, des vœux et de la règle que doivent observer ceux qui s'engagent dans le chemin qui conduit à l'éveil[151]. Ces trois systèmes sont complémentaires entre eux et, également, indissociables sur le plan pratique pour un bouddhiste conséquent.

En effet, la signification de la « Triple érudition », dans un certain sens, est déjà incluse dans les Quatre Nobles Vérités, ainsi que dans la loi de production conditionnée. De ce fait, une pleine compréhension du bouddhisme ne peut être atteinte seulement qu'à travers une parfaite connaissance de ces trois systèmes. Toutefois, il est évident que l'aspect purement métaphysique s'exprime principalement dans la loi de production conditionnée, incontestablement le noyau central sur le plan conceptuel, de la pensée du Bouddha.

II. La loi de « production conditionnée » (pratîtya-samutpâda)

De la sorte, pour nous en tenir au sujet de cette étude, à savoir le lien entre bouddhisme et métaphysique, nous nous arrêterons à la question de loi de production conditionnée qui montre, avec une extraordinaire pertinence, la relativité de l'être. Or, un discours sur l'être, qui va bien plus loin que le seul examen anthropologique touchant à la nature de ce que sont les créatures mais accède directement à ce qu'il en est de l'être au sens d'existence, ce qui nous situe bien dans l'objet propre de l'interrogation de nature philosophique, nous place, concrètement, à l'intérieur du champ métaphysique, et, pourrions-nous dire, nous y place par excellence même.

En effet, être, pour le bouddhisme, c'est être jeté dans le relatif, c'est être dépendant totalement. La relation, pour le Bouddha, est dans l'être le tout de son exister même. Il n'y a donc de réalité dans cette voie de sagesse, que relative, c'est-à-dire reliée, liée et soumise puisque toujours dépendante. De la sorte, les êtres et des choses baignent, selon le bouddhisme, au sein de

---

[151] Kumatarô Kawada, *Bukkyô to Tetsugaku, buddhism and philosophy*, Heiraku, 1958, p. 265.

la relativité, dont le mouvement est l'unique force directrice, en ce sens le réel ne devrait jamais être perçu comme une substance stable ; non duel il relève du vide, de l'absence de nature propre.

Cela signifie, aussi étrange que cela puisse paraître au regard de la logique classique, que les choses existent, et que dans le même temps elles n'existent pas. Que l'être est, mais qu'il est dans son absence, absence paradoxalement qui constitue sa vérité ; être et non-être forment ainsi dans le bouddhisme un indissociable couple conceptuel.[152]

L'homme, comme le voit très bien le Bouddha, n'est pas une réalité à quoi il arriverait, comme de surcroît, de se trouver en référence, en dépendance : il est relatif par essence, il est exclusivement relatif. Sa nature est de rapporter son existence à un être dont il réfère. C'est beaucoup et c'est peu ; c'est beaucoup car il en va de l'exister même, c'est peu car en fait il n'y a pas de véritable indépendance dans l'être. Or un être dépendant n'est rien, il est sans être, son être est de n'être point. Ou, du moins, rien de lui-même, puisque tout ce qui le fait être n'est rien de lui. Être, exister, d'après le bouddhisme, c'est n'être rien. Être, c'est n'être pas. Exister, c'est ne pas être, c'est ne pas être soi-même ni personne, c'est être créé, constitué par de l'autre, qui est lui-même absent de lui-même car référent, dépendant d'un autre, et ceci sans fin. L'existence, c'est donc du vide créant du vide. De ce point de vue, exister pour l'être, c'est subir sa différence d'avec soi-même, c'est ne pas être à soi-même son être, tout en étant aucun autre. Drame existentiel, éternel et général, auquel il n'y aura jamais de terme et qui est enduré par toute créature vivante. De la sorte, ce que voit fort bien le Bouddha, et ce sur quoi insistèrent tous les maîtres par la suite, la fracture ontologique ne sera jamais refermée, le fossé jamais comblé entre l'être et sa dépendance, entre l'être et son absence de réalité ontologique.

---

[152] On aura le souci de conserver à l'esprit, sur l'ensemble des points qui regardent d'ailleurs les notions propres de l'ontologie, que l'être et le non-être ne sont pas des concepts simples et univoques mais plurivoques : « *Il y a être et être : il y a l'être qui est, cet homme, ce chien, cette table, ce vase ; il y a l'être par quoi l'être est, la couleur de cet homme, la taille de ce chien, le contour de cette table ou de ce vase ; il y a l'être qui peut être, la semence de cet homme ou de ce chien, qui peut être cet homme ou ce chien, le bois de cette table, qui peut être table, l'argile de ce vase, qui peut être vase. Il y a non-être, et non-être : il y le non-être pur et simple qui n'est rien et qui n'est pas ; mais il y a le non-être relatif, qui n'est pas ceci, parce qu'il est cela. Et il y a deux sortes de non-être-relatif : il y a le non-être relatif, pur et simple : une flûte n'est pas un architecte ; et il y a le non-être relatif, qui peut être ce qu'il n'est pas encore : un nouveau-né n'est pas un architecte, mais il peut – ce que ne peut la flûte – devenir architecte* » (*cf*. P-B. Grenet, *Ontologie, analyse spectrale de la réalité*, Beauchesne, 1963, p. 25). Toutefois, par convention, nous les emploierons dans note étude selon leur acception classique en métaphysique.

Selon Nâgârjuna (IIIe s.), moine originaire de l'Inde, fondateur de l'École philosophique dite du « Milieu », qui va se distinguer par son étude attentive de la nature des êtres, cette loi de la « production conditionnée » (*pratîtya-samutpâda*), formulée pour la première fois dans l'Histoire de la pensée par le Bouddha, est absolument équivalente à la Vacuité (*sûnyata*). En effet, selon son raisonnement, « *Tout ce qui apparaît en dépendance d'une cause, c'est cela qui doit être appelé vacuité* »[153], or, comme toute chose subsiste dans l'être en l'ayant d'abord reçu, en étant intrinsèquement dépendante d'une cause productrice, tout, absolument tout sans aucune exception, peut donc être qualifié de vide. Ceci implique une conséquence majeure pour Nâgârjuna, et en cela réside la pertinence de sa réflexion, celle de devoir considérer le vide non pas comme une situation, non pas comme un constitutif formel concret, car à ce qui n'est pas en réalité on ne peut absolument pas attribuer une identité propre, mais d'admettre que les phénomènes, en tant que phénomènes sont Vacuité, que la forme, la réalité concrète la plus massive est Vacuité, parce que forme précisément.[154]

Rien en nous n'est de nous, ni vient de nous. Ceci explique pourquoi chaque être est incapable, à lui seul, d'aller au bout de l'être. Il est freiné par son manque constitutif d'être. L'unique forme du possible pour l'être, ce

---

[153] Nâgârjuna, *Mûlamâdhyamakakârika*, XXIV, 18, commentaires de Chandrakirti, trad. L. de la Vallée Poussin, in Bibl. Buddhica, n°4 S. Petersbourg, 1903-13.

[154] On notera à ce sujet, et sans trop vouloir y insister bien que le thème porte à des considérations philosophiques du plus haut intérêt, que, d'après Nâgârjuna, l'absence de nature propre étant l'unique nature du vide, et n'en possédant et ne pouvant en posséder aucune autre, toute volonté de soutenir un point de vue, dans un univers soumis intégralement au changement et à la dépendance, à l'évolution et à la mort, est non seulement une faute grave, mais de plus, une tragique futilité ; rien ne peut être soutenu, et surtout pas les thèses spécifiques, les opinions en affirmation ou en négation, car il n'y a rien, strictement et radicalement rien à saisir : « *Tout est vrai, non-vrai, vrai et non-vrai, ni vrai ni non-vrai* » (*Mûlamâdhyamakakârika*, XVIII, 8). Dans un monde soumis au changement et à l'impermanence, finalement même le Nirvâna ne peut être atteint, car rien ne peut être atteint dans la mesure où il n'y a rien à atteindre puisque tout est Vacuité. Cependant le vide, la vacuité pour Nâgârjuna, n'est surtout pas à prendre comme élément objectif, le vide c'est l'absence de vue propre, car il est impossible d'avoir une vue propre et spécifiée, sur ce qui ne possède en propre aucune nature. Du vide dont il est question, Nâgârjuna en dit : « *on ne peut le qualifier de vide, ni de non-vide, ou des deux ou d'aucun, mais pour le désigner on l'appelle le vide* » (*ibid.*, XV, 3). De ce fait, ce qui ne manque pas d'être puissamment libérateur bien qu'un peu déroutant et vertigineux, toute volonté de possession, de domination, de maîtrise, de connaissance, dans un univers soumis intégralement au changement, à l'évolution et à la mort, est une tragique futilité (*cf.* L. de La Vallée Poussin, *Madhyamaka : I. Réflexions sur le Madhyamaka*, Institut Belge des Hautes Etudes Chinoises, 1990 ; G. Bugault, *L'inde pense-t-elle ?*, PUF, 1994 ; J.-M. Vivenza, *Nâgârjuna et la doctrine de la Vacuité*, Albin Michel, 2000).

que comprit très bien et manifesta avec l'excellence bien connue l'école zen japonaise, est donc le non-sens, l'absurde, le sens sans nom, l'absence de nom du moi, car à l'oubli de l'être répond, très exactement, ou plus précisément fait écho, la non-existence du je dont on peut dire qu'il est, par le rien qui le caractérise, le « moi innommable » à jamais insaisissable.

III. L'absence de nature propre

Nous voyons donc, qu'en raison de nos réflexions portant sur la nature, ou plus exactement l'absence de nature propre des êtres, nous touchons directement à la problématique, classique en mode métaphysique, de l'essence et de l'existence.

La question si liée à l'interrogation essentielle s'il en est, se déploie en climat bouddhique selon un ordre de déterminations qui occupent un domaine qui est proprement celui de l'origine des êtres créés en tant que présents dans l'Être. Nous savons, depuis Aristote, que la question fondamentale revient à se demander « qu'est que l'Être ? », au sens de substance ou de nature de l'être :

> *En vérité l'objet éternel de toutes les recherches, présentes et passées, le problème toujours en suspens : qu'est-ce que l'Être ? revient à se demander : qu'est-ce que la Substance (ousia) ? C'est cette Substance, en effet, dont les philosophes affirment, les uns, l'unité, et les autres la pluralité, cette pluralité étant conçue, tantôt comme limitée en nombre, et tantôt comme infinie. C'est pourquoi, pour nous aussi, l'objet principal, premier, unique pour ainsi dire, de notre étude, ce doit être la nature de l'Être pris en ce sens.*[155]

Mais pour Aristote, *ousia* est d'abord l'appellation de *l'Être* dans son être, « qu'est-ce que *l'Être* » revient donc à se demander qu'est-ce que sa *quiddité*, qu'est-ce que sa forme, quel est-il ? C'est donc l'essence qui peut répondre à la question, c'est l'essence qui seule fournit la réponse à la question sur ce qu'est *l'Être*. « [...] *les déterminations de l'existence suivent les déterminations de l'essence* [...] *en d'autres termes l'essence est la mesure de l'existence conçue comme sa simple modalité* »[156]. Tel est, depuis des siècles, l'un des fondements du discours métaphysique occidental.[157]

Pour le bouddhisme, il en va cependant tout autrement. Ce qui existe, sans avoir en soi toute la raison de son intelligibilité, est, ne l'oublions pas, comme n'étant pas. La créature n'est que néant si on entend que, d'elle-même, elle n'est propriétaire de rien, que par elle-même elle n'est rien,

---

[155] Aristote, *Métaphysique*, Z, 1, 1028 *b* (trad. Tricot), t. I, Vrin, 1964, pp. 249-350.
[156] E. Gilson, *L'être et l'essence,* Vrin, 1987, p. 133.
[157] Voir l'Appendice à ce chapitre p. 137.

puisque, encore une fois, cet être qui est le sien, l'homme, ne se l'est pas donné, il l'a reçu, il ne le détient que pour autant qu'une force de causalité constitutive dont il ne sait qu'une chose, c'est qu'il ne peut rien en dire, étrangère à lui, le conserve dans l'existence. Rien en l'homme, rien en lui, ne lui est rigoureusement propre, ontologiquement propre. L'absolue contingence des êtres implique que leur statut ontologique, selon la perspective bouddhiste, soit une non-position radicale. Une absence totale. La contingence est le caractère propre de ce qui existe, faisant que les êtres ne possèdent ni leur être, ni même leur absence. En ce sens, les êtres contingents ont en eux-mêmes une forme de relation à l'égard du non-être : ils existent de telle sorte qu'ils puissent ne pas exister. Leur existence est en fait une non-existence. Le signe de la contingence ontologique est, bien évidemment, d'après une idée largement partagée et une expérience générale, la mort. Mais, pour le bouddhisme, très lisiblement pour celui qui est éveillé, se manifeste l'absence ontologique dans l'existence elle-même.

Autour de nous, voit, celui qui chemine sur la voie de sagesse, les réalités engendrées sont corrompues avant même d'être mortes. Un être qui commence à exister, ou qui cesse d'exister, ne modifie au fond aucunement son état. Ne possédant à aucun moment une existence véritable, il n'a jamais existé.

Peut-être plus que dans la mort, semble proposer à l'expérience le bouddhisme, la radicale pauvreté, la déchéance de l'être, se font sentir du dedans même du vivant, d'une manière plus aiguë dans l'existence que dans la disparition. Dans l'ordre dynamique, comme sujet du rien, la corruption de l'être achève l'inexistence de l'absence. Nous sommes en face de « *l'absence à laquelle la personne incline* »[158], une absence par définition impensable car l'absence ne peut être saisie mais seulement pensée. De ce fait, l'absence de nature propre, qui caractérise la situation ontologique de toutes les créatures selon le bouddhisme, est une véritable destitution de l'essence ; la domination du relatif dans l'être, regardée comme l'unique vérité des existants, aboutissant à les vider de toute essence singulière, et donc de toute existence réelle.

IV. Essence et existence

Pourtant, sur le plan métaphysique, qui rejoint la réalité concrète par l'examen expérimental de ce qui est, une créature ne peut être dépourvue d'essence alors qu'elle est existante, c'est une loi logique incontestable. Comment le bouddhisme peut-il donc en arriver à affirmer l'absence de

---

[158] I. de Loyola (S.), *Exercices spirituels*, DDB, 1935, p. 75.

nature propre, entendue comme non essence de l'être, en évoquant un existant ?

Pourrait nous aider sur ce sujet la distinction scolastique médiévale, répondant à la théorie de la composition constitutive du fini. Car, si l'on perçoit correctement ce qui distingue l'essence de la substance[159], il est une question qui reste délicate au sein de la métaphysique, c'est le rapport de l'essence à l'existence, sujet qui est l'un des plus problématiques qui soient. Au cours de l'Histoire, les philosophes ont débattu sans relâche de cet aspect délicat de l'interrogation ontologique, mais la tension s'accrût singulièrement au XIIIe siècle en Occident lorsque S. Thomas, en christianisant Aristote, transforma une distinction logique formulée par le maître grec, en distinction ontologique. Aristote s'était exprimé en disant qu'une chose est de se demander ce qu'est un être, c'est-à-dire d'interroger ce qu'il est par la formule *Quid sit* ? Question à laquelle répond la définition de son essence, ou de sa quiddité (ceci est un homme, un animal, une fleur etc.). Et une autre chose de se demander s'il existe, c'est-à-dire *An sit* (existe-t-il) ?

Pour qu'un être fini soit possible, S. Thomas d'Aquin considèrera qu'il doit être composé, qu'il doit participer de deux ordres distincts et cependant mêlés : « *Il faut qu'en lui un principe de perfection soit lié à un principe de limitation, de sorte que, par son principe de perfection, l'être fini participe à la perfection de l'être et que par son principe de limitation, il appartienne au monde du fini* »[160]. S. Thomas affirmera que dans chaque être créé, l'être est tout autre chose que l'essence,

---

[159] Précisons que « *l'essence est ce par quoi une chose est intelligiblement ce qu'elle est en se distinguant de toutes autres choses. Elle constitue donc l'intelligibilité de la substance première. Elle n'est pas la substance elle-même, elle est plutôt son rayonnement en faveur de l'intelligence. La substance est en soi pour soi. Pour notre intelligence, elle est en soi par son essence. L'essence n'est donc pas construite a posteriori à partir de notre expérience du monde, mais elle est à l'origine de toutes les déterminations que nous attribuons à la substance* » (P. Gilbert, *La simplicité du Principe*, Culture et Vérité, 1994, p. 62). Ceci étant exactement la définition traditionnelle de S. Thomas : « *L'objet de l'intellect est ce qui est, c'est-à-dire l'essence de la chose* » (S. Thomas, *Somme contre les Gentils*, I, 47, 4), mais rajoutons que, si « *on appelle essence l'intelligibilité intrinsèque de la substance, la substance elle n'est pas connaissable si elle ne se donne pas comme telle dans les éléments intelligibles que nous recueillons dans notre expérience. La connaissance de l'étant résulte* [donc] *d'un labeur intellectuel allié au don que la substance fait de soi intelligiblement au sein du monde. Cependant l'intelligibilité est a priori achevée dans la substance. Elle n'est pas d'abord à la mesure de notre intellect – l'essence ne résulte pas de l'idéation de ses déterminations par l'intellect – elle naît de la substance, non des formes intellectuelles.* […] *L'essence définit donc la substance en sa clarté originaire* » (P. Gilbert, *op. cit.*, p. 63). De la sorte, il nous est donné de mieux comprendre ce qui distingue la substance de l'essence : « *l'essence est la catégorie de la présence de l'étant à l'intellect, elle est la substance en tant que connaissable* » (E. Gilson, *Le Thomisme*, Vrin, 1945, p. 45).

[160] F. Van Steenberghen, *Le Thomisme*, PUF, 1992, p. 21.

qu'il y a une différence profonde de l'un à l'autre, l'être ne participe pas de la définition de l'essence.

Cependant parler de distinction entre deux choses, c'est laisser penser que chacune possède sa réalité propre indépendamment l'une vis-à-vis de l'autre. Une autre interrogation surgit alors : que peut bien être la réalité d'une essence dans un être si elle est dépourvue de l'existence qui la rend actuelle, si elle est, comme le soutient le bouddhisme, une absence d'essence ? La créature est une unité, dont dire qu'elle est, signifie inévitablement en mode immédiat ce qu'elle est, c'est pourquoi l'essence et l'existence sont inséparables. Certes, S. Thomas répond que l'essence est en puissance dissimulée sous l'acte d'exister, et donc que la distinction est une distinction d'origine, mais en réalité cette affirmation ne fait que redoubler la difficulté car on se demandera alors comment une essence peut subsister en puissance sous une existence devant l'actualiser ; une chose en puissance ne pouvant être en acte et en puissance en même temps. Donc, de deux choses l'une, soit l'essence possède l'existence, soit elle ne la possède pas – son essence, c'est son existence ; son existence, c'est son essence. D'ailleurs S. Thomas déclare dans son œuvre fondatrice, le *De Ente et Essentia*, que cette distinction logique est une distinction réelle, une distinction d'ordre ontologique :

> *Tout ce qui, en effet, n'appartient pas au concept d'essence ou de quiddité lui advient de l'extérieur et compose avec l'essence, parce que nulle essence ne peut être conçue sans ses parties. Or, toute essence ou quiddité peut être conçue sans que soit conçue son existence : je puis en effet concevoir ce qu'est l'homme ou le phénix, tout en ignorant si cela existe dans la nature des choses. Il est donc évident que l'existence est autre chose que l'essence ou quiddité, sauf peut-être s'il y a un être dont la quiddité soit son propre exister lui-même.*[161]

Il y a, en ce sens, deux domaines distincts : « *Il faut donc qu'en tout ce qui n'est pas cette réalité, autre soit son exister et autre sa quiddité, ou nature, ou forme* »[162]. Mais cette distinction entre essence et existence, ne permet pas d'espérer jusqu'en une possible conciliation des antinomiques que sont l'être et le non-être, elle autorise seulement à poser comme recevable la différence ontologique.

Le Bouddha, qui insiste sur l'absence de nature propre, n'hésite pas à franchir, sans crainte aucune, ce qui semble être une impossibilité ontologique, et fonde même toute son anthropologie sur cette absence, comme il établit, en parallèle avec le même principe, l'ensemble de son

---
[161] S. Thomas, *De Ente et Essentia*, V, 77, Vrin, 1991, p. 56.
[162] *Ibid.*, V, 80, p. 58.

discours de sagesse, que l'on désignera volontiers comme philosophique, qui concilie, en une étrange conjugaison, l'être et le non-être, ceci jusqu'à étrangement rejoindre l'apophatisme le plus exigeant.[163]

V. La non-vérité

L'être de l'exister, en climat bouddhique, est donc insaisissable, car ce qui est relatif, produit, dépendant, soumis, dominé, n'est pas véritablement. L'être n'est nulle part. L'expérience authentique, sur la voie qui conduit à l'éveil, est donc, pour chaque être, de réaliser son dénuement : « *Je saisis en sombrant que la seule vérité de l'homme, enfin entrevue, est d'être une supplication sans réponse* »[164]. Il nous faut donc accepter, selon le Bouddha, le mouvement inexorable du non savoir, du non pouvoir, de la non connaissance, ce en quoi consiste précisément connaître, puisque rien ne manque ni n'est caché.[165]

Dans un monde vide et absent, la créature n'est rien mais elle n'est pas ce rien, elle n'en fait pas un principe, elle ne fonde pas une identité sur du vide – elle ne dit rien.

Ce qui signifie, clairement, que si l'existence est soumise à la limite, radicalement, foncièrement, qu'il n'y a rien à comprendre du mystère

---

[163] Comment ne pas être frappé par les nombreuses similarités entre le discours du Bouddha et des passages de certains Pères grecs : « *Elle ne peut être ni dite, ni pensée, ni vue* [la nature superessentielle de Dieu] *– car elle est éloignée de toutes choses et plus qu'inconnaissable, étant portée par les vertus incompréhensibles des esprits célestes – inconnaissable et ineffable pour tous et à jamais ; Il n'y a point de nom dans ce siècle ni dans le siècle futur pour la nommer, ni de parole trouvée dans l'âme et proférée par la langue, ni de contact sensible ou intelligible, ni d'image pour donner une connaissance quelconque à son sujet, si ce n'est l'incognoscibilité parfaite que l'on professe en niant tout ce qui peut être nommé. Personne ne peut le nommer essence ou nature d'une manière propre, s'il cherche vraiment la vérité qui est au-dessus de toute vérité* » (S. Grégoire Palamas, *Theophanes*, *P.G.*, t. 150, col. 937 A). Ou encore : « *Ce qui est au-dessus de toute connaissance est absolument aussi au-dessus de toute essence ; et réciproquement, ce qui est au-dessus de l'essence est au-dessus de la connaissance* » (S. Jean Damascène, *De fide orthodoxa*, I, 4, *P.G.*, t. 94, col. 800 AB).
[164] G. Bataille, *L'Expérience intérieure*, Gallimard, 1943, p. 25.
[165] Tôrei Enji (1721-1792), dont l'expérience spirituelle décrite par Michel Mohr est absolument remarquable (*cf.* M. Mohr, *Traité sur l'inépuisable Lampe du Zen, Torei (1721-1792) et sa vision de l'éveil*, Institut Belge des Hautes Études Chinoises, 1997), dira que parler de l'obscurité en la différenciant de la lumière n'est qu'une convention de langage, ainsi qu'il l'exprime admirablement dans le *Mûlamadhyamakakârikâ* :
Dans la lampe elle-même il n'y a pas d'obscurité
L'endroit où elle est placée est aussi sans obscurité
Percer l'obscurité est nommé illuminer
Il n'y a pas d'obscurité donc pas d'illumination.
(*Mûlamadhyamakakârikâ* VII, 9).

existentiel, rien à conquérir, qu'il n'y a rien à dépasser, car l'être n'est jamais atteint :

> *Ceux qui craignent les souffrances engendrées par la discrimination de la naissance et de la mort [samsâra], recherchent le nirvâna ignorant que samsâra et nirvâna sont inséparables. Voyant que toutes choses sujettes à la discrimination n'ont aucune réalité ils imaginent que le nirvâna consiste en une annihilation future des sens et de leur souffrance.* (*Lankavatara sûtra*, II, 18).

Sans accès possible, l'être est présent dans son absence et absent en tant que présent. La révélation de l'inexistence de l'être, n'est qu'un moyen de sombrer plus avant dans l'absence de l'être. L'intolérable ne peut se comprendre, mais il est certain qu'une seule chance par lui nous reste offerte : celle d'accepter le non-sens. L'existant, le sujet, se retournant sur lui-même doit donc impérativement affronter dans l'angoisse, la nuit vide, l'absence cruelle, son *ex-pulsion* hors de lui-même vers le délaissement. Le sujet n'est rien d'autre que cette ouverture au rien, à l'innommable altérité face à laquelle il affronte, tout en rencontrant sa tragique limite ; limite tragique mais joyeuse au sein de laquelle il atteint, tout en l'ignorant, son invisible souveraineté d'absence. Il n'est donc d'autre mission véritable pour l'être, il n'est d'autre fin authentique pour lui, qu'une souveraine perte définitive qui l'ordonne saintement au silence du non-savoir.

La relation pure, la loi de « production conditionnée » (*pratîtya-samutpâda*), en ses implications ontologiques les plus profondes, se révèle ainsi à nous comme le mode existentiel de l'être qui décèle son absence au cœur même de sa présence. L'acte d'exister, entraîne inévitablement celle du relatif, de l'interdépendant ; être c'est être produit, mais dans le même et identique temps, être c'est n'avoir jamais été. On comprend dès lors que ce ne serait pas assez dire de la relation qu'elle est à la fois constitutive de l'exister et du non-exister. Elle est co-existentielle et non-existentielle. La relation n'est donc point concevable, elle est l'acte de l'être, car il n'est point d'être qui n'implique relation constitutive et relation synonyme d'inexistence. C'est pourquoi *la pensée* a beau conditionner la connaissance qui en émane, sa co-naissance provient justement d'un être-à-penser qui ne pense pas mais est pensé, agi et animé. Le « moi » sous-entendu, n'est, précisément déterminé par rien d'autre, défini par rien d'autre en ce point de départ, que par la *sub-ordination,* la sujétion, la docilité à cet appel des questions multiples qui forme la mise en mouvement de la voie, l'ouverture du chemin qui mène à l'éveil. Heidegger nous indique, de façon intéressante :

> *Le mot allemand antworten, répondre, ne signifie pas en vérité pas moins que ent-sprechen, correspondre. La réponse à notre question ne s'épuise pas dans un énoncé qui répliquerait à la question par une constatation... la réponse est bien plutôt l'Ent-*

sprechung, la correspondance qui parle en faisant face à l'être de l'étant. Une condition doit d'abord être remplie : parvenir à une correspondance avant d'en faire la théorie.[166]

La réponse à la question de la nature de l'être, appartient ainsi à la facticité de l'être, être qui est livré et abandonné dans l'être (*Geworfenheit*). À lui de découvrir que cette non-substance qui le caractérise, est beaucoup moins une perte, que la marque lumineuse et libératrice de l'être, la « nature de Bouddha »[167] en tant qu'immédiate vérité, jamais advenue mais toujours présente : « *la facticité du fait contraignant l'homme à prendre lui-même son être en charge ou, plus nettement : l'être-là comme livré à son là* »[168]. En quelque sorte, l'être est déterminé certes, déterminé à l'illusion de l'éveil, et éveillé et libéré, depuis l'origine et pour toujours, de l'illusoire idée d'indétermination et de libération :

> *L'être-dans-le-monde est un existential, c'est-à-dire une détermination constitutive de l'exister humain, un mode d'être propre à l'être-là. [...] L'être-dans-le-monde, en tant qu'existential, est une relation originaire. L'être-là n'existe pas d'abord isolément, à la façon du sujet cartésien par exemple, pour entrer ensuite en relation avec quelque chose comme le monde, mais se rapporte d'emblée au monde qui est le sien. Le phénomène de l'être-dans-le-monde n'est pas assimilable, en particulier, à la connaissance d'un objet par un sujet. Loin d'être interprétable comme une relation gnoséologique, l'être-dans-le-monde est bien plutôt ce qui précède et rend possible toute connaissance, c'est-à-dire la saisie thématique de l'étant comme tel.*[169]

On se souviendra de cette parole d'Heidegger : « *l'essence du Dasein consiste en son existence* »[170], en laissant de côté le sens que possède le mot « existence » dans la philosophie classique : acte premier qui situe un être hors du néant, hors de ses causes, et en le comprenant surtout comme la possibilité qui caractérise l'homme d'expérimenter une ouverture (non-lieu)

---

[166] M. Heidegger, *Qu'est-ce que la philosophie ?*, Gallimard, 1960, p. 36.

[167] Le bouddhisme affirme que « l'Ainsité indifférenciée », c'est-à-dire l'essence propre de tous les Bouddhas, se retrouve également, sans aucune distinction ni la moindre différentiation, chez tous les êtres, ceci expliquant pourquoi : « *Tous les êtres pourvus d'un corps ont pour germe l'essence du* Tathâgata » (*Mahâyânasûtralankâra*, IX, 37). Tous les êtres, parce qu'ils sont et en raison de ce qu'ils sont, possèdent la nature de Bouddha, et sont donc des sortes de « germes », ou des « embryons » de l'essence propre de l'Éveillé (*tathâgatagarbha*). Dans un autre texte, on trouve également cette affirmation : « *Tous les êtres sont dotés du* tathâgatagarbha *parce que le* dharmakâya, *qui est vacuité, les imprègne ; parce que, dans la nature même des choses* [sk. *dharmatâ*] *qui est ainsité* [sk. *tathatâ*], *il n'y a pas de différenciations* » (*Le Précieux Ornement de la libération*, trad. C. Bruyat, Padmakara, 1999, *in* P. Cornu, *Dictionnaire encyclopédique du bouddhisme*, Seuil, 2001, p. 581).

[168] M. Heidegger, *Lettre sur l'humanisme*, Aubier, 1957, p. 184.

[169] A. Boutot, *Heidegger*, PUF, 1989, p. 27.

[170] M. Heidegger, *L'Être et le Temps*, Gallimard, 1964, p. 42.

où il doit se soumettre dans le dépouillement de toute chose, lieu « *dans l'ouverture duquel l'être lui-même se dénonce et se cèle, s'accorde et se dérobe* »[171]. Cet espace, ce lieu, est celui où règne le silence paisible des vérités impensables, inexprimables, là où la pensée retourne en son silence originel ; l'existence dans la plénitude de son inexistence. Moment non manifesté, non né, non advenu. Temps inexistant pour un lieu sans localisation. Pour une parole vide de son silence, un dire vide du vide lui-même. Un inconnu à jamais indicible et obscur, une « ténèbre » insondable et invisible. L'intense abîme de la vacuité en son rien.

Conclusion

Nous sommes donc autorisés à affirmer, en toute et légitime raison, que l'absence de nature propre supprime la nécessité d'une cessation perçue comme une annihilation, ainsi que le déclare Vimalakîrti :

> [...] *Absolument rien n'a été produit, n'est produit et ne sera produit ; absolument rien n'a disparu, ne disparaît et ne disparaîtra : tel est le sens du mot : "impermanent"* [anitya]. *Comprendre que les cinq agrégats* [skandha] *sont absolument vides de nature propre* [atyantasvabhâvasûnya] *et, par conséquent, sans naissance* [anutpana] *: tel est le sens du mot "douloureux"* [duhkha]. *Tous les dharma sont absolument inexistants : tel est le sens du mot vide* [sûnya]. *Savoir que le moi* [âtman] *et le non-moi* [anâtman] *ne constituent pas une dualité* [advaya] *: tel est le sens du mot : impersonnel* [anâtman].

Et il réaffirme une fois de plus :

> *Ce qui est sans nature propre et sans nature étrangère ne s'enflamme pas, et ce qui ne s'enflamme pas ne s'éteint pas ; ce qui ne comporte aucune extinction est absolument éteint* [atyantaprasânta] *: tel est le sens du mot calme* [sânta].[172]

Si les choses n'ont pas d'existence, il n'est donc pas nécessaire qu'elles soient supprimées. Si rien n'existe, puisque tout est vide de nature propre (*svabhâva*), rien n'a besoin d'être annihilé. Si l'être des choses est vide de nature propre, alors rien ne peut être qualifié d'existant, ce qui explique finalement que l'existence soit synonyme de vide :

> *La loi* [dharma] *est sans essence* [nihsattva] *car elle exclut les souillures de l'être* [sattvarajas]. *Elle est sans substance, car elle exclut les souillures du désir. Elle est sans principe de vie, car elle exclut la naissance et la mort. Elle est sans individualité car elle exclut le terme initial* [pûrvânta] *et le terme final* [aparânta].[173]

---

[171] M. Heidegger, *Qu'est-ce que la métaphysique ?*, Questions, I, Gallimard, 1989, p. 33.
[172] E. Lamotte, *Vimalakîrtinirdesa, L'Enseignement de Vimalakîrti*, Institut Orientaliste Louvain-La-Neuve, 1987, pp. 166-167.
[173] *Ibid.*, p. 146.

En cet informulable où prend source toute pensée de la non-pensée, où s'origine le contact ontologique fondamental, où s'enracina, par son questionnement sur l'être, les premières lumières de la pensée matinale du *logos* philosophique – dans la patrie nécessairement oubliée de l'être, le non-être, tel que mis en lumière par le bouddhisme, rejoint remarquablement, bien qu'en mode négatif, l'étonnement métaphysique, en lui fournissant une ouverture inattendue et libératrice grâce à une reformulation générale des concepts principaux du champ philosophique, reformulation capable de faire parvenir la pensée, par un enrichissement significatif, aux subtils domaines qui permettent d'accéder à la connaissance de l'inconnaissance.

Jean-Marc VIVENZA
Juillet 2010

Appendice

Apophatisme et nihilisme

On sait que Georges Vallin, constatant le caractère tragique de la position de l'homme – en particulier dans la sphère de la métaphysique occidentale liée à des systèmes de pensée personnalistes – qui consiste dans sa volonté d'appropriation d'une identité, temporelle ou transcendante, inexistante pour le bouddhisme, dénonça avec force cette attitude comme étant la cause principale de la montée du nihilisme en Occident, et critiqua la croyance en l'existence d'une réalité individuelle formelle, tant sur le plan anthropologique que théologique, ce qu'il exprima en des termes relativement sévères :

> *Ce qui nous paraît constituer* l'idéologie permanente de l'homme d'Occident, *c'est la croyance à la réalité de l'individuel ou l'identification entre réalité et individualité, par opposition à l'idéologie fondamentale de l'Asie traditionnelle, telle qu'elle transparaît dans les doctrines du Vedanta non dualiste, du Taoïsme ou du Bouddhisme du Grand Véhicule. L'individu est en un sens responsable de sa propre individuation, car il a la possibilité permanente inscrite au cœur de son être, de redécouvrir la dimension « universelle » ou « infinie » de l'Être, dont il n'a jamais été séparé en réalité. En termes bouddhiques, l'existence de* l'ego est identique à la souffrance et l'être de l'ego est identique au vide. *Nous savons que l'ontologie et l'anthropologie dominantes de l'homme d'Occident sont précisément centrées sur l'invincible affirmation de la réalité de* l'ego (sous toutes ses formes) *et de la réalité des formes individuelles en général. Cette croyance nous semble corrélative d'une* « mutilation de l'être », *parce qu'elle prend pour origine et essence la négativité ou* le principe d'individuation identifié au principe de réalité. […] *le nihilisme semble remonter à l'intronisation du principe d'individuation ou à la* sanctification métaphysique de l'ego.[174]

Remarquons, qu'en une sorte de réponse à cette position, Henri Corbin, s'appuyant sur l'enseignement révélé des spiritualités monothéistes, jugeait tout autrement, faisant intervenir l'idée de chute originelle, de

---

[174] G. Vallin, *Pourquoi le non-dualisme asiatique ? Éléments pour une théorie de la philosophie comparée*, Revue philosophique, n° 2, 1978, pp. 157-175.

rupture primitive qui expliquerait le caractère quasi inévitable de l'illusion négative, puisque constitutive même de l'identité de l'être-au-monde :

> *Le tragique est à mettre en connexion avec une négativité advenue qui est la condition présente de l'ego, condition qui est celle de son existence en ce monde-ci et le résultat d'une catastrophe. C'est ce qu'ont exprimé toutes les anthropogonies et psychogonies narratives de la gnose. Ce n'est pas l'ego qui est la tragédie, mais sa mutilation compensée par une inflation maladive, bref sa « descente » en ce monde-ci. C'est ce qu'exprime le sentiment de l'exil (si vif en théosophie juive et en théosophie islamique) : la « démesure » est entre ce que l'âme, l'ego, est présentement, et ce à quoi l'âme, l'ego, se sent appelée en vertu d'une origine préexistentielle qu'elle pressent. [...] Le tragique ne consiste pas dans une individuation professée comme initiale et comme la loi même de tout* étant, *aussi bien du monde spirituel que du monde matériel, mais dans la chute ou la catastrophe qui a entraîné dans ses conséquences dramatiques les individualités spirituelles préexistant à ce monde-ci. C'est ce que décrivent les cosmogonies dramatiques communes à toutes les gnoses abrahamiques comme aux gnoses iraniennes (zoroastrisme, manichéisme) et aux « mystères platoniciens. L'individuation n'est donc pas ici une dérivation secondaire, mais bel et bien initiale, advenant avec l'ontogenèse de l'être. Ce n'est pas le principe d'individuation qui est le tragique. Le tragique, c'est ce qui le mutile, le paralyse, le trahit, le caricature. [...] libération ne veut pas dire abolition. Libérer l'être individuel, c'est restaurer son individualité, sa* monadicité, *plénière et authentique. C'est en restaurer la vérité, non point la dénoncer comme illusoire. Nous posons, au contraire, qu'il incombe au concept de la personne de « contrer » le nihilisme, pour que les partenaires du dialogue soient des personnes réelles, non pas les ombres d'un Soi suprapersonnel, et dont l'individualité ne serait qu'une illusion.*[175]

Jean-Marc VIVENZA,
Juillet 2010

---

[175] H., Corbin, *De la théologie apophatique comme antidote du nihilisme*, Conférence, Centre iranien pour l'étude des Civilisations, Téhéran, le 20 octobre 1977, *in* Berg International, 1979.

LA MÉTAPHYSIQUE COMME ANTI-DOGMATISME ET COMME NON-SYSTÈME

Kant a critiqué la métaphysique antérieure, après s'être réveillé de son dit « sommeil dogmatique » et avant de proposer ce que toute métaphysique ultérieure devrait être selon lui[176].

On a eu beau lui retoquer son « sommeil critique »[177], c'est-à-dire l'impossible critique de la raison par elle-même ; on a eu beau croire que Kant était déjà abandonné en Allemagne dès le début du XIXe siècle[178] ; c'est à juste titre que Madiran, après Poulat, a pu récemment dénoncer, au sein des générations occidentales actuelles, le fait qu'ils soient encore « tous kantiens ! »[179]. Pourtant, dès avant Émile Poulat, Jean Borella et d'autres, le kantisme fut rejeté par Maurras et Péguy, réfuté par Gilson, critiqué par Maritain, etc., pourtant tous membres de « la catégorie des humains "normalement constitués" »[180] ! Ajoutons combien Claudel se réjouissait

---

[176] « Je l'avoue franchement ; ce fut l'avertissement de David Hume qui interrompit […] mon sommeil dogmatique et qui donna à mes recherches en philosophie spéculative une toute autre direction » ; Kant, *Prolégomènes à toutes métaphysique future qui pourra se présenter comme science*, trad. Gibelin, Paris : Vrin, 1941, p. 13. En deux mots : après avoir cru naïvement que notre esprit pouvait dogmatiser, c'est-à-dire se prononcer avec certitude sur l'être, le monde, le moi, Dieu, le philosophe se réveille de son sommeil dogmatique en se posant la question : à quelle condition l'affirmation d'un « dogme » métaphysique sur Dieu, le monde et le moi, est-elle possible ? Kant répond que cette condition est que la connaissance nous en soit *donnée*, que nous ayons une faculté de perception de l'être, de Dieu, du monde et du moi, *de la même façon* que nous percevons par les sens la réalité ou présence existentielle des choses de la nature. Posé ainsi : « de la même façon », Kant peut facilement – mais faussement, pensons-nous – conclure que nous n'avons pas cette faculté de voir les réalités métaphysiques.
[177] Jean Borella, *La crise du symbolisme religieux*, rééd. Paris : l'Harmattan, 2008.
[178] C'est ce qu'apprend l'abbé Studach à Montalembert en 1828 ; Lecanuet, *Montalembert*, t. I, p. 58.
[179] « Tous kantiens », selon la sentence d'Émile Poulat, est le titre d'un article de Jean Madiran (*Présent*, 3 avril 2009), occasion de marquer que naître *kantien* – ou *moderniste* – ne fut pas toujours ce quasi fatalisme « que le XXe siècle a légué au XXIe ».
[180] Madiran, *ibid.*

publiquement « qu'Aristote l'ait débarrassé du kantisme »[181]. Bien avant tous ces auteurs, et peu après le décès de Kant (1804) déjà, Tchaadaev (1794-1856), « après avoir lu la *Critique de la raison pure*, l'a appelée *Apologet adamitischer Vernunft*, doctrine de la raison déchue et pervertie »[182]. Plus récemment, s'adressant à des scientifiques, Claude Tresmontant parlait encore des paléo- et néo-positivismes, unique et « sinistre rengaine [...] qui dérive en fait du kantisme »[183].

Et en effet, la dictature de la raison raisonnante : le rationalisme, comme le scientisme dixneuviémiste, perdurent dans les esprits sécularisés d'aujourd'hui qui semblent ne plus apercevoir ni ce qui gouverne la raison, ni ce qui la dépasse[184].

Aussi nous est-il paru opportun de rappeler pourquoi la métaphysique ne saurait jamais être dogmatique et, en revanche, comment le rationalisme, et le criticisme, le sont – la psychologie ayant depuis montré que l'on prête facilement aux autres les défauts que l'on n'ose dénoncer chez soi-même.

La dogmatique et le dogmatisme.

Il faut brièvement écarter le récent amalgame qui tente d'associer le dogmatisme à *la* dogmatique. La dogmatique, typique du christianisme si ce n'est son exclusivité, constitue l'ensemble des « formulations les plus transparentes possibles des mystères chrétiens »[185]. Insérée entre la révélation qui formule et les théologies qui interprètent, elle se présente du côté de la simple formulation pour fixer et pour transmettre les mystères chrétiens à méditer. Il s'agit en effet de les fixer face à toute dérive « anecdotiquement » interprétative, et c'est grâce à cette dogmatique qu'ils sont ainsi transmis depuis deux mille ans et pour « des siècles et des siècles ».

« Dogmatisme » a été emprunté au latin chrétien *dogmatismus* (« enseignement de la foi », *dogma* signifiant « enseignement ») ; de là l'amalgame

---

[181] Interview des années 50, retransmise sur *France Culture* le 25 VII 2005.
[182] Paul Evdokimov, *Le Christ dans la pensée russe*, Paris : Cerf, 1970, p. 40.
[183] *Les métaphysiques principales*, Paris : O.E.I.L., 1989, p. 4. Kant est ainsi sans doute le philosophe-pivot de toute la philosophie occidentale ; il y a avant Kant, et après Kant. Même certains penseurs bouddhiques se réfèrent volontiers à lui ; mais c'est, selon nous, par apophatisme dogmatique – suivant un dogmatisme qu'on ne retrouve pas en bouddhisme tibétain, par exemple.
[184] Voir par exemple notre article « Jean Borella, Distinguer entre intelligence et raison », *Contrelittérature* n° 22, Paris : l'Harmattan, 2010, pp. 105-124. En langage pascalien, on dirait que « la dernière démarche de la raison est de reconnaître qu'il y a une infinité de choses qui la surpasse » ; Pascal, *Les Pensées*, section V.
[185] *Cf.* Jean Borella, *Problèmes de gnose*, Paris : l'Harmattan, 2007, chap. VII.

avec la dogmatique qui a pu être fait par certains. Initialement, à compter de la fin du XVIe siècle, « dogmatisme » caractérise une doctrine *philosophique* « qui part de l'affirmation d'une certitude ou prétend y aboutir »[186], par opposition au scepticisme : « doctrine, sentiment des philosophes dont le *dogme* principal est de douter »[187]. Par extension, le dogmatisme d'une personne consistera en sa « disposition à donner à ses *opinions* […] un caractère affirmatif, impérieux »[188]. On voit bien l'absurdité, la parfaite contradiction, d'un tel rapprochement entre l'expression d'une opinion et la formulation d'une révélation, en dépit de la tentation facile d'assimiler l'adjectif au substantif et de traiter de dogmatique la dogmatique.

Nous venons de voir que les doctrines dogmatiques s'opposent aux doctrines sceptiques dont le *dogme* est le scepticisme ! Ne seraient-elles donc pas, les unes comme les autres, dogmatiques, affirmant, pour les unes, des certitudes absolues et, pour les autres, une incertitude irréductible ?

Il devient alors aisé de montrer la métaphysique comme antidogmatique et comme non-système, qu'elle soit d'ailleurs envisagée comme science ou comme voie.

1. *La métaphysique comme science*

Si nous dénommons « science » (*scientia* de *scire* : savoir) toute « démarches visant à la connaissance », la métaphysique fait indéniablement partie des sciences. Les sciences (sens générique), selon qu'elles s'occupent du plus particulier ou du plus général, peuvent se classer *crescendo* ainsi : sciences (sens moderne), philosophies, métaphysique.

Plus précisément, une science comporte un objet matériel et un objet formel : la plante, par exemple, est l'objet matériel de la botanique comme de la pharmacologie, mais ce sont ses structures qui sont étudiées par la première, alors que ce sont ses vertus curatives qui sont considérées par la seconde, lesquelles constituent ainsi deux objets formels bien distincts. Comme une même réalité peut être envisagée sous plusieurs aspects, seul l'objet formel peut donc *in fine* servir de principe pour spécifier une science[189].

---

[186] *Dictionnaire de l'Académie française*, 9e éd.
[187] *Dictionnaire de l'Académie française*, 8e éd., c'est nous qui avons souligné « dogme » !
[188] *Dictionnaire de l'Académie française*, 8e éd., c'est nous qui avons souligné.
[189] Ces éléments sont extraits de François Chenique, *Éléments de Logique Classique*, rééd. Paris : l'Harmattan, 2006.

Métaphysique : la science des sciences.

La métaphysique ayant pour objet matériel « tout ce qui est », elle va s'occuper non seulement des objets matériels de toutes les autres sciences, mais encore de leurs objets formels eux-mêmes. Cette préoccupation (objets formels des autres sciences) s'est appelée par le passé « critique de la connaissance », branche de la philosophie. L'épistémologie contemporaine, qu'elle soit l'étude scientifique de la connaissance par les sciences ou bien l'étude philosophique de la connaissance scientifique, demeure elle-même l'un des objets matériels de la métaphysique.

Ainsi, quel que soit l'objet étudié, y compris donc, par exemple, ses propres émotions, ses sentiments ou ses pensées – et que celles-ci portent sur des objets matériels ou formels –, c'est donc bien la métaphysique qui en sera la pensée ultime. Ressentant une émotion de colère, par exemple, on pourra, avec la psychologie, interpréter éventuellement cette colère comme le symptôme d'un complexe d'œdipe inconscient ; mais on pourra aussi s'interroger sur la simple possibilité de la colère, la possibilité de l'interprétation psychologique en général, la possibilité de toute interprétation, jusqu'au fondement de l'analogie, présupposée par toute interprétation.

Métaphysique : la science extralinguistique.

Quel que soit l'objet pensé, la conscience de cette pensée sera formulée à l'aide du langage. Mais si « une science bien traitée n'est qu'une langue bien faite »[190], la pensée ne se réduit pour autant pas au langage qui l'exprime ; elle est d'abord pensée *de* quelque chose ! Si le langage est soumis à la logique à travers le principe de non-contradiction, ce n'est le cas de la pensée que lorsqu'elle raisonne. Or, la pensée est d'abord vision de la chose, ou compréhension que cette chose ne peut être autre qu'elle n'est. Alors seulement pourra-t-elle formuler que le concept d'une chose ne peut être identique au concept de son contraire[191].

La cohérence formelle du langage, d'ailleurs improuvable[192], peut même s'avérer être un piège (un syllogisme rigoureux est faux si ses prémisses le sont). Inversement, plus la pensée est intuition du réel, moins

---

[190] Condillac, *Œuvres*, Paris : Arnoux et Mousnier, 1798, t. XXIII, p. 7. Condillac a bien sûr d'abord à l'esprit les mathématiques, sa phrase suivante étant : « Les mathématiques sont une science bien traitée, dont la langue est l'algèbre » (*ibid.*).
[191] Borella, *Le mystère du signe*, Paris : Maisonneuve et Larose, 1989, p. 97.
[192] Si le corollaire du théorème de Gödel prouve que la non-contradiction formelle est indémontrable, c'est que cette non-contradiction ressortit *in fine* à l'ordre de l'intuition ; Borella, *ibid.*, p. 98.

elle est assurée de la pertinence de son discours et plus celui-ci lui paraît inadéquat. C'est que la pensée est d'abord une « ouverture à l'être » : le réel se donne à l'intuition de l'esprit, cependant que le concept ne fait qu'accompagner cette intuition du réel[193].

Métaphysique : la fin du concept.

La démarche scientifique consiste à réduire à leurs concepts les intuitions des choses, ne pouvant opérer dans l'indétermination qu'implique l'ouverture de la pensée à l'être. Borella dénomme « la fermeture épistémique du concept » cette démarche *constitutive* de toute science[194], par laquelle elle renonce à « l'ouverture ontologique du concept », à la connaissance participative à l'essence des choses.

En revanche, en métaphysique, *ouvrir* le concept à l'être – ou ne pas réduire un être à son concept –, c'est, pour la pensée, reconnaître qu'elle est une « attente persévérante du réel » et accepter qu'il y ait un au-delà du concept ; que ce qu'elle pense du réel, par le concept, n'épuise pas le réel ; qu'il y a, pour elle, une « face cachée de l'être ». Cette intuition du réel n'est alors plus tout à fait de la pensée (qui est mouvement), car elle est vision immédiate et « contemplative »[195].

Dès lors, on voit bien que la fin de la métaphysique, c'est le dépassement de la connaissance conceptuelle. La *fin* du concept : à la fois son but et son terme, c'est le réel ! Une métaphysique – quand bien même elle serait dite dogmatique –, vise à dépasser tout concept ; comment ensuite dogmatiser au-delà des concepts ?

Métaphysique : de la science à la nescience.

Si la métaphysique renonce à la science, en termes de connaissance conceptuelle, c'est qu'une telle connaissance n'est que médiate et indirecte, « en énigme et dans un miroir »[196]. C'est pourquoi, la métaphysique, quand bien même certains de ses étudiants l'auraient éventuellement souhaité, ne pourra jamais en rien être dogmatique ni s'établir selon un système, alors nécessairement conceptuel. Si le concept fait la science, la fin du concept, son au-delà, pourra même s'appeler une nescience. Pascal le formule ainsi :

---

[193] Nous suivons ici Borella, *op. cit.*
[194] « Fermeture », car on écarte du concept tout ce qui pourrait en empêcher une définition exhaustive, c'est sa fermeture sur lui-même ; « épistémique », parce que cette fermeture est spécifique de la connaissance scientifique. Borella, *op. cit.*, p. 100.
[195] Nous suivons toujours Borella, *op. cit.*
[196] S. Paul, 1 Co XIII, 12 ; ou « dans un miroir en énigme (*per speculum in aenigmate*) ».

> Les sciences ont deux extrémités qui se touchent : la première est la pure ignorance naturelle où se trouvent tous les hommes en naissant ; l'autre extrémité est celle où arrivent les grandes âmes, qui, ayant parcouru tout ce que les hommes peuvent savoir, trouvent qu'ils ne savent rien, et se rencontrent en cette même ignorance d'où ils étaient partis.[197]

Ainsi auront disparu les quelques velléités de systèmes. Les spinozisme, cartésianisme, hégélianisme ne sont plus, la monadologie d'un Leibniz n'est plus étudiée, et les aspects catégoriques ou péremptoires (dogmatiques) de l'œuvre d'un Guénon se sont périmées[198] – quand bien même Descartes, Leibniz ou Guénon demeurent, eux, de véritables métaphysiciens. En revanche, parmi d'autres métaphysiciens, un Pascal n'aura pas laissé de système, un Malebranche non plus, et le legs essentiel d'un Platon s'illustrera dans un symbole : le symbole de la Caverne[199].

Si la métaphysique parvient à une nescience et s'y tient comme dans le vide – dirait-on en taoïsme, dans le bouddhisme ou en théologie mystique –, que dire du rationalisme réfugié dans le confort des certitudes d'une raison *formellement* soumise à la logique, une raison raisonnante, ratiocinante ou, dirait Sartre, rabougrie ? Son système bouclé, verrouillé, démontrable sur lui-même ; quel dogmatisme, quelle illusion !

2. *La métaphysique comme voie*

On pourra être surpris par une science, la métaphysique, aboutissant à une « non-connaissance ». On se doutera peut-être de quelque chose en découvrant un Aristote, *l'inventeur* de la logique et de la méthode scientifique, être tout autant un métaphysicien redoutable. C'est que, l'on commençait à s'en douter, la métaphysique d'une part achève les autres sciences et, d'autre part, est une affaire, non de théorie ou de système, mais de métaphysicien ; et ce, non pas au sens où une catégorie d'humains en relèverait, mais au sens où l'homme, *tout* homme, est nécessairement au centre de la question : qui suis-je ? ou pourquoi y a-t-il quelque chose plutôt que rien ? Ne s'agissant

---

[197] Pascal, *Pensées*, éd. Havet, III, 18.
[198] Par exemple, Borella, *Ésotérisme guénonien et mystère chrétien*, Lausanne : L'Âge d'Homme, 1997, ou *Problème de gnose, op. cit.*, chap. VI.
[199] C'est Borella qui a judicieusement modifié l'appellation qui prête à confusion de « mythe de la caverne » ; *Penser l'analogie*, Genève : ad solem, 2000, pp. 162-183. Également : *La crise du symbolisme religieux*, rééd. Paris : L'Harmattan, 2008, où l'on peut lire que c'est la « conversion de l'intelligence que Platon nous enseigne dans le symbolisme de la Caverne : il nous apprend que la véritable philosophie est tout autre chose qu'un jeu conceptuel ou que le simple exercice de l'activité pensante, puisqu'elle engage tout l'être dans une montée vers les réalités proprement surnaturelles », p. 297.

plus de savoirs, mais de « saveurs », on est alors amené à envisager la métaphysique comme voie.

Métaphysique : le terme de l'illusion objective.

Aristote lui-même formula, en jeu de mot, qu'il s'agit de *pathein* plutôt que de *mathein*[200], d'éprouver plutôt que de savoir. Au contraire, lorsque Kant critiquera l'argument cartésien (après S. Anselme) de l'existence de Dieu, il confondra « preuve » et « épreuve »[201]. Le métaphysicien, qui renonce à la connaissance conceptuelle afin de « contempler » l'essence des choses, sait, de plus, qu'il n'y a pas d'interrogation métaphysique qui ne l'implique lui-même – on l'a vu, même chez un Heidegger. *De facto*, ce que la physique quantique a enseigné au physicien (l'indétermination, la modification de l'observation par l'observateur, etc.), la métaphysique s'y est de tout temps confrontée : la limite du pensable, l'indécidabilité *formelle*, le fondement de la logique (non-contradiction), la coexistence des contraires apparents, les paradoxes formels et existentiels…

Si certains physiciens, parvenus aux limites de leur science, ont frôlé la métaphysique (Mach, par exemple), indéniablement, la physique est la parfaite illustration d'une science, peut-être la plus positive de toutes mais se heurtant à sa limite. Et un seul physicien, à notre connaissance, a explicité la physique quantique, voire l'astrophysique, à la lumière de la métaphysique[202].

Ainsi, la fin de l'illusion objective, ce n'est pas d'arrêter de croire aux lois positives qui permettent d'envoyer un homme dans l'espace ou de fabriquer des voitures à essence, mais d'arrêter de croire à l'objectivité d'un univers fini sans bord, d'une évolution qui ne démarre qu'après le commencement (mur de Planck). Si, de même que le kantisme, cet objectivisme dixneuviémiste perdure dans les esprits, ce n'est pas faute d'avoir été dénoncé, et par la physique, et par la phénoménologie. En tout

---

[200] *Cf.* Fragment 15 conservé par Synésius de Cyrène (*Dion*, 48a) ; Turchi, *Fontes Historiae Mysteriorum Aevi Hellenistici*, Roma, 1930, n° 83, p. 53 ; Borella, *Ésotérisme guénonien et mystère chrétien*, Lausanne : L'Âge d'Homme, 1997, p. 170.
[201] Borella, *La crise du symbolisme religieux*, *op. cit.*, p. 332. C'est d'ailleurs Kant qui, de lui-même, le dénommera l'« argument ontologique » ; ce faisant il se sera non seulement trompé lui-même mais en aura, de plus, insidieusement, trompé beaucoup après lui, jusqu'à un Comte-Sponville, encore récemment, qui dénomme « *preuve* ontologique » cet argument, pour s'étonner ensuite de la faiblesse de la preuve ! *L'Esprit de l'athéisme*, Albin Michel, 2006, p. 87.
[202] Wolfgang Smith, *The Quantum Enigma*, 3rd ed., Hillsdale: Sophia Perennis, 2005. Voir aussi, traduit en français, *Sagesse de la cosmologie ancienne*, Paris : l'Harmattan, 2008, dont le sous-titre anglais est explicite : « *Contemporary Science in Light of Tradition* ».

état de cause, face au dogme de l'objectivisme, la métaphysique reste à l'écart, et de l'objectivisme, et du dogmatisme.

Métaphysique : la découverte de la révélation.

Cette « face cachée de l'être », pour laquelle le concept doit être sacrifié, n'est pas réellement inconnaissable ; simplement, « sa connaissance exige une transformation du sujet connaissant, une *conversion* radicale de son intention spéculative », on dépasse alors « le plan ordinaire de la philosophie et de la pensée pour accéder à celui d'une véritable "gnose" ». Cette gnose, « perfection de toute visée cognitive »[203], consiste dans l'« absorption transformante de la forme conceptuelle dans son propre contenu transcendant » ; le concept, philosophiquement, ressortit bien toujours à l'ordre de la connaissance, mais il disparaît dans son propre achèvement : la *révélation* de l'essence[204].

La métaphysique serait-elle donc une religion ? Si cette question se pose, c'est que certains métaphysiciens du XXe siècle ont cru apercevoir une métaphysique unique et universelle, surplombant les religions (Guénon, Schuon). Aveuglés par les formidables progrès de l'étude comparée des religions – elles-mêmes ramenées alors à des systèmes conceptualisés –, ils ont été tentés de développer le système des systèmes, quitte à rectifier telle ou telle révélation ne rentrant plus alors dans le cadre *construit* ou les catégories *décrétées*[205].

Il est vrai que, les religions proposant des formulations ultimes sur l'essence des choses, presque tous les théologiens sont, en même temps, des métaphysiciens. Ces formulations sont souvent positives mais, ultimement, toujours négatives, tel l'apophatisme du bouddhisme ou la théologie négative du christianisme. C'est-à-dire que, là aussi, pour accéder à la « contemplation » des essences, on doit nier les concepts – qui « créent des idoles de Dieu »[206]. Mais cette aire commune, ou cet air commun, entre métaphysique et religion ne les rend ni équivalentes, ni ne saurait faire de la métaphysique leur couronnement.

---

[203] Borella, « Gnose et gnosticisme chez René Guénon », *Les Dossiers H : René Guénon*, Lausanne : L'Âge d'Homme, 1984, p. 99.
[204] Borella, *Le mystère du signe*, pp. 98, 100.
[205] Tel le dogme trinitaire comme réduction « à l'absurde », mais inévitable étant donné la mentalité chrétienne (*sic*), ainsi que dénoncé par Schuon ; ou telle la désacralisation de sacrements devenus exotériques, pot-aux-roses « révélé » par Guénon ! Ces remarques n'affectant pas l'importance des contributions de ces deux auteurs à la connaissance des religions ou à la codification de l'ésotérisme.
[206] S. Grégoire de Nysse, *De vita Moysis*, PG44, 377B.

C'est même tout simplement de par la nature des choses que la métaphysique ne saurait se situer au-delà des religions. D'abord parce qu'elle n'est pas *in fine* un discours apte à coiffer tous les autres, étant elle-même nécessairement un renoncement à tout discours. Ensuite, et peut-être surtout, parce que réalisant ses propres limites et celles du questionneur lui-même, elle découvre ce qui la dépasse et ne saurait donc plus prétendre être son génial inventeur, sauf à réduire alors ce transcendant découvert à une construction ou une abstraction. Dès lors, le métaphysicien est condamné à *réaliser* la révélation, à reconnaître, derrière l'illusion de sa propre lumière, Celle, véritable, qui lui est donnée. Il découvre que le pouvoir de connaître ne lui vient que de la libéralité d'un Dieu « Père des lumières » (Jc I, 17) et que *Ce métaphysique* est précisément le *Logos*, le Verbe divin lui-même : « Vraie lumière qui éclaire *tout* homme venant en ce monde » (Jn I, 9)[207].

Reconnaître ce qui vous dépasse – une autorité, si l'on veut –, ce n'est pas du dogmatisme, c'est, au contraire, l'humilité la plus drastique.

D'ailleurs, puisque nous venons de passer de la métaphysique à la révélation chrétienne, rappelons que la dogmatique de cette religion reconnaît S. Paul parmi les autorités fondatrices de la Révélation – il est l'une des « colonnes de l'Église » –, alors qu'il n'a jamais « connu le Christ dans la chair » mais a « reçu la révélation de l'Évangile directement du Seigneur (I Co., XI, 23). La dogmatique chrétienne admet donc qu'il puisse y avoir au moins *une* révélation qui ne vienne pas uniquement du Christ "historique" mais aussi du Fils intérieur que Dieu, nous dit saint Paul : "a révélé en moi-même" (Galates, I, 17). Autrement dit, elle admet qu'il puisse y avoir une "expérience spirituelle" qui vaille révélation, un mode de connaissance par lequel l'intellect pneumatisé participe à la connaissance que Dieu prend de Lui-même en son Verbe. Cette expérience, norme et référence doctrinale de la foi chrétienne, *sans toutefois constituer une "seconde révélation"*, fait ce mode de connaissance, cet état spirituel, qui réalise la perfection de la foi et auquel saint Paul donne le nom de gnose »[208]. S'il en était encore besoin, on voit ici comment la dogmatique elle-même n'est pas dogmatique.

Métaphysique : la quête d'un Graal déjà trouvé.

En définitive, la métaphysique n'est pas une voie en tant que telle ; tout au plus, après avoir *d'abord* permis une intelligence de la révélation, conduit-elle *ensuite* au mode, conscient ou non, selon lequel l'intelligence s'ensevelit dans la foi.

---

[207] Borella, *Lumières de la théologie mystique*, Lausanne : L'Âge d'Homme, 2002, p. 61.
[208] Borella, « Gnose et gnosticisme chez René Guénon », *op. cit.*, pp. 98-99.

Certes la réceptivité intellective appropriée à la révélation s'enseigne et se communique par le langage ; elle est donc un acte de connaissance qui est, de plus, nécessairement spéculatif. Pour autant, il ne s'agit pas d'un simple exercice de la raison naturelle mais de « l'actualisation de ces possibilités théomorphiques qu'implique la création de l'homme "à l'image de Dieu" » : les *logoï spermatikoï* ou Formes du Verbe divin inséminées en toute intelligence, et donc d'« une sorte de "révélation" intérieure et congénitale, par immanence dans l'âme de ces icônes intellectives que sont les Idées métaphysiques »[209].

Une fois que l'intelligence a rempli sa fonction, qui est de rendre intelligible le message de la foi de sorte que l'être humain puisse y adhérer librement, on entre alors dans une Docte Ignorance (Nicolas de Cues) : ce *passage* où l'intelligence ferme les yeux (S. Denys l'Aréopagite)[210] devant ce qui, de toute façon, est « au-dessus des yeux » (Malebranche)[211], *directe* acceptation de sa créaturelle « ignorance ontologique ».

Si pour entrer dans la « surconnaissance », l'« épignose » paulinienne, il faut « avoir renoncé à toute connaissance, fût-ce à la connaissance même des Idées »[212], cela signifie que « l'intelligence métaphysicienne doit s'engager concrètement dans la foi au Dieu révélé : sans révélation, pas d'Objet divin » ; « et sans Objet divin [...], pas de délivrance possible, puisque tout pèlerinage vers une lumière alors absente est interdit. L'intelligence doit opérer une sorte de *sacrificium intellectus*, elle doit s'ensevelir dans la foi comme dans la mort du Christ Logos, mais c'est pour renaître avec lui »[213].

Ce programme métaphysique est quasiment toujours déjà réalisé : « tu ne me chercherais pas, si tu ne m'avais [déjà] trouvé », écrit Pascal[214] ; il en est de même de la quête du Graal : c'est après l'avoir rencontré par la grâce que l'on part à sa recherche (*cf.* Chrétien de Troyes).

Bruno BÉRARD

---

[209] Jean Borella, « La gnose au vrai nom », III, 7, revue *Krisis* n° 3, septembre 1989.
[210] *Théologie mystique*, 997 B.
[211] *De la recherche de la vérité*, II, II, 3.
[212] Borella, *Penser l'analogie, op. cit.*, p189.
[213] Borella, *Lumières de la théologie mystique, op. cit.*, p. 189, n. 25.
[214] *Pensées* 553 (Section VII – La morale et la doctrine). Pascal ajoute, à la suite, cette parenthèse qui dit sa source : (Celui-là seul peut te chercher qui t'a déjà trouvé... Oui, on peut te chercher et te trouver ; mais on ne peut te devancer. – Bernard de Clairvaux).

DE LA CONNAISSANCE MÉTAPHYSIQUE :
LA MÉTAPHYSIQUE COMME ÉPIPHANIE DE L'ESPRIT

I. DU MOT ET DE LA CHOSE

« Métaphysique », en un seul mot, est attesté pour la première fois dans l'un des trois catalogues des œuvres d'Aristote qui nous soient parvenus, celui de *l'Anonymus Menagii*, attribué généralement à un érudit du VIe siècle : Hésychius de Milet[215]. La désignation du livre d'Aristote sous ce titre ne devient courante qu'au XIIe siècle sans doute sous l'influence d'Averroès qui en a rédigé un célèbre commentaire. À noter, toutefois, que le Moyen Âge latin emploie presque toujours ce mot au pluriel et parle des *Métaphysiques* d'Aristote[216], par exemple S. Thomas d'Aquin : *In XII libros Metaphysicorum expositio* c'est-à-dire : *Explication des douze livres des « Métahysiques »*. Le latin *Metaphysica* doit donc être regardé comme un neutre pluriel, de même que le grec *Metaphusika* dont il est la transcription et qui signifie « les choses métaphysiques ». Par la suite, ce terme cessera très vite d'être réservé à la désignation du traité d'Aristote pour devenir le nom d'une science philosophique, « la métaphysique », tout en gardant sa valeur d'adjectif qualifiant un type de réalités, celles qui sont « au-delà » des réalités physiques.

Antérieurement au catalogue d'Hésychius de Milet, l'ouvrage d'Aristote est intitulé *meta ta phusika*. S'agit-il du titre d'un seul ouvrage ? *Meta ta phusika* signifie littéralement : « après (*meta*) les choses (*ta*) physiques ». La première mention connue de cette désignation se trouve chez Nicolas de Damas, historien polygraphe (50 av-20 ap. J.C.), ami du roi Hérode qui l'avait envoyé à Rome, auprès d'Auguste. Il y fit la connaissance de son aîné, Andronicos de Rhodes, qui, de 78 à 47, fut le dixième successeur d'Aristote à la tête du Lycée (l'École que le Stagirite avait fondée

---

[215] Les deux autres catalogues sont celui de Diogène Laërce (IIIe s. ap. J.-C. ?) qui ne mentionne pas la *Métaphysique*, et celui de Ptolémée de Rome (entre 70 et 300), transmis par deux Arabes du XIIIe siècle, Ibn-el-Kifti et Ibn-Abi-Oseibia ; on y trouve la mention d'un ouvrage en treize livres traitant *de eo quod post physicam*, « de ce qui (vient) après la physique ».
[216] De même pour les *Physiques* et les *Politiques*.

vers 335), et qui, vers 60, édita les œuvres du Philosophe[217]. Nicolas de Damas, suppose-t-on, avec le titre *ta meta ta phusika* (c'est-à-dire *les* [choses] *après les* [choses] *physiques*), ne faisait que désigner l'ensemble des textes qui, dans l'édition d'Andronicos, venaient « après les physiques » : dénomination purement fortuite, sans rapport avec le contenu de douze à quatorze traités, plus ou moins indépendants, regroupés dans un même ensemble éditorial. C'est pourquoi beaucoup de philosophes et d'historiens de la philosophie se sont gaussés des naïfs qui croyaient pouvoir attribuer à la dénomination de *métaphysique* un sens... « métaphy-sique ».

Mais les choses ne sont pas si simples. Et d'abord, il semble bien, comme l'ont établi les travaux de Paul Moraux[218], que les listes des deux premiers catalogues, celui de Diogène Laërce et celui d'Hésychius, remontent au moins à Hermippos de Smyrne, philosophe et biographe vers 220 av. J.C., et plus certainement à Ariston de Céos qui vécut dans la seconde moitié du IIIe siècle, donc une trentaine d'années après la mort d'Aristote, et qui fut le quatrième scolarque (« chef d'école ») du Lycée[219]. Ce

---

[217] Au Lycée, Aristote donnait deux sortes d'enseignement : le matin, pour un public réservé d'étudiants, un enseignement dit *acroamatique* (c'est-à-dire « oral ») ou *ésotérique*, et l'après-midi, pour un large public, un enseignement *exotérique* (c'est-à-dire : non scolaire) et rhétorique. Or, les œuvres exotériques ont entièrement disparu ; elles étaient pourtant célèbres pour leur beauté littéraire, au témoignage de Cicéron. À l'inverse, les œuvres ésotériques semblent inconnues de l'Antiquité avant l'édition d'Andronicos, c'est-à-dire durant trois cents ans. Aristote meurt en 322. Son successeur à la tête du Lycée, Théophraste (auteur des *Caractères* qu'imita La Bruyère) mort en 287, aurait légué ses manuscrits, mêlés à ceux d'Aristote, à son ancien condisciple Nélée qui les emporta à Skepsis, en Troade (sa patrie). Vers cette époque, les rois de Pergame, les Attalides, cherchaient à faire de leur Bibliothèque la rivale de celle d'Alexandrie. Les héritiers de Nélée, gens peu cultivés, cachèrent dans une cave humide les précieux manuscrits, pour les soustraire à la convoitise des Attalides, les abandonnant sans précaution. Après le règne des Attalides (de 241 à 129), les héritiers vendirent très chers ces manuscrits à Apellicos de Téos, péripatéticien du 1er s. av. J.-C., « plus bibliophile que philosophe » (Strabon). Il les transporta à Athènes et en fit faire des copies, sans pouvoir remédier aux lacunes de documents rongés par les vers. En 86, Sylla avait pris Athènes. À la mort d'Appellicos, il transporta à Rome en 83, l'ensemble des textes pour sa bibliothèque. Le bibliothécaire de Sylla les communiqua au grammairien Tyrannion grâce à qui Andronicos de Rhodes, alors scolarque du Lycée, put en faire des copies qu'il corrigea et édita. Cette histoire se lit chez Strabon, contemporain d'Andronicos (*Géographie* XIII, 7, 54) et chez Plutarque (50 à 125) dans sa *Vie de Sylla* (26). Elle est mise en doute par l'érudition moderne qui y voit un « prospectus » de lancement pour l'édition d'Andronicos, d'autant qu'on pense avoir repéré des traces de la connaissance d'œuvres ésotériques chez des auteurs antérieurs au 1er s. av. J.-C. Reste cependant que l'Aristote que nous connaissons ne commença sa prodigieuse carrière qu'à partir du 1er siècle de notre ère.
[218] *Les listes anciennes des ouvrages d'Aristote*, Louvain, 1951.
[219] *Ibid.*, p. 233.

n'est pas tout. Paul Moraux a montré que, dans ces listes, l'ordre d'énumération des ouvrages n'était pas fortuit mais obéissait à « une classification systématique, inspirée en partie par des indications du Stagirite lui-même »[220]. Ainsi, loin d'être fortuite, la place qu'occupent les traités qui viennent « après les traités physiques » est significative de leur nature. Il y a plus encore. À partir des travaux de Moraux, Heinrich Reiner a pu conclure que, puisque dans la liste primitive (scientifiquement reconstituée), les traités *méta ta phusika* ne suivent pas les traités de physique, mais ceux de mathématiques, le titre de *métaphysique* n'avait pas le sens d'une désignation d'un ordre de classement, mais qu'il répond à une « intention doctrinale » venant d'Aristote lui-même[221].

Reste à déterminer la nature de cette intention. Le terme de métaphysique devrait nous y aider, puisqu'il est acquis désormais qu'il exprime une indication venant d'Aristote lui-même. Une chose est certaine, cependant : il n'y a aucune attestation d'une telle désignation dans les œuvres du Stagirite. Lorsqu'il parle de la matière de son ouvrage – dont l'unité et la cohérence, en dépit du disparate de quelques livres, est de plus en plus reconnue – Aristote la désigne à l'aide des termes de « philosophie première », de « sagesse », voire de « théologie ». Peut-on affirmer l'équivalence de la « philosophie première » et de la « métaphysique » ? Si cette philosophie est première, comment la designer à l'aide d'une préposition, *méta*, qui, lorsqu'elle est suivie de l'accusatif, signifie entre autres « après » ? Ne devrait-on pas parler de « protophysique » plutôt que de « métaphysique » ? Toutefois, *méta* peut aussi avoir le sens de changement, de passage d'un état à un autre : ainsi dans *métamorphôsis*, ou dans *métabolè*, terme qui, chez les chrétiens orthodoxes, désigne ce que les Latins appellent : tanssubstantation. C'est en effet le préfixe *trans-* qui traduit le grec *méta-* : *transformatio* est l'exacte traduction de *métamorphôsis*. Ce second sens s'accorde parfaitement avec la notion de « philosophie première » en tant qu'elle est équivalente à celle de « théologie », c'est-à-dire à la science de l'Être divin, séparé de tous les autres : la science première est celle de l'Être premier, c'est-à-dire de l'Être transcendant. De ce point de vue le titre de *Philosophie première* ou de *Théologie* conviendrait très bien à un certain nombre de livres de la *Métaphysique*.

---

[220] Pierre Aubenque, *Le problème de l'être chez Aristote*, PUF, 1977, p.29 ; *cf.* P. Moraux, *op.cit.*, p. 173.
[221] Aubenque, *ibid.*, p. 30 ; cf. H.Reiner, « Die Enstehung und ursprüngliche Bedeutung des Namen Metaphysik », dans *Zeitschrift für philophische Forschung*, 1954, p. 210-237. Voir, en dernier lieu, l'introduction d'Annick Jaulin à la traduction nouvelle qu'elle a donnée, avec Marie-Paule Duminil, de la *Métaphysique* d'Aristote, GF, 2008, pp. 7-16

Mais il est aussi question, dans cet ouvrage, d'une science à laquelle Aristote ne donne pas de nom ; il en formule seulement l'objet : il s'agit de « la science de l'être en tant qu'être », expression qui revient souvent dans son ouvrage. Une telle science n'étudie ni les êtres physiques, ni les êtres mathématiques, ni les êtres (ou l'être) théologiques ; elle s'interroge sur l'être en tant que tel et sur les principes de l'être en tant que tel, qu'il s'agisse des êtres physiques, mathématiques ou divins. Pour beaucoup de commentateurs, c'est là une question nouvelle en philosophie qui instaure ce qu'on appellera en latin, beaucoup plus tard (Clauberg, 1647) : *ontologia*[222], et d'où découlera pratiquement toute la philosophie moderne. Un tel questionnement sur l'être universel ne peut que partir de la connaissance que nous avons des êtres physiques. C'est à leur sujet que se pose la question de leur être, et donc de l'être en tant que tel : qu'est-ce que c'est que « être » ? C'est pourquoi la science (si tant est qu'elle existe) qui s'engage dans ce questionnement vient « après les choses physiques » *méta ta phusika* : non point nécessairement après la *science* des êtres physiques, mais après la prise en compte des réalités de la nature, et peut donc, à bon droit, s'appeler métaphysique.

Cette interprétation a été principalement proposée par Pierre Aubenque dans son livre de référence, *Le problème de l'être chez Aristote* : « philosophie première » et « métaphysique » n'ont pas le même objet, la philosophie première traitant du « premier Étant », Dieu, et la métaphysique traitant de l'être en tant que tel, non d'un étant particulier, fût-il Dieu : « confondre sous le nom ambigu de *métaphysique* la science de l'être en tant qu'être et celle du divin ou, comme nous le disons désormais, *l'ontologie* et la *théologie*, c'était se condamner à ignorer la spécificité de la première tout en altérant le concept de la seconde ; c'était attribuer à la première une antériorité qui n'appartient qu'à la seconde, et à celle-ci une postériorité qui est le fait de la première »[223].

Cette conclusion ne manque pas de vraisemblance et pourrait se réclamer, paradoxalement, de l'enseignement de la philosophie scolastique la plus classique. Rappelons à ce sujet que, si le mot « métaphysique » apparaît pour la première fois au VIe siècle chez Hésychius de Milet, si *ta meta ta phusika* remonte à Nicolas de Damas, au 1er siècle de notre ère, en fait « métaphysique » est peu employé par la nombreuse cohorte des

---

[222] Sur toutes ces questions, voir notre livre *Penser l'analogie*, Ad Solem, 1999, pp. 44-45. En fait on trouve *ontologie*, mais écrit en grec (et non en latin) chez des auteurs antérieurs à Clauberg (qui fut un disciple de Descartes) : ainsi chez Goclenius dans son *Lexicon Philosophicum*, Francfort, 1613, p. 16.
[223] *Op.cit.* p. 68.

commentateurs grecs d'Aristote. Il faudra attendre le XIIe siècle pour qu'il soit d'un usage courant, sous sa forme latine *metaphysica* (fin du XIe s.), et grâce, sans doute, à l'intérêt que suscita, dans l'Europe chrétienne, le commentaire que fit Averroës de la *Métaphysique* d'Aristote[224]. D'une manière générale, le Moyen Age n'ignore pas la distinction d'une « philosophie première » et d'une « métaphysique », c'est-à-dire d'une théologie et d'une ontologie, mais il ne les sépare jamais. Ainsi pour S. Thomas d'Aquin, « dans la M*étaphysique* le Philosophe détermine à la fois (*simul*) ce qui concerne l'être commun (e*ns in commune*) et ce qui concerne l'Être premier, à savoir l'être séparé de la matière »[225]. La « métaphysique » englobe donc l'étude de l'être universel et celle de l'Être premier. Mais ce peut être aussi « la philosophie première » qui englobe les deux : « il ne revient pas au philosophe de la nature (*philosophum naturalem*) d'étudier une telle origine des choses, mais cela revient au « philosophe premier » (*philosophum primum* : le métaphysicien) qui considère l'étant commun et ce qui est séparé du mouvement »[226]. Le Moyen Âge distingue donc bien deux objets de la métaphysique mais n'éprouve pas le besoin d'attribuer un nom particulier à l'étude de chacun d'eux.

Cela ne signifie pas qu'il les confond, comme semble le supposer P. Aubenque. Au demeurant l'Antiquité, comme le Moyen Âge, semblent moins soucieux que les Modernes d'identifier les disciplines par des désignations techniques et de procéder à une organisation systématique des titulatures scientifiques. Mais, si le vocabulaire philosophique semble quelque peu flottant, c'est aussi parce que la pensée antique et médiévale (et pas seulement elle) est convaincue que la métaphysique comme étude de l'être universel (l'être « en général ») et la philosophie première comme science de l'Être premier (Dieu) ont partie liée. Autrement dit, c'est la

---

[224] Avant Averroës (1126-1198), Avicenne (980-1037) s'est voué à l'étude de la *Métaphysique* d'Aristote qu'il lut quarante fois, à dix huit ans, sans la comprendre, et dont l'intelligence lui fut donnée par la lecture fortuite du *Dessein de la Métaphysique* de Fârâbî. Mais, comme le note M. D. Chenu, le « vocable aristotélicien *metaphysica* pour désigner la science de l'être et de ses causes restera encore étranger au commun des théologiens » qui emploient plutôt *théologia* ; *La théologie au XIIe siècle*, Vrin, 1957, pp. 310-311.
[225] *Commentaire sur les XII livres des Métaphysiques d'Aristote*, 1, prologue. Voir l'article de Olivier Boulnois, « La métaphysique selon saint Thomas d'Aquin. Lecture du "Prologue" de son Commentaire d'Aristote », dans *Saint Thomas d'Aquin*, sous la direction de Thierry Dominique Humbrecht, Les Cahiers d'Histoire de la Philosophie, Cerf, 2010, pp. 37-88. Nous avons lu cet important travail une fois notre étude achevée.
[226] *Somme contre les Gentils* (= les Païens), II, c.37, 1. À noter que pour désigner les réalités métaphysiques S. Thomas emploie parfois le terme de *transphysica* : ainsi dans la suite du texte cité à la note précédente.

considération de l'Être premier, donc la théologie, qui ouvre la pensée humaine à la prise en compte de la question de l'être universel (ontologie) pour la raison que nous pourrions faire l'expérience des êtres concrets dans leur multiplicité innombrable sans que jamais se pose à nous la question de l'être comme tel, si parmi tous les êtres, nous n'entendions parler, par la religion, d'un Être qui serait l'Être par excellence, l'Être Un. Et contrairement à beaucoup d'interprètes, nous croyons que c'est aussi la pensée d'Aristote : « s'il existe une substance immobile, la science de cette substance doit être antérieure (à la Physique) et doit être la Philosophie première ; *et elle est universelle de cette façon parce qu'elle est première. Et ce sera à elle de considérer l'être en tant qu'être* »[227]. Cette science, déclare Aristote, « je l'appelle théologie »[228], première apparition de ce terme au sens d'une science de Dieu[229].

Cette unité de la philosophie première et de la métaphysique, ou de la théologie et de l'ontologie sera vue comme le « masque d'une ambigüité »[230] que le grand théologien jésuite, Suarez, « sera le premier à redécouvrir ». Parler de l'Être premier, en effet, ne peut avoir de sens, dans un exposé théorique, que si d'abord on s'est posé la question du sens de l'être en tant que tel. « Dieu, dit Suarez, ne peut être compris sans la connaissance préalable des rasions communes de l'être » (*Disputationes metaphysicae*, I, 5, 15), ce qu'Aubenque commente : « le divin est une manifestation particulière de l'étant en général »[231]. Autrement dit, il y a trois sciences spéculatives (« théorétiques » dit Aristote) qui étudient chacune un étant particulier : physique, mathématique, divin ; la science du divin, la théologie, s'appelle aussi philosophie première puisque son objet est l'Être premier. Mais préalablement, il faut étudier l'être en tant que tel, quelque soit par ailleurs l'étant particulier dans lequel il se présente : cette étude ne peut s'appeler qu'*ontologie*. Suarez meurt en 1617, il ignore donc encore le terme, et parle toujours de métaphysique. Mais, dans cette science unique, il distingue deux objets différents : un objet *principal* qui est Dieu et un objet *adéquat* qui est l'être en tant qu'être. Rappelons que cette distinction s'est imposée à lui progressivement comme une nécessité de son travail de théologien s'apercevant que les disputes théologiques mettaient en jeu le

---

[227] *Métaphysique*, VI, 1026 à 30 ; Tricot, p. 334.
[228] *Ibid.*, 1026a 19 ; Tricot. p. 333.
[229] *Cf.* notre livre *Lumières de la théologie mystique*, où l'histoire du mot *théologie* est exposée en détail : l'Age d'Homme, pp. 17-27.
[230] *La question de Dieu selon Aristote et Hegel*, recueil d'articles, P.U.F., 1991 ; Pierre Aubenque, « La question de l'ontothéologie », p. 265.
[231] *Ibid.*

plus souvent des divergences philosophiques : « Suarez, parti pour rédiger une théologie, a constaté la nécessité de s'interrompre et de rédiger d'abord une métaphysique »[232] et une métaphysique en deux parties que l'on appellera plus tard *métaphysique générale* (ou ontologie), qui n'a par elle-même aucun rapport nécessaire avec une théologie, et *métaphysique spéciale* (ou théologie naturelle = non révélée)[233].

Évidemment, Suarez est quelque peu embarrassé par la déclaration d'Aristote, en *Métaphysique* VI, 1026 a 30, que nous venons de citer, selon laquelle la connaissance de la nature universelle de l'être en tant que tel dépend de la connaissance de l'Être premier. « Suarez, écrit Jean-Luc Marion, renonce à penser l'unité (de la métaphysique) dans l'énigmatique *katholou outôs oti protè* »[234], c'est-à-dire : une philosophie « ainsi universelle parce que première », ce que Rémi Brague a appelé la structure « katholou-protologique » de la métaphysique[235]. Cette unité « énigmatique » se retrouve sans doute chez Descartes qui utilise à peu près équivalemment *metaphysica* et *prima philosophia*, et qui, élève des jésuites, reçut l'empreinte de leur plus grand théologien, Francisco Suarez. N'oublions pas que ce qui s'appelle en français les *Méditations métaphysiques* se nomme en latin *Meditationes de prima philosophia*. Chez Descartes non plus l'unité de l'ontologie et de la théologie n'est guère explicitement posée (encore que Jean-Luc Marion estime qu'on peut la repérer dans la notion de cause, l'être de l'étant étant ce qui, dans l'étant, est causé par l'Être premier[236].

La distinction suarézienne d'un objet adéquat de la métaphysique et d'un objet principal ne se traduira dans une terminologie arrêtée qu'au XVIIIe siècle, avec Christian Wolf et A. G. Baumgarten qui distingueront une *metaphysica generalis* dont l'objet est l'être en général et une *metaphysica specialis* dont les objets sont les êtres immatériels, l'âme et, principalement, Dieu. Avant cette mise au point d'une terminologie « scolaire », le terme de métaphysique demeure ambigu. Ainsi chez Leibniz qui identifie la

---

[232] P. Monnot, article « Suarez. I. Vie et Œuvres » ; *Dictionnaire de Théologie Catholique*, t. XIV, col. 2642.
[233] Le Père Sertillanges est très net à cet égard : « la matière dont on traite en métaphysique ce n'est ni Dieu, ni les substances séparées, mais seulement l'être en général, dont Dieu et les substances séparées sont les causes premières. En d'autres termes, il n'y a pas de théologie naturelle en dehors de la métaphysique générale » ; S. Thomas d'Aquin, Alcan, Éditeur, 1912, t. I, p. 26. L'attribution à S. Thomas d'Aquin d'une telle conception fait aujourd'hui problème.
[234] « L'ambivalence métaphysique cartésienne », *Les Études Philosophiques*, octobre-décembre 1976, P.U.F, p. 446.
[235] *Aristote et la question du monde*, P.U.F, 1987, cité par P. Aubenque, *op.cit.*, p. 266.
[236] « L'ambivalence de la métaphysique… », pp. 450-456.

métaphysique à la théologie : « la métaphysique est la théologie naturelle, et le même Dieu qui est à la source de tous les biens est aussi le principe de toutes les connaissances. C'est parce que l'idée de Dieu renferme en elle l'Être absolu, c'est-à-dire ce qu'il y a de plus simple en nos pensées, dont tout ce que nous pensons prend son origine »[237]. Dans une lettre au Landgrave de Hesse-Rheinfels du 11 février 1686, il nous apprend qu'il a « fait dernièrement (...) un petit discours de Métaphysique »[238]. Mais si, dans une lettre au même, de novembre 1686, il reprend sa définition de la métaphysique comme « théologie naturelle, qui traite des substances immatérielles, et particulièrement de Dieu et de l'âme », il ajoute « qu'on n'y saurait assez avancer sans connaître la véritable notion de la substance »[239], ce qui signifie que la connaissance de ce qu'est la réalité d'un être en général doit précéder celle de l'Être premier, bref, que la théologie est dépendante de l'ontologie.

C'est donc avec Christian Wolf (1679-1754), disciple et ami de Leibniz et Alexander Gottlieb Baumgarten (1714-1762), lui-même élève et continuateur de Wolf, que se mit en place, pour longtemps, le vocabulaire et l'organisation systématique des sciences philosophiques. Leur influence, surtout celle de Wolf, fut immense et concerne toute la pensée européenne, fût-elle catholique. Kant lui-même, qui annota de sa main la *Metaphysica* de Baumgarten, suivit d'abord Wolf, avant de s'opposer résolument à son rationalisme dogmatique, lequel est « tellement fauteur d'illusion qu'il est nécessaire d'en finir avec cette méthode »[240]. Malgré tout, c'est encore à Baumgarten et à sa *Metaphysica* que Kant emprunte l'essentiel de son vocabulaire (ontologie, psychologie rationnelle, etc.).

Quelle est donc la méthode que Kant préconise à l'encontre du rationalisme dogmatique de Leibniz et de Wolf ? Il préconise la méthode *critique*. En quoi consiste-t-elle ? Elle consiste à s'interroger, préalablement à toute considération relative à la science de l'être et des êtres, sur notre pouvoir de connaissance : que pouvons-nous connaître ? L'ontologie, et *a fortiori* la théologie, doivent être précédées par une critique de notre faculté cognitive, c'est-à-dire par une prise de conscience de son étendue et de ses

---

[237] Lettre à la princesse Élisabeth, 1678 ; Leibniz, *Œuvres choisies*, par L. Prenant, Garnier Frères, 1940, p. 56. En philosophie, *substance* désigne ce qui constitue la réalité profonde d'un être.
[238] Cette désignation deviendra le titre que les éditeurs donneront à cet opuscule, sans titre dans l'original manuscrit, et qui avait été « oublié » dans la masse énorme de papiers laissés par Leibniz (toujours en cours d'édition). L'ouvrage parut en 1846.
[239] *Œuvres choisies*, pp. 191-192.
[240] Kant, *Leçons de métaphysique*, trad. Monique Castillo, Livre de Poche, 1993, p. 121. Ces leçons ont été données entre 1775 et 1781.

limites. Précisons encore. Qu'est-ce que connaître ? C'est connaître quelque chose, ce qui implique que ce quelque chose nous soit donné, sinon nous ne connaissons pas ; nous imaginons, peut-être même nous pensons, mais nous ne connaissons pas, et d'ailleurs, notre imagination ou notre pensée ne nous apprennent rien. Or, le seul objet qui nous soit *donné*, irréductiblement, c'est l'objet sensible parce que nous avons la capacité, par nos sens, de recevoir intuitivement les signes de sa présence. Assurément l'entendement intervient pour élaborer la connaissance de l'objet, pour le « construire » en quelque sorte, mais il travaille sur l'irréductible *donné* de l'intuition sensible. Tel est l'objet physique. Maintenant, qu'en est-il de l'objet métaphysique ? c'est-à-dire d'un objet non sensible, qu'on pourrait aussi appeler intelligible. Pour connaître cet objet, il faudrait qu'il nous soit *donné*. Et pour qu'il soit donné, il faudrait que nous possédions la faculté de percevoir intuitivement les réalités intelligibles, que notre esprit puisse être *affecté* par elles, comme nos sens le sont par les choses sensibles. Or, « cette intuition intellectuelle n'est pas la nôtre *(die intellektuelle Anschauung ist aber nicht die Unsrige)*, et nous ne pouvons même en envisager la possibilité »[241]. Certes, nous pouvons *penser* ces objets intelligibles (tels que le moi, le monde, Dieu), et, en ce sens, une métaphysique est possible, mais non au sens où ces objets nous seraient donnés dans une expérience et donc au sens où nous pourrions les *connaître* et prononcer sur eux des jugements *déterminés* : « je puis penser ce que je veux, pourvu que je ne me contredise pas moi-même, c'est-à-dire pourvu que mon concept soit un objet possible, bien que je ne puisse pas répondre que dans l'ensemble de toutes les possibilités un objet corresponde ou non à ce concept »[242]. Ainsi, on ne peut pas dire si le monde est fini ou infini : pour déterminer cette antinomie, il faudrait que l'objet « monde » nous sont donné ; or nous n'avons aucune expérience du monde, c'est-à-dire de la totalité des existants. Bref, « nous ne connaissons *a priori* des choses que ce que nous y mettons nous même »[243]. C'est pourquoi la métaphysique « dogmatique » qui prétend se prononcer sur les réalités transcendantes, est impossible (et donc illusoire). L'entendement ni la raison ne peuvent rien *recevoir*. La pensée est toujours une *activité* (une spontanéité, dit Kant) elle n'est jamais une passivité, celle qu'impliquerait une réceptivité cognitive[244].

---

[241] *Critique de la raison pure*, Pléiade, t. I, p. 982 ; AK, III, 209-210.
[242] *Ibid.*, Pléiade I, p. 745 ; AK, III, 17.
[243] *Ibid.,* Pléiade I, p. 741 ; AK, III, 13.
[244] La distinction du connaître et du penser, et sa signification ont été particulièrement mises en lumière par Eric Weil dans *Problèmes Kantiens*, Vrin, 1982, p. 13-55.

On mesure combien le criticisme kantien a modifié le problème de la métaphysique. Avec lui nous ne sommes plus dans le même régime intellectuel que celui que nous avons connu jusqu'ici.

Il ne s'agit pas d'un rejet pur et simple de la métaphysique, comme l'histoire de la philosophie en offre maints exemples ; ainsi de Voltaire affirmant dans *Candide* : « quand un homme parle à un autre qui ne le comprend pas et que celui qui parle ne comprend plus, c'est de la métaphysique ». Il s'agit de soumettre la connaissance suprasensible à un examen rigoureux afin d'en préciser les conditions *a priori* de possibilité, et une fois constaté que ces conditions faisaient défaut dans le cas du savoir humain, d'établir (non d'éliminer) la métaphysique dans un état définitif de certitude en la ramenant à n'être en vérité que la critique de la raison pure. C'est pourquoi beaucoup de philosophes et d'historiens de la pensée n'ont pas craint de dire, alors même qu'ils n'étaient pas purement kantiens, que Kant était, « de tous les grands esprits (…), assurément le plus subtil et le plus puissant »[245], ce que l'on n'a dit en général d'aucun autre, fût-ce de Leibniz, l'un des génies les plus universels (avec Pascal) que l'Europe ait connu.

Quoi qu'il en soit, l'exigence critique[246] qu'il a fait valoir n'a pas été sans conséquence sur la pensée scolastique, telle en particulier qu'elle se donne à lire dans les manuels. Toute l'histoire que nous avons tenté de retracer (fort succinctement) a mis en lumière, à partir de Suarez (mais, en réalité depuis les origines aristotéliciennes) l'existence d'une bipartition de la métaphysique, en ontologie d'une part, et en théologie naturelle d'autre part, ou encore (et approximativement) en métaphysique générale et en métaphysique spéciale. Or, les manuels de philosophie scolastique ou de philosophie thomiste ne se contentent plus, pour la plupart, de reprendre la division traditionnelle bipartite de la métaphysique, mais ils en présentent une division tripartite, estimant nécessaire de faire précéder l'ontologie par une « critique », nécessité qui s'impose en référence à Kant. Ainsi, par exemple, le premier tome des *Éléments de philosophie* de Jacques Maritain distingue la *Critique*, l'*Ontologie* et la *Théodicée*[247]. Même disposition pour la

---

[245] Alexis Philomenko, *L'œuvre de Kant. La Philosophie critique*, Vrin, t. 2, Morale et politique, 1981, p. 9.

[246] Cette exigence est rejetée par Hegel, avec raison : « vouloir connaître (le pouvoir cognitif) *avant* de connaître est aussi saugrenu que le sagace précepte de ce magister assurant qu'il faut apprendre à *nager avant de se jeter à l'eau* ». *Encyclopédie des sciences philosophiques en abrégé* (1830), § 10, trad. Gandillac, 1970, p. 83.

[247] 4ème éd., Téqui, 1921, p. 127. Ce traité de philosophie n'a pas été achevé. Outre l'*Introduction générale à la philosophie*, il comprend (t. II) la *Petite Logique*. Le terme de *Théodicée* vient de Leibniz qui l'a créé. Il sert de titre au livre où il étudie le problème que pose la

Philosophia Scholastica de Brun, Farges et Barbedette, dans son tome II qui comprend *Critica, Ontologia, Theodicea* (plus une *Ethica*)[248]. L'abbé Henri Collin, au tome I de son *Manuel de philosophie thomiste*, se référant explicitement à la classification de Wolf comme à « la division communément donnée aujourd'hui » distingue les deux parties de la métaphysique, générale et spéciale, mais, dans la première place la Critériologie *après* l'Ontologie[249]. De même le très savant Père Régis Jolivet au tome III de son célèbre *Traité de philosophie*, consacré à la *Métaphysique*, répartit la matière de son ouvrage en trois Livres : I, Critique de la connaissance ; II, Ontologie ; III, Théodicée[250].

Cependant tous ces ouvrages maintiennent, avec plus ou moins de force, l'unité de la métaphysique et regardent comme fondé le lien qui unit ontologie et théologie, ce lien que Jean-Luc Marion a qualifié d'énigmatique. Le cardinal D.-J. Mercier, dans son *Cours de Philosophie*, au volume II (*Métaphysique générale ou Ontologie*)[251], sans rejeter absolument la terminologie wolfienne, proteste contre une interprétation bipartite de la métaphysique : « La métaphysique spéciale ne forme donc pas une science distincte de la philosophie première (ici identifiée à l'ontologie), elle n'en est qu'un département (...). La métaphysique n'est qu'une seule science, car son objet est formellement Un ». Régis Jolivet proteste de même ; « En fait, l'expression de Métaphysique générale est assez impropre et paraît impliquer une conception wolfienne de la métaphysique (divisée par Wolf, par Kant et en général par les modernes en métaphysique générale, qui serait l'ontologie, et en métaphysiques spéciales : cosmologie, psychologie et théologie rationnelles (...) ; à parler en rigueur il n'y a pas de "métaphysique spéciale". La Théologie est aussi générale que l'Ontologie puisqu'il s'y agit de la Cause de l'être universel. On doit en dire autant de la Critique de la connaissance... »[252].

Comme on le voit, tous ces auteurs, dont certains, tel Jolivet, sont des philosophes de grande valeur, sont un peu gênés. D'une part, ils acceptent

---

coexistence du mal et de la bonté de Dieu. En France, entre 1840 et 1880, *théodicée* est devenu, dans les programmes scolaires, l'équivalent de « théologie naturelle ».

[248] Berche et Pagis, 1934, p. 6.
[249] *Manuel de philosophie thomiste*, P. Téqui, t. I, 1926, p. 12.
[250] *Traité de philosophie*, t. III, *Métaphysique*, E. Vitte, 1950, pp. 25-28. L'Abbé André Munier, qui fut professeur au grand séminaire de Nancy, dans son *Manuel de Philosophie* (2 tomes chez Desclée & Co., 1956) traite de la métaphysique générale après la métaphysique spéciale et place la critériologie avant l'ontologie.
[251] Félix Alcan, Éditeur, 1923, p. 24.
[252] *Métaphysique*, p. 25, note (1).

la terminologie wolfienne[253] parce qu'elle s'est imposée en Europe, et qu'ils ne pensent pas pouvoir s'en dispenser, d'autre part ils s'y sentent étrangers dans la mesure même où ils s'efforcent de demeurer fidèles à la pensée de S. Thomas d'Aquin.

Mais on ne saurait passer sous silence que le débat, ou plutôt les débats dont on a tenté ici d'esquisser l'histoire, est déterminé, ouvertement ou tacitement, par l'apparition décisive de la philosophie heideggérienne. C'est par rapport à elle et aux exigences qu'elle a fait valoir (qu'on les accepte ou les récuse) que les philosophes et théologiens contemporains ont pris position. Le questionnement heideggérien est communément présenté comme un effort radical pour distinguer l'être de l'étant. L'étant, un étant, c'est *ce qui* est : telle chose, telle réalité, minérale, végétale, animale, humaine ou divine (Dieu comme Étant suprême). L'être, c'est d'abord le fait que ce qui est « est », l'être de l'étant. L'être se présente sous la forme de l'étant, c'est lui qui nous le dévoile. Et, en même temps il le cache dans la mesure où cet être n'est que l'être de l'étant, qu'il lui appartient et qu'il n'est en somme que l'étantité de l'étant. Mais il faut aller jusqu'à l'être en tant que tel, ce qui exige qu'on prenne conscience de sa signification « différentielle », ce que Heidegger appelle la différence ontologique : l'être est la différence elle-même. Il n'est pas une chose, mais, comme nous l'avons désigné dans *Penser l'analogie*, la « saillance hors du rien », ce qui n'est révélé que par la question cent fois répétée : « pourquoi y a-t-il l'étant et non pas plutôt rien ? »[254]. L'être n'est pas une réponse, mais une question ; la différence ontologique ne saurait être pensée à partir de ce dont elle se différencie, puisque ce dont elle se différencie est « rien ».

À la lumière de ce questionnement, Heidegger procède à une réinterprétation de toute l'histoire de la philosophie qui, depuis Platon, lui apparaît comme un continuel oubli de l'être et comme la réduction de l'être à l'étant. Ainsi la métaphysique d'Aristote se propose bien de rechercher ce qu'il en est de l'être en tant qu'être, mais, en fin de compte, se ramène à la science de l'être physique et à la théologie, c'est-à-dire à l'étude des diverses catégories d'étants, et spécialement des « substances séparées », des étants

---

[253] Sur Wolf, on lira Etienne Gilson, *l'Être et l'Essence*, Vrin 1948, pp. 163 à 183 ; Le livre de Gilson est l'un des ouvrages majeurs de la philosophie au XXe siècle, quelles que soient par ailleurs nos réserves sur sa thèse centrale. Au nom de la vérité du thomisme, tel que lui-même a pensé l'avoir saisie, Gilson a combattu assez violemment tous les auteurs des manuels que nous avons cités, qui se sont efforcés d'intégrer au réalisme de la philosophie thomasienne la nécessité d'une Critique : voir, en particulier : *Réalisme thomiste et critique de la connaissance*, Vrin, 1986 [1939].
[254] *Introduction à la métaphysique*, cours donné en 1935, publié en 1952 ; traduit par Gilbert Kahn, Gallimard, 1967 [P.U.F., 1958], pp. 13-62.

transphysiques, donc du divin et de Dieu. D'où « l'embarras » d'Aristote. Voulant fonder la *metaphysica generalis* sur la *metaphysica specialis*, il « oublie » en quelque sorte que la science de l'être en tant qu'être ne saurait se fonder sur ce qui ne relève que d'une région de l'être[255]. C'est alors que « l'ontologie se dégrade en métaphysique », c'est-à-dire que le questionnement au sujet de l'être se transforme en l'étude d'un étant supposé être au-delà de l'étant physique. Mais, répond Pierre Aubenque, en réalité, il faudrait inverser le rapport : si on lit Aristote attentivement et sans préjugé, on s'aperçoit que la science de l'être en tant qu'être porte en fait sur les êtres de la nature, les « étants sublunaires » (le monde sensible). Si bien que « c'est l'ontologie d'Aristote, et non sa théologie, qui doit être entendue comme *metaphysica specialis* (…). C'est la théologie, et non pas l'ontologie qui se révèle comme la théorie de l'être quelconque »[256].

De ce point de vue, non dépourvu de vérité, la philosophie scolastique serait fondée à vouloir maintenir le lien qui unit les deux parties de la métaphysique, mais à condition d'intervertir les dénominations : c'est l'ontologie qui serait une application particulière (à l'étant physique) de la théologie, science de l'Être en soi. Cependant, poser que c'est la science de l'Étant premier qui fonde la science de l'étant spécial qu'est l'étant physique, c'est encore concevoir Dieu comme un Étant, c'est-à-dire comme quelque chose, la *Res divina*, la « Chose divine » de Cajétan. Et c'est donc, qu'on le veuille ou non, le ranger parmi les étants, fût-ce au premier rang. C'est pourquoi beaucoup de théologiens chrétiens, au XXe siècle, ont entrepris de purifier la théologie de cette « tare » en développant ce qu'on a appelé « le procès de l'objectivité de Dieu »[257], qui est aussi, à bien des égards, le procès de la philosophie scolastique, et donc de S Thomas d'Aquin, sa plus haute expression[258]. Le vice radical, on pourrait dire le péché mortel de cette philosophie, c'est l'« ontothéologie » (terme, semble-t-il créé par Kant)[259], c'est-à-dire le blocage « Être-Dieu », les uns y voyant le naufrage du vrai Dieu s'abîmant dans la banalité chosifiante de l'étant, les autres y percevant

---

[255] *Kant et le problème de la métaphysique*, introduction et traduction par Alphonse Waelhens et Walter Biemel, Gallimard, 1953, pp. 276-278.
[256] *Le problème de l'être chez Aristote*, p. 417.
[257] C'est le titre d'un ouvrage collectif : *Procès de l'objectivité de Dieu. Les présupposés philosophiques de la crise de l'objectivité de Dieu*, Cerf, 1969 (sous la direction de Cl. Geffré).
[258] On lira le livre fort polémique de Florent Gaboriau, *Trente ans de théologie française. Dérive et Genèse*, L'Âge d'Homme, 2003.
[259] *Critique de la raison pure*, AK III, p. 420 ; *Œuvres philosophiques*, Pléiade, t. I, p. 1239.

la disparition de la véritable ontologie enfouie sous le voile d'un « étant suprême ». L'ontothéologie, voilà l'ennemie[260].

Toutes ces démarches succombent, plus ou moins, à ce qu'il faut bien appeler la mode de l'heideggerianisme, comme si l'immense réputation philosophique dont bénéficie son auteur imposait d'en adopter les conclusions. Ainsi, dans sa somme sacramentaire, le P. Louis-Marie Chauvet consacre les quatre vingt sept premières pages de *Symbole et Sacrement ; Une relecture sacramentelle de l'existence chrétienne*[261] à exposer ce qu'est l'illusion métaphysique (la confusion de l'être et de l'étant) selon Heidegger, et comment ce même philosophe nous apprend à dépasser l'ontothéologie, le tout semble-t-il, sans la moindre réserve à l'égard d'un auteur qui, selon nous, a mésinterprété radicalement la doctrine platonicienne[262]. Tout se passe comme si le discours heideggérien avait enchanté le regard des théologiens et comme s'ils ne pouvaient plus voir les maîtres anciens, Platon et Aristote, qu'à l'aide de l'herméneutique heideggérienne. Cet enchantement, qui, a bien des égards, est un empoisonnement, un faussement du penser philosophique, s'est exercé plus fortement peut-être sur les théologiens que sur les philosophes, tant il est vrai que le discours heideggérien est porté, en arrière de lui-même, par une théologie refoulée ou avortée qui, dans son œuvre, fait appel[263].

Il y a, en tous cas, un philosophe qui s'est élevé avec force contre le travestissement ontothéologique que Heidegger fait subir à S. Thomas d'Aquin. C'est Etienne Gilson. Reprenant la méditation thomasienne sur la révélation du Buisson ardent où Dieu énonce : « Je suis Celui qui suis », il a montré, contre Heidegger, mais aussi contre une certaine tradition thomiste, principalement cajétanienne, que l'*esse* divin, chez S. Thomas, le *Deus-Esse*, n'était pas une « chose » divine, ni un Étant premier, *parmi* d'autres étants,

---

[260] Libérer Dieu de l'être, la théologie de l'ontologie, c'est ce que propose J.-L Marion dans *Dieu sans l'Être*, Communio-Fayard, 1983 ; à quoi le P. Dominique Dubarle répond par *Dieu avec l'Être*, Beauchesne, 1986, sans polémiquer, mais en développant ce qu'il appelle une *ontologie théologale*.

[261] Cerf, Cogitatio Fidei, 1988, 582 pages.

[262] *Cf.* ce que nous avons dit sur la possibilité de l'être dans *Penser l'analogie*, ch. X. C'est également ce que montre le philosophe américain Stanley Rosen dans *La question de l'être. Heidegger renversé*, traduction d'Étienne Helmer, Vrin, 2008.

[263] Heidegger reconnaît : « quelques-uns d'entre vous savent peut être que je viens de la théologie, que je garde pour elle un vieil amour et que je ne suis pas sans y connaitre quelque chose » ; Séminaire de Zurich (06-XI-51), cité par Henri Birault, « Philosophie et Théologie. Heidegger et Pascal », *Cahiers de l'Herne : Heidegger*, Livre de poche, 1983, p. 515-516.

mais « acte pur d'être », *actus purus essendi*, selon l'expression même de S. Thomas[264], Celui par qui tout est.

Ainsi commence à émerger de cette longue histoire si mouvementée et si complexe – et c'est à cela que nous voulions en venir – que la véritable métaphysique n'apparaît qu'au regard de la foi.

II. DE SA POSSIBILITÉ

L'histoire que nous avons retracée conclut à l'impossibilité de la métaphysique. Dire que la métaphysique est impossible, c'est nécessairement s'interroger sur ses conditions de possibilité : sont-elles présentes, ou non ? Mais, cette question, qui nous renvoie à Kant, en implique une préalable : qu'est-ce que cette métaphysique dont on se demande si elle est possible ? Sous l'identité d'un mot, employé par les uns et les autres, y-a-t-il identité de la chose ? La métaphysique qui suscite la question de sa possibilité est-elle la même que celle (ou que celles) qui ne la suscitait pas ? Et pourquoi ne la suscitait-elle pas ?

On pourrait d'ailleurs se demander si la notion de possibilité garde un sens identique en tous ses emplois. S'interroger sur la possibilité de ce qui est, est-ce la même chose que de s'interroger sur la possibilité de ce qui ne « devrait » pas être ? En science, on part de ce qui est et l'on cherche à en rendre compte. Ce qui est, puisqu'il est, n'a pas à prouver sa non-impossibilité : ici, la conclusion est déjà donnée par le fait même, qu'il faut seulement tenter de rendre intelligible en en dégageant les raisons. On pourrait donc distinguer deux sortes de possibilités : une possibilité première (ou absolue), et une possibilité seconde (ou de condition). La possibilité première s'identifie à l'existence de la chose : la réponse à la question : cela est-il possible ? est donnée par la constatation que cela est un fait, si étonnant qu'il paraisse. La possibilité seconde consistera alors à se demander, sur la base de la possibilité première, quelles sont les conditions qui rendent cette possibilité de fait intelligiblement réalisable. Que la chaleur dilate les métaux, cela est possible puisque cela est ; comment est-ce

---

[264] *Le Thomisme*, Vrin, 1842, pp. 120-136, ch. IV : « *Haec sublimis veritas* », c'est-à-dire « Cette vérité sublime », formule par laquelle S. Thomas, dans la *Somme contre les Gentils* (I, 22, 10 ; G.F., p. 201) qualifie la révélation du Buisson ardent (Exode, III, 14) : « Je suis qui Je suis », ou « Celui qui est » ; ce que Gilson appelle « la métaphysique de l'Exode ». On lira, dans la remarquable synthèse de Géry Prouvost, *Thomas d'Aquin et les thomismes*, Cerf, Cogitatio Fidei, 1996, le ch. II : « S Thomas et l'ontothéologie ». Voir également les très fermes conclusions d'Olivier Boulnois dans son article cité à la note 197, pp. 86-88 : Dieu, l'Être même, n'est pas rangé dans la catégorie des étants, Il est la cause transcendante de tous les étants. D'eux à Lui, le rapport est d'analogie.

possible ? La réponse à cette question met en jeu toute la théorie physique. L'articulation dialectique de ces deux possibilités peut poser de difficiles problèmes. La possibilité première impose la recherche de la possibilité seconde qui doit la rendre intelligible. Or, il arrive qu'elle n'y parvienne pas. Deux éventualités se présentent alors : ou bien la chose garde son mystère, et sa possibilité absolue, dûment constatée, demeure inintelligible, ou bien la chose n'avait qu'une apparence de réalité, elle n'existe pas vraiment, et la démonstration de son impossibilité conditionnelle prouve par là-même son impossibilité absolue.

Maintenant, qu'en est-il si nous appliquons les remarques précédentes, fort banales, non plus à des êtres donnés dans la nature, mais à des êtres culturels, en d'autres termes à des *œuvres* ? Une œuvre, c'est quelque chose que l'on accomplit, c'est donc quelque chose qui correspond à une intention préalable, intention qui définit la signification de l'œuvre, tout au moins sa signification voulue, car on peut être *trahi* par l'œuvre accomplie, dont la signification ultime et objective entre alors en conflit avec l'intention qui l'a produite. Et cela arrive, qu'il s'agisse d'un objet technique, d'une entreprise économique, d'une action politique ou morale, d'une œuvre d'art, d'une production intellectuelle, etc. Ainsi en est-il pour la métaphysique, production purement intellectuelle, que le métaphysicien se croit en mesure d'accomplir, et dont les manifestations jalonnent l'histoire de la philosophie. Et, précisément, l'œuvre métaphysique, selon Kant, ne réalise pas l'intention qui l'a produite ; en réalité, le métaphysicien ne sait pas vraiment ce qu'il fait. Et comment sait-on qu'il ne le sait pas ? Par une analyse des conditions de réalisation de son intention. Quelle est donc l'intention de la métaphysique ? C'est de connaître ce qui est hors des données du monde physique, ce qui suppose que nous avons la capacité de recevoir ces données. Or, affirme Kant, nous ne l'avons pas. Ainsi la non-réalisation de la possibilité seconde conclut à l'irréalité de la possibilité première. La conscience critique des limites intrinsèques de notre connaissance prouve l'impossibilité absolue de la métaphysique.

Ici se pose cependant une nouvelle question dont on ne s'avise pas toujours. Comment puis-je connaître les limites de ma connaissance ? Kant nie la possibilité de la connaissance métaphysique. La seule question à lui poser est alors la suivante : Que savez-vous de ce qu'est la connaissance métaphysique ? Ou bien vous en savez quelque chose, mais alors elle n'est pas impossible, ou bien vous n'en savez rien (c'est votre thèse), et donc vous n'avez aucune connaissance de son impossibilité. Peut-être rétorquera-t-il qu'il en sait au moins ce qu'en disent les traités *dits* de métaphysique et que cela suffit pour en juger. À quoi l'on répondra qu'il n'a peut-être pas vraiment compris de quoi il s'agissait. Nous avons montré, dans *La crise du symbolisme religieux*, que c'était bien le cas pour sa critique de ce qu'il nomme l'« argument ontologique »[265]. Quoi qu'il en soit, ce qu'il faut tenir pour certain, c'est qu'aucune intelligence ne peut s'assigner à elle-même ses propres limites, pas plus, comme le dit Raymond Ruyer, que l'œil ne peut *voir* le bord de sa vision. Le réel peut contredire l'intelligence, la heurter, la stupéfier, car lui seul est le maître, l'intelligence n'étant autre que le sens du réel, la visée de l'être : de même que le rouge ou le vert n'ont de sens que pour l'œil (et non pour l'oreille ou pour le nez), de même l'être, le réel, n'a de sens que pour l'intelligence. Et de même que mon regard *s'arrête* sur le rouge ou le vert, c'est-à-dire que le rouge ou le vert *arrête* mon regard, de même l'être « arrête » la visée intellective. Ce n'est pas l'intelligence qui saisit l'être mais l'être qui saisit l'intelligence ; ou plutôt l'intelligence ne saisit l'être qu'en tant qu'elle est saisie par lui. L'être est donc l'orient de l'intelligence, et l'intelligence est désir et attente de l'être. Sans doute, le saisissement de l'intelligence par l'être correspond-il, d'une certaine manière, à sa mort. Mais cette mort est aussi son accomplissement. Ce n'est donc pas une limite de l'intelligence, c'est sa réalisation (si elle doit se produire).

Au contraire, le criticisme kantien et postkantien, entend tracer *a priori* une limite de la connaissance au sein de la connaissance elle-même. Quelle est donc la connaissance qui peut connaître la limite de la connaissance ? C'est une pure contradiction. Je ne peux tracer la frontière d'un domaine que si je suis des deux côtés de la frontière et donc dans une dimension perpendiculaire au plan où la frontière est tracée. De même l'intelligence ne peut tracer la limite de son pouvoir intellectif que si elle dépasse cette limite, et donc par là se contredit. Il faut en prendre son parti : nous sommes condamnés au *logos*, et même au *Logos* divin, je veux dire au *Logos* infini. En arrière d'elle-même, la lumière de notre intelligence coule d'une Source infinie. Et c'est pourquoi, dans son essence même, la lumière intellective est métaphysique. De ce point de vue, la métaphysique n'est ni un luxe philosophique, ni une vaine exaltation, ni une illusoire prétention : elle résulte de la prise de conscience de la nature propre de l'intelligence. Et toutes les négations de la métaphysique ne résultent elles-mêmes que d'une ignorance de cette nature. Il est vrai que cette prise de conscience n'est pas aisée. Nous vivons et nous mouvons dans le *logos*, de la même manière que le poisson vit dans l'eau. Toutefois, le propre de l'esprit, c'est d'être savoir de soi, d'être conscient. Il n'est donc pas impossible de prendre conscience de la nature « miraculeuse » de cet acte spirituel qu'est l'acte d'intelligence.

---

[265] L'Harmattan, 2ᵉ édition, ch. X.

L'intelligence est ainsi potentiellement infinie, dans sa nature propre, et tout acte intellectuel, fût-ce le plus modeste, recèle une infinitude intrinsèque. Cependant, l'être humain, porteur de cette intelligence, n'est pas un pur esprit, l'homme n'est pas l'intellect, et l'intellect, dans son acte, est dépendant de l'homme. Comme le dit Aristote, c'est l'homme qui connaît, non l'intelligence, laquelle n'est que le moyen de la connaissance. Si l'on peut parler d'une limite de l'intellect, c'est seulement au sens où, dans l'homme, il n'est en acte qu'autant qu'il y a acte de connaissance. Ce n'est certes pas une limite *de* l'intelligence elle-même, encore une fois une telle limitation est inconcevable. *Verum index sui*, a dit admirablement Spinoza : le vrai est à lui-même sa propre marque. Rien ne peut fonder, et donc limiter, la certitude de ce que l'intelligence connaît comme vrai : il n'y a pas d'autorité supérieure à celle-là, ce qui signifie que cette certitude vient directement de Dieu. Toutefois, parce que l'intelligence n'est pas toujours, dans toutes ses opérations, parfaitement en acte, parfaitement ce qu'elle est – c'est même rarement le cas – elle doit suivre des règles, obéir à des principes, se guider en contrôlant sa *cohérence*, c'est-à-dire la cohérence (la non-contradiction) de ses formulations. Et, en effet, informelle en elle-même, l'intelligence ne se manifeste, dans l'ordre humain, qu'à l'aide des formes mentales de la culture, du langage, et donc de la logique et de la garantie qu'apporte l'observation de ses règles. Évidemment, il arrive presque inévitablement que les formes culturelles et langagières, ou les règles logiques, « pensent à notre place », soit à notre insu (c'est le « formatage » inconscient), soit délibérément par adhésion à une grammaire spéculative (à un système de pensées). Mais il faut savoir que ni le formalisme culturel (ce que tout le monde accorde), ni le formalisme logique (ce qui est moins reconnu) ne constituent une garantie première de vérité. Il faudrait, pour cela, que le formalisme logique, qui représente le degré le plus pur et le plus élevé du formalisme, le degré-limite, puisse garantir démonstrativement sa propre véridicité. Or, cela est impossible. Le grand logicien et mathématicien Kurt Gödel a *démontré* qu'un système formalisé de logique ne pouvait démontrer sa non-contradiction à l'aide des ressources formelles de ce système : ce que l'on a appelé le « théorème d'incomplétude »[266]. En d'autres termes, tout système, pour fonder et garantir sa propre intelligibilité en appelle à un méta-système ; ainsi ne peut-

---

[266] Kurt Gödel (1906-1978) est considéré comme le plus grand logicien depuis Aristote. Voir : Ernest Nagel, James R. Newman, Kurt Gödel, Jean-Yves Girard, *Le théorème de Gödel*, trad. de l'anglais et de l'allemand par J. B. Scherrer, 1989, 179 pages ; également : *La crise du symbolisme religieux*, L'Harmattan, p. 304, et Jean Ladrière, « Les limites de la formalisation », dans *Logique et connaissance scientifique*, Encyclopédie de la Pléiade, pp. 317-322.

on parler du langage qu'à l'aide d'un métalangage dont la compétence d'intelligibilité est plus forte que celle du langage (la grammaire du français est une métalangue dont la compétence d'intelligibilité est plus forte que la langue française). Mais lorsque, avec la logique formelle, on en arrive à la métalangue formalisée ultime, il faut bien admettre, philosophiquement, un *logos transcendant* par lui-même, une intelligence non formelle, *condition métaphysique* de la possibilité de toute intellection. Pour Kant, il y a un conditionnement « mental » de toute assertion métaphysique, qui en dénonce le caractère illusoire. Mais la vérité est inverse : il y a un conditionnement métaphysique de toute assertion mentale et de toute connaissance. Nous rappellerons l'aphorisme bien connu de Leibniz : *nihil est in intellectu quod non prius fuerit in sensu, nisi intellectus ipse* ; « rien n'est dans l'intellect qui n'ait d'abord été dans les sens, si ce n'est l'intellect lui-même ». L'intellect est métalogique par lui-même et donc véritablement métaphysique. Nous n'avons pas le choix d'opiner autrement.

Est-ce à dire pour autant que nous saisissons les réalités métaphysiques en tant que telles, dans leur être même ? Ces réalités nous sont-elles données, pouvons-nous en connaître quelque chose, et pas seulement les penser ? La réponse à ces questions ne peut être que double : oui, les réalités métaphysiques nous sont données et nous en connaissons intellectivement quelque chose ; mais elles ne nous sont pas données à la façon des objets sensibles. L'erreur du kantisme et des négateurs de la métaphysique, c'est de se représenter la connaissance métaphysique sur le modèle de la connaissance sensible, elle-même conçue d'une manière discutable (l'espace et le temps seraient des formes *a priori* de la sensibilité), et réduite le plus souvent à sa seule dimension psychocorporelle. Rien d'étonnant alors si la structure cognitive du modèle psychocorporel ne se retrouve pas dans la structure cognitive du modèle intellectif. Ce qui définit la structure de la connaissance sensible, c'est l'extériorité du corps perçu relativement au sujet percevant ; c'est la dualité structurelle (« ontologique ») de l'objet et du sujet. C'est pourquoi l'acte cognitif, dans l'ordre sensible, s'effectue d'abord par une *observation* : le sensible est d'abord un observable, et qui demeure indéfiniment un observable, c'est-à-dire un « extérieur ». Il ne m'est donné qu'à partir de son inaccessible objectité. Au contraire, ce qui caractérise la structure de la connaissance intellective pure, c'est-à-dire qui n'est pas suscitée par la présence physique de son objet, c'est l'intériorité de l'être connu relativement à l'intellect connaissant. Il s'agit alors d'une *participation* spirituelle. L'objectivité de l'être intelligible n'est plus fonction de son extériorité physique, mais elle ne disparaît pas pour autant, car elle est assurée par le *sens* intrinsèque de l'être intelligé, le sens propre, qui *s'impose* à moi et d'une manière encore plus forte que pour l'objet perçu. L'intelligence doit aussi *apprendre* l'objet intelligible, non en en faisant le tour, comme dans l'observation, mais en le pénétrant de plus en plus profondément par une participation de plus en plus intime, ou, plus exactement, en se laissant pénétrer de plus en plus intimement par sa *vérité*. Ici, connaître, ce n'est pas enregistrer des faits ou des données, c'est *comprendre et coïncider* autant que possible avec l'intelligible.

L'exemple le plus direct, pour nous, d'un tel apprentissage de l'intelligible nous est fourni par la connaissance mathématique. Il faut, croyons nous avec le platonisme de Kurt Gödel, affirmer l'existence « des objets mathématiques, qui, quoique abstraits, existent réellement et indépendamment de l'effort de notre esprit pour les connaître »[267]. Et qui niera que concevoir un triangle, par exemple, ne suffit pas à en connaître la nature ? C'est en le considérant en esprit que, peu à peu, progressivement, nous apprenons ses propriétés, par une véritable expérience mentale, laquelle d'ailleurs n'est jamais vraiment achevée ; et de même pour la notion de nombre et de tous les êtres mathématiques. Ajoutons que dans la mesure même où il n'est pas possible de démontrer *a priori* la non contradiction d'un système mathématique quelconque, rien ne prouve non plus qu'un jour au l'autre on ne va pas tomber sur une contradiction. Cela certes ne s'est jamais produit. Mais seul le développement *historique* de la science mathématique le *montre*, sans pouvoir jamais le démontrer[268].

---

[267] Daniel Andeler, « Gödel (Kurt) », *Encyclopedia Universalis*, 2008, t. 10, p. 892.
[268] Exemple de l'importance de l'*histoire* en mathématique : les géométries non euclidiennes. Euclide (IIIᵉ s. av. J.-C.) au 1ᵉʳ livre de ses *Éléments* formula des *Demandes* ou *Postulats* : ce sont des propositions qu'il ne peut démontrer, mais qu'il demande (*postulare* en latin) d'admettre parce qu'il pense en avoir besoin pour construire sa Géométrie. Le Vᵉ postulat déclare que par un point pris hors d'une droite on ne peut mener qu'une parallèle à cette droite. Toutes les tentatives pour démontrer ce postulat ont échoué. À partir de la fin du XVIIIᵉ siècle, plusieurs mathématiciens se sont demandé, si, en posant un autre postulat, il serait encore possible de construire une géométrie, *possible*, c'est-à-dire sans rencontrer de contradiction. Le plus connu d'entre eux est le mathématicien russe Lobatchevski (1793-1856) qui posa que, par un point pris hors d'une droite, on peut mener deux parallèles à cette droite. La géométrie ainsi construite correspond à un espace différent de l'euclidien. C'est un espace hyperbolique : on sait que dans l'hyperbole équilatère deux courbes passant par deux mêmes points peuvent se rapprocher des axes x et y sans jamais les rencontrer (asymptotes). Dans cet espace la somme des angles d'un triangle est inférieure à deux droits. Vers 1850, Riemann posa que toutes les droites se rencontrent ; ce sont les grands cercles d'une sphère : espace à courbure elliptique, où la somme des angles du triangle est supérieure à deux droits, et qui fournit un modèle géométrique à la Relativité générale

Or qu'est ce donc que ce développement de la raison mathématicienne, sinon la lente et difficile méditation de l'intelligence humaine sur les objets qu'elle pense et qui lui révèlent leur vérité à la mesure de son attention, c'est-à-dire de sa réceptivité à l'égard des « idéalités » mathématiques qui se donnent à penser ? Et cette réceptivité n'est pas simple passivité. L'intelligence participe de et à l'intelligibilité de l'être mathématique. Informée par lui, « pensée » par lui, elle répond à cette information par son activité d'ajustement au réel de l'essence. Nous ne fabriquons pas les êtres mathématiques à notre fantaisie, et, contrairement à ce que soutient Kant, il y a plus dans le concept que nous en formons que ce que nous pensons y avoir mis. Et c'est pourquoi ce sont de véritables êtres, des formes intelligibles que notre intellect peut recevoir en lui. Cependant, dans la mesure même ou ces êtres mathématiques sont des participables, ils ne nous sont pas donnés instantanément et intégralement. Et il en est ainsi de toute connaissance humaine, même et surtout de la connaissance métaphysique[269].

Ainsi, la connaissance mathématique prouve une chose : notre esprit est capable d'une sorte d'expérience intellectuelle. Toutefois l'expérience que nous faisons des êtres mathématiques diffère de celle que nous faisons en métaphysique. C'est que les réalités métaphysiques dont nous faisons intellectuellement l'expérience et les réalités mathématiques ne se donnent pas à nous de la même manière. L'être mathématique semble se laisser enclore dans une définition et cerner dans un concept. Ici, l'entendement paraît chez lui. On pourrait *presque* estimer que cet être est parfaitement réductible à l'acte mental par lequel je le forme, bref qu'il n'est que du pensable. De ce point de vue les mathématiques apparaissent comme la réussite presque parfaite de la cognitivité proprement humaine : par elles, nous sommes de plain-pied avec des vérités éternelles. Certes, comme nous venons de le voir, ce n'est pas absolument vrai : ce pensé recèle des virtualités impensées, et, certainement, à la limite, quelque chose d'impensable. Mais enfin, cela ne se perçoit qu'au terme d'une réflexion difficile (et

---

d'Einstein, la structure de l'espace einsteinien étant courbe. Ainsi, la raison mathématicienne a *expérimenté* intellectuellement ce qu'il en était de telle hypothèse.

[269] La question du rapport des mathématiques à l'histoire chez Kant a été traitée par Pierre Kerszberg, « La mathématique à l'épreuve de l'histoire : perspective critique », dans *Kant et les mathématiques*, Les Cahiers philosophiques de Strasbourg, 26, second semestre, 2009, pp. 80-96. Cette étude montre l'extrême complexité de la théorie kantienne dont ce que nous en disons ne saurait rendre compte.

d'ailleurs n'est pas admis par tout le monde) ; communément, l'être mathématique ne fait qu'un avec son concept[270].

Tel n'est pas le cas du concept métaphysique, si tant est qu'on puisse encore parler d'un concept. Il ne se donne pas comme identique à son contenu, mais comme la trace mentale de quelque chose qui le dépasse, et pas seulement qui le déborde. Le concept métaphysique – concept dans la mesure où on le nomme (l'être, par exemple, ou l'essence, ou le beau, etc.) et où, par conséquent on le pense – ne définit pas, n'enclôt pas, ne cerne pas, il *indique* : c'est un signe, un symbole mental. Nous ne reprendrons pas ici ce que nous avons développé dans *La crise du symbolisme religieux*, au chapitre X, et que nous croyons tout à fait décisif, parce que s'y joue le destin de l'entreprise métaphysique : il s'agit de la conversion du concept à son contenu transcendant à quoi nous invite l'expérience sémantique et qu'effectue, exemplairement, ce que Kant a nommé, sans le comprendre véritablement, l'argument ontologique. Si nous qualifions de sémantique l'expérience des réalités métaphysiques quand elles viennent à notre connaissance, c'est qu'en effet nous ne les appréhendons pas en elles-mêmes et en tant que telles, mais nous les *éprouvons* comme un sens (dont sémantique est l'adjectif), et un sens transcendant. Ce sens, ce n'est pas nous qui le fabriquons, mais nous sommes saisis par lui. Deux certitudes à ce sujet. Ce qui est à-saisir-nous-saisissant est bien de la nature de l'intelligible. Quand nous nous orientons vers lui, nous avons l'intuition vivante que là est la source inépuisable du Sens véritable et infini qui donne sens à toute chose. Et ce ne sont pas seulement les idées métaphysiques de l'être, de l'essence, du bien ou de Dieu qui se donnent à nous comme un mystère riche d'une surabondance de lumière, d'une promesse de vérité totale, ce sont aussi toutes les créatures que nous rencontrons et qui nous communiquent, si nous accordons notre regard à leur miraculeuse présence, la saveur unique de la Réalité pure. Cette saveur unique, l'art peut nous aider à la goûter, encore qu'elle soit implicitement et réellement à l'œuvre dans toute connaissance, fût-ce la plus prosaïque. Mais, deuxième certitude, cette connaissance nous dépasse, cette expérience sémantique est en elle-même indicible, c'est-à-dire informulable. Nous la vivons, nous la percevons, notre intellect en est saisi et submergé jusque dans son être le plus profond, mais toute formulation la réduit, la trahit, la dénature sans pour autant que nous

---

[270] Voir ce que nous avons exposé dans *Problèmes de gnose*, L'Harmattan, collection *Théória*, 2007, pp. 298-299 ; également, sur la fermeture épistémique du concept en mathématique, *Histoire et théorie du symbole*, L'Âge d'Homme, 2004, pp. 97-106.

puissions douter de sa réalité[271]. C'est pourquoi les discours métaphysiques peuvent être si différents, voire si opposés les uns aux autres, chaque grand philosophe usant de la stratégie langagière qui lui paraît la mieux appropriée pour rendre compte de son expérience sémantique. Ces stratégies, qui appartiennent toutes au régime de la pensée formelle, sont le produit de la culture du philosophe, de l'époque où il vit, de son histoire personnelle, de son information et de son habileté mentale. Mais elles sont toutes au service de ce que lui impose son expérience sémantique. Et d'ailleurs, que faisons-nous nous-même, en écrivant ce que l'on est en train de lire, que d'essayer de rendre compte, avec les ressources culturelles et mentales qui sont les nôtres, et que nous avons frottées à maintes autres stratégies, de ce que nous « dit » Dieu, et l'être ou l'essence ou le monde. Car que Dieu, l'être, l'essence, le monde, etc., « disent » quelque chose à l'intelligence de tout homme, et le lui disent comme une parole venant d'au-delà, d'une Réalité mystérieusement transcendante qu'il cherche perpétuellement à entendre, vers laquelle, dans son inlassable désir, le porte l'amour de la Sagesse (*philosophia*) et qu'il s'efforce d'écouter : cela, il est impossible de le mettre en doute.

Au demeurant, c'est ce que nous enseigne l'Écriture. « Le Verbe, dit S. Jean, illumine tout homme venant en ce monde » (I, 9)[272]. Ce qu'on peut interpréter de la lumière de l'intellect qui est, comme l'affirme S. Thomas d'Aquin, une participation de la lumière divine (*quasi lumen derivatum a Deo*). Mais il y a encore un autre verset, de l'Ancien Testament cette fois, qui déclare : *Dixit insipiens in corde suo : non est Deus*, « l'insensé dit en son cœur : il n'y a pas de Dieu » (Psaume XIII, 1). L'insensé est celui qui a perdu le *sens*, c'est-à-dire l'intelligence qui est le sens du Sens, l'organe de la capacité sémantique, de même que l'œil est l'organe de la capacité visuelle. Dans l'anthropologie biblique, le cœur est le lieu de la connaissance profonde, le centre d'où rayonne l'intelligence. Cette intelligence, ce cœur, « connaît » Dieu essentiellement, directement, spontanément, selon son orientation la plus native. Pour ne plus le « connaître » (d'une connaissance implicite), et pour ne plus le reconnaître, il faut que le centre cordial de l'être humain ait

---

[271] Nous renvoyons ici à ce que nous avons exposé au chapitre IX de *Problèmes de gnose*, L'Harmattan, collection *Théôria*, 2007, pp. 297-311.

[272] On estime aujourd'hui cette traduction peu probable et l'on rapporte « venant dans le monde » au Verbe. Mais elle est possible, et peut-être préférable si l'on observe que, s'agissant de l'incarnation, S. Jean nous dit qu'Il est venu « chez les siens » (et non pas « dans le monde ») ; « tout homme venant dans le monde » signifie donc, dans ce cas, l'homme en tant que créature terrestre. La lumière de la créature intelligente est une émanation directe du Verbe-Lumière, Soleil des esprits. Et cela est dit, non spécialement des chrétiens, mais de tout homme venant en ce monde.

perdu ce sens du Sens qu'est l'intelligence. Il est bien remarquable que la négation de Dieu soit considérée, dans la Bible, comme une perte du sens (« l'insensé »), et non comme la manifestation d'un ressentiment ou d'une révolte. D'autre part il faut souligner le fait que cette négation est explicitement prononcée (« l'insensé *dit* »). Il s'agit donc d'une parole d'opposition, d'une contra-*diction*, d'une parole « seconde » qui répond à une Parole première : la Parole théologale, celle qui se prononce d'abord « dans notre cœur ».

L'expérience sémantique des réalités métaphysiques est donc une expérience ontologique dont tout homme « sensé » est le sujet. De ce point de vue, tous les hommes sont implicitement des métaphysiciens. Mais tous ne le sont pas explicitement. Encore faut-il distinguer de nombreux degrés d'explicitation, et non seulement des degrés, mais aussi des modes. Le mode d'un guerrier peau-rouge ou celui d'un sage africain diffèrent beaucoup de celui d'un philosophe occidental qui brille singulièrement dans le maniement des concepts, mais qui n'est certainement pas le plus plénier et le plus décisif. Reste que c'est le nôtre, ainsi que l'a voulu notre destin. Mais alors une question se pose. Si tous les hommes sont implicitement des métaphysiciens, et si parmi tous les modes d'explicitation de cette métaphysique native, l'explicitation philosophique (par concepts) est le mode le plus explicite (ce qu'on accordera aisément), comment se fait-il que l'histoire nous présente des philosophies de plus en plus antimétaphysiques ? Pour la pensée commune, cela est dû précisément au « progrès des lumières » qui montre péremptoirement qu'il ne peut y avoir de *connaissance* métaphysique. Toute la présente réflexion nous interdit d'avoir recours à une telle solution, dont nous avons montré qu'elle ne répondait pas à la réalité de la cognitivité humaine. La question est alors : comment des philosophies anti- ou non-métaphysiques ont-elles pu voir le jour ? Et puisque ces philosophies se fondent toutes sur le fait que nous ne pouvons percevoir les réalités métaphysiques comme nous percevons les réalités physiques – ce que personne n'a jamais nié et dont on trouve des exemples fameux dans la philosophie antique[273] –, il faut se demander : qu'est-ce qui

---

[273] Ainsi le cynique Antisthène objectait à Platon : « je vois bien le cheval réel, Platon, mais je ne vois pas la « caballéité » (*hippotèta*). À quoi Platon répondit : « c'est que tu as de quoi voir le cheval réel, mais tu n'as pas encore l'œil avec lequel on voit la caballéité » ; Simplicius, in *Schol. Arist* ; 66 b 47, éd. Brandis. La même anecdote est rapportée à Diogène par Diogène Laërce « Diogène lui dit : Pour ma part, Platon, je vois une table et un cyathe (gobelet), mais l'Idée de table ou de cyathe, je ne les vois pas du tout ». Ce à quoi Platon répliqua : « C'est normal ! Tu as des yeux qui permettent de voir un cyathe ou une table ; mais l'intelligence qui permet de percevoir l'Idée de table ou l'Idée de cyathe, tu ne l'as point » : V*ies et doctrines des philosophes illustres*, VI, 53, La Pochothèque, p. 727. Les Idées

peut éduquer le regard intellectuel à la vision métaphysique, qu'est-ce qui peut favoriser l'ouverture de l'œil du cœur, ou inversement, qu'est-ce qui peut l'empêcher ? Et n'oublions pas que cet éveil de l'œil métaphysique n'est pas l'acquisition d'une faculté nouvelle, il est simplement la prise de conscience de la nature même de l'intellect. Mais, comme nous l'avons dit, si nous ne pouvons rien sur cette nature, envisagée en elle-même, il n'en est pas moins vrai que l'intellect demeure, quant à son actuation, dans la dépendance de l'être humain, de même que je ne peux rien sur le voir en lui-même, mais que je peux ouvrir ou fermer mes yeux.

Il nous semble que c'est le régime sacral de la connaissance qui rend possible l'ouverture de l'intelligence métaphysicienne. Le régime sacral de la connaissance désigne ce qu'il en est de l'exercice de la pensée spéculative lorsque cet exercice est accompli au sein d'une culture sacrée et par des esprits empreints de certitudes religieuses. La religion est la première forme culturelle qui éduque l'esprit à la conscience du surnaturel, c'est-à-dire qui situe d'emblée l'être humain dans la relation au transcendant, et à un transcendant parfaitement réel et pourvu de puissance. Que ce que l'on ne voit pas ne laisse pas d'être, que la réalité n'est pas tout entière ici-bas, que ce qui est visible peut être rattaché à un Invisible auquel il appartient et qui l'habite, voilà la conviction native que la religion enseigne à l'homme. Et qu'on ne s'y trompe pas, c'est la religion qui précède la technique et qui la rend possible puisque c'est elle qui, en rattachant un objet quelconque à l'Invisible qui l'investit[274], le retire de l'ensemble des choses sensibles et des liens physiques qu'il entretient avec elles, lui conférant ainsi une valeur potentiellement universelle, ce qui est la définition même de l'instrument technique, à savoir un objet retirable de son contexte et insérable dans une multitude d'autres. Or, cette vérité (rarement aperçue) ne vaut pas seulement pour le monde physique. Elle rend compte aussi (vérité encore moins reconnue) de la production de ces instruments de l'activité pensante que sont les concepts. Leur formation est inexplicable si l'on ne perçoit que la religion nous fait prendre conscience que la pensée du transcendant, auquel nous éveille le sacré, implique en retour une sorte de transcendance de la pensée et de ses concepts qui sont libérés de leur actualité momentanée d'événements psychiques, révélant par là leur instrumentalité potentielle. En apprenant à l'homme qu'il y a, au-dessus de lui, une Réalité,

---

(avec un I majuscule) sont, pour Platon, les réalités archétypes de toute chose ; *cf. République*, V, 476c-477b.
[274] Ce dont témoigne, au premier chef, la symbolique de l'outillage des métiers (agriculture, tissage, bâtiment, forge, etc.) dans *toutes* les cultures traditionnelles : une symbolique qui n'est pas surajoutée à l'objet technique, mais qui exprime, au contraire, sa vérité.

la religion lui enseigne en même temps qu'il ne peut regarder les êtres et les choses comme entièrement *là* : en lui-même comme en tout l'univers, réside un mystère transcendant par où son être et celui du monde se dérobent à son entière possession.

La conscience de la transcendance que la religion actualise dans l'âme humaine imprègne assurément toutes ses activités : techniques, artistiques, familiales, sociales, politiques, spéculatives. Mais cette structuration foncière peut être plus ou moins forte. C'est à propos de la pensée conceptuelle qu'elle semble moins présente. La pensée, en effet, est, en tant que telle, invisible à nos yeux de chair, et les concepts qu'elle forme ne sauraient être saisis à la manière des objets extérieurs. Ils se donnent donc comme *immanents* à la pensée et, quant à leur être propre, semblent n'impliquer aucune transcendance. C'est pourquoi, à l'endroit des concepts, on se déshabitue d'avoir conscience de la transcendance de leur contenu, laquelle finit par disparaître. Mais il n'en fut pas toujours ainsi, et cette conscience reste vive chez les présocratiques : Parménide parle de l'être avec gravité, respectueux du mystère qu'il aborde par cette parole, comme s'il entrait dans un sanctuaire. Les sophistes ayant rompu cette alliance de la parole et du sacré, naît la philosophie avec Platon et Aristote. *Tout* l'effort de Platon vise à rétablir cette alliance, à retrouver le régime sacral de la connaissance pure, à partir de la dialectique des concepts (*instruments* de la pensée) qui sont reconduits à leur Idée, à leur principe métaphysique. Chez Aristote, au moins l'Aristote connu, l'alliance est presque rompue (c'est la naissance du naturalisme), mais pas totalement : lui aussi, lui encore, fonde l'universalité de l'*usage* du concept d'être *sur* la théologie de l'Être premier. Et qui ne voit pas la raison d'un tel fondement n'est précisément pas métaphysicien. Par la puissance de la révélation chrétienne, l'alliance sera à certains égards restaurée. Cependant, quand le vin est tiré, il faut le boire. La théologie du *Logos* incarné en Jésus-Christ peut tendre à rejeter, au moins potentiellement, la philosophie, héritée des Grecs, du côté de la raison profane. Les œuvres des grands docteurs préserveront l'exercice philosophique de cette profanisation. Jusqu'au XVIIᵉ siècle, chez Descartes, chez Leibniz, chez Malebranche (peut-être chez Spinoza), la raison demeure théologico-métaphysique. Mais avec Locke et Hume, l'immanence des concepts, simple production d'un entendement humain, voire moins que cela (en particulier chez Hume pour qui, selon la formule de Taine, « le moi est un polypier d'images »[275]), devient la vérité commune. L'intelligence est entièrement

---

[275] *L'intelligence*, I, p. 124 ; *cf.* Armand Cuvillier, *Manuel de philosophie*, Armand Cotin, t. I, 1931, p. 201.

« laïcisée » : elle n'est plus qu'une chambre d'enregistrement de la contingence. Voilà l'éducation spéculative que reçoivent les jeunes philosophes européens, voilà le formatage de plus en plus totalitaire dont ils sont aujourd'hui le produit et la victime, formatage qui les rend de plus en plus étrangers à la réalité de leur intelligence. Ils sont ainsi persuadés de n'obéir qu'à la raison la plus objective, délivrés qu'ils sont de « l'illusion des arrière-mondes » (Nietzsche).

Faut-il en conclure, pour autant, que ceux qui ont échappé à cette éducation agnostique, ou qui s'en sont délivrés, ont accès à une connaissance directe et unifiante des réalités métaphysiques, qui leur donnerait droit de considérer avec commisération la cohorte philosophique ? C'est assurément ce à quoi peut conduire la lecture de l'œuvre de Guénon qui, il faut le reconnaître, a contribué plus qu'aucune autre à restaurer le sens métaphysique dans la pensée européenne. Cette restauration est liée chez lui (c'est sa stratégie doctrinale) à une promotion de l'intellect dont on ne retrouve guère ailleurs l'équivalent[276]. « La métaphysique, écrit-il, affirme l'identité foncière du connaître et de l'être (...) ; et comme cette identité est essentiellement inhérente à la nature même de l'intuition intellectuelle, elle ne l'affirme pas seulement, elle la réalise. Tout au moins ceci est-il vrai de la métaphysique intégrale »[277]. Or, si l'intuition intellectuelle réalise bien une certaine identité du connaître et de l'être, comme nous avons essayé de le montrer, il reste que cette identité – du moins autant que nous la comprenons – s'effectue précisément en mode intellectif. Mais *l'être humain* ne s'identifie pas à son intellect, et, par conséquent, il ne s'agit que d'une identité *relative* de l'être connaissant à l'être connu. L'intellect demeure un miroir qui reçoit la lumière intelligible, et qui, en tant que miroir, comporte une « face obscure » laquelle s'oppose donc à sa radicale transparence et à sa totale pénétration par l'intelligible. L'intuition intellectuelle demeure une anticipation (et par là une promesse) de l'union du sujet humain avec l'Objet divin. Il nous semble que c'est exactement ce que dit S. Paul (1 Co XIII, 12) : « À présent nous voyons dans un miroir en énigme, mais alors ce sera face à face. À présent, je connais en partie, alors je connaîtrai vraiment comme aussi j'ai été vraiment connu ». Ainsi la connaissance à laquelle nous accèderons (futur) sera identifiée à la connaissance dont nous avons été

---

[276] La noétique schuonienne est quelque peu différente, son climat spéculatif est plus « humain ». Schuon parle plus volontiers d'intelligence que d'intellect, et réhabilite, à certains égards, la notion d'individualité. Voir par exemple ses « Quelques critiques », dans *René Guénon*, Les Dossiers H, sous la direction de Pierre-Marie Sigaud, L'Âge d'Homme, 1984, p. 66.

[277] *Introduction générale à l'étude des doctrines hindoues*, Véga, 1952, p. 144-145.

vraiment connus (passé) c'est-à-dire : connus de toute éternité. Et encore : « je connais en partie » (*ginôsko ek mérous*), le verbe « connaître » réfère à la gnose (*gnôsis*) ; mais le « je connaîtrai vraiment » (*épignôsomai*) et le « comme aussi j'ai été vraiment connu » (*kathôs kai épégnôsthèn*), réfèrent à *épignôsis*, l'épignose, *épi*, que « vraiment » s'efforce de rendre en français, signifiant (entre autres) « sur », comme si l'on disait une « surconnaissance ». Parler d'une « face obscure de l'intellect » ne paraît pas contraire à ce qu'enseigne la tradition hindoue concernant *buddhi*, que Guénon rend toujours par « intellect » et même par « intellect supérieur » ou « transcendant ». La cosmologie hindoue (*sâmkhya*) enseigne en effet que *buddhi* est la première production de *Prakriti* sous l'action de *Purusha*, c'est-à-dire la première production de la Substance[278] passive universelle, la *Materia prima*, les Eaux primordiales, sous l'action « non-agissante » de l'Esprit[279]. Mais, même dans le *Vedânta* non dualiste, c'est-à-dire celui de Shankara (*a-dvaïta-vedânta*), *buddhi* ne semble pas jouir, dans le processus de la « réalisation métaphysique », d'une primauté et d'une importance décisives : « La Délivrance proprement dite ne se laisse aucunement définir comme une sorte d'épanouissement complet de la *Buddhi* au terme d'un développement de toutes ses possibilités »[280].

Bien des lecteurs de Guénon et de Schuon, sous l'effet « magistral » de l'œuvre du premier, comme sous l'effet « esthético-mystique » de l'œuvre du second, ont fini par se persuader qu'eux aussi bénéficiaient, d'une certaine manière, de cette identification cognitive avec les réalités métaphysiques, et se croient ainsi autorisés à parler avec mépris d'une philosophie occidentale incapable, en fin de compte, de s'élever au-delà de la « considération de l'Être pur », comme dit Guénon[281]. Ce que nous avons rappelé du rejet de l'ontothéologie chez les heideggériens permet d'entrevoir que les choses ne sont peut-être pas aussi simples. De même l'histoire que nous avons

---

[278] Nous employons ici « substance » au sens de Guénon, non au sens que ce terme possède dans la philosophie européenne, où il traduit le grec *ousia*, c'est-à-dire « étance », le fait pour un être d'être « un être ».

[279] *Les strophes de Sâmkhya* (*Sâmkhya-Kârikâ*) avec le commentaire de *Gandapâda*, trad. annotée d'Anne-Marie Esnoul, « Les Belles Lettres », 1964 ; III, 1, p. 6. A. M. Esnoul fait remarquer (Introduction, p. XL) que la traduction exacte de *buddhi* est « difficile, voire impossible », et que, « si on choisit de traduire *buddhi* par intelligence, on ne doit pas oublier que (…) la notion indienne y inclut la Volonté ».

[280] René Allar, note 1 de sa traduction de l'*Atmâ-jnâna-upadeshavidih*, « L'enseignement méthodique de la connaissance du Soi » de Shankara, *Études Traditionnelles*, n° 340, juin 1957, p. 167.

[281] En fait, Schuon est beaucoup moins hostile à l'égard de la philosophie que Guénon et peut même lui reconnaître des mérites, par exemple à l'égard de la phénoménologie.

esquissée de la métaphysique, du mot et de la chose, n'est pas indigne de tout intérêt. Qu'on le veuille ou non, cette histoire est la nôtre, et l'œuvre guénonienne en participe, fût-ce à son insu et malgré ses dénégations. Au demeurant les grands philosophes de l'Occident moderne, les Descartes, les Pascal, Leibniz, Malebranche, Spinoza, et même les Kant et les Hegel, n'étaient pas de petits esprits qui n'auraient obéi qu'à leurs fantaisies individuelles et n'auraient fait état que de leurs limitations intellectuelles. Les mépriser ne va pas sans quelque ignorance ou quelque prétention. Force est de constater, si l'on est honnête avec soi-même, que l'accès direct aux *réalités* métaphysiques dont notre intelligence fait l'expérience est extrêmement difficile à obtenir, voire impossible. Non que nous puissions douter de leur existence et de leur vérité, mais parce que notre être n'est pas ici-bas « à leur hauteur ». Nous les connaissons, mais « partiellement » dit S. Paul, en mode intellectif précisément. Et d'ailleurs, même à s'en tenir au seul mode intellectif, interrogeons nous sincèrement. Quand on nous parle de ce qui est « au-delà de l'être », quand on nous parle du Non-Être ou du Sur-Être, à quoi pensons-nous ? Qu'envisageons-nous ? Bien souvent nous pensons à « quelque chose » qui est encore « mieux que l'être », c'est-à-dire à un « Être » qui est « plus qu'Être ». On est en droit de se demander si tout le contenu de cette pensée ne se réduit pas au sentiment de supériorité qu'elle nous procure sur le commun des mortels, sur tous les profanes ignorant ce que Platon appelle, non sans ironie, une « merveilleuse transcendance »[282]. À moins que séduits par la promesse de découvertes étonnantes, nous ne nous en remettions, en toute confiance, aux autorités qui nous les font apercevoir de loin. S'agit-il pour autant de renoncer à la métaphysique, de rejeter, comme billevesée, la perspective méontologique (ou surontologique) vers laquelle elle nous oriente, sous prétexte qu'au premier enthousiasme a succédé une certaine déception spéculative ? Certainement pas. Et la raison la plus décisive en faveur de l'option métaphysique, c'est que l'accès au « point de vue » méontologique permet *seul* de rendre compte de la « possibilité de l'être » et de répondre vraiment à la question de Leibniz reprise par Heidegger, du moins selon qu'il est donné de lumière à une intelligence humaine[283].

---

[282] *République*, VI, 509 c. Cette parole est mise dans la bouche de Glaucon à qui Socrate vient d'expliquer que le Bien, source de tous les êtres, est lui-même *épékeina tês ousias* « au-delà de l'étance », déclaration à laquelle Plotin donnera toute sa portée (*Ennéade*, VI, 9) et qui exprime la vraie pensée de Platon, mais avec cette « correction » ironique qu'exige toute « expression ».
[283] *Penser l'analogie*, IIIᵉ et IVᵉ Partie.

*
* *

À qui veut entrer en métaphysique, il reste donc à prendre conscience, sérieusement, à la fois de notre finitude de créature, et de l'infinitude intrinsèque de la lumière intellective à laquelle Dieu nous a permis de participer ; ce qui veut dire : rejeter, d'une part, l'enflure orgueilleuse aussi bien que l'exaltation « mystique » (même si ces réactions erronées ont, à leur manière, contribué à nous éveiller), et d'autre part honorer l'intelligence comme une grâce divine et comme une sorte de théophanie.

C'est déjà ce qu'enseignait, il y a deux mille cinq cents ans, le mystérieux Héraclite :

« Limites de l'âme tu ne saurais les trouver en poursuivant ton chemin,
Si longue que soit la route,
Tant est profond le *Logos* qu'elle renferme ».[284]

Jean BORELLA
Lundi de Pâques 2010

---

[284] Fragment XLV ; *Les Présocratiques*, édition établie par Jean-Paul Dumont, Bibliothèque de la Pléiade, 1988, p. 156.

INDEX

Cet index reprend les noms des auteurs cités (Platon, Hegel), quelques lieux (Auschwitz, Beaubourg), quelques époques (Moyen Âge, Renaissance), les mots étrangers (*advaïta*, *Beat Generation*), quelques grandes notions (ONTOLOGIE, PRODUCTION CONDITIONNÉE) et plusieurs livres importants, tels que (*La*) *République* (Platon) ou *De Ente et Essentia* (S. Thomas d'Aquin).

A

Abhidharma koça çâstra (Vasubandhu)	123
Achille	10
advaïta	11, 14
agapê	91
Alcibiade	62
Alexandre, Jérôme	110
Allar, René	176
anâtman	135
Andeler, Daniel	168
Andronicos de Rhodes	149, 150
anitya	135
Annapurna	13
Anschauung	43, 45, 48, 50, 157
Anselme (S.)	145
Antisthène	172
Apellicos de Téos	150
Apollinaire, Guillaume	37
APOPHATISME	111, 132, 137, 140, 146, 179
Aristide	62
Ariston de Céos	150
Aristote	17, 26, 27, 44, 49, 61, 62, 63, 78, 94, 96, 100, 101, 128, 130, 140, 144, 145, 149, 150, 151, 152, 153, 154, 155, 160, 161, 162, 166, 174
Arundhati	9
âryasatya	124
Atmâ	32, 35, 176
Âtman	12, 15
atyantasvabhâvasûnya	135
Aubenque, Pierre	26, 151, 152, 153, 154, 155, 161
Augustin (S.)	67, 90, 100
Auschwitz	108, 114, 120
Averroès	149, 153
Avicenne	153

B

Baader, Franz von	82
Badiou, Alain	66, 70, 71, 114
Bakounine, Mikhaïl Aleksandrovitch	113, 117
Balthasar, Hans Urs von	79, 81
Barbedette, D. (chanoine)	159
Bataille, Georges	132
Baumgarten, Alexander Gottlieb	155, 156
Beat Generation	107
Beaubourg	108
Beck, H.	82
Bergson, Henri	85, 86
Bernard (S.)	67
bhakti	33
bhûta	32
Biemel, Walter	161
bindû	38
Birault, Henri	162
Blanchette, O.	82
Blondel, Maurice	76, 77, 78, 80, 81, 82, 88, 89

Bohm, David	44
Böhme, Jacob	45, 60
Boltanski, Christian	121
Bonald, Louis de	97
Bonaventure (S.)	58
Bortoft, Henri	44, 46
Bouddha	93, 104, 123, 124, 125, 126, 127, 131, 132, 134
bouddhisme	8, 68, 123, 124, 125, 126, 128, 129, 131, 134, 136, 137, 140, 144, 146, 179, 188
Boulnois, Olivier	153, 163
Bourriaud, Nicolas	114
Boutot, Alain	134
Bovelles, Charles de	86, 89
Brague, Rémi	155
Brahma	11
Brahman	10, 11, 12, 17, 35
Brière, Michel (P.)	110
Bruaire, Claude	81, 82
Brun, Jean	159
buddhi	176
Bugault, Guy	127

C

Cage, John Milton	107
Cajétan (Thomas de Vio, dit)	74, 161
Caron, Maxence	119
Cattelan, Maurizio	114
Cavanaugh, William	68
chakra	45
Chamska, Isabelle Renaud	110
Chauvet, Louis-Marie (P.)	162
Chenu, M. D.	153
Chine	68, 69, 123
chitta	55
Choisy, Maryse	10
chordê	35
Chrétien de Troyes	148
Christian Gnosis, From St. Paul to Meister Eckhart (Smith)	54, 55
Cicéron	150
Clairvaux, Bernard de	148
Clauberg, Johann	26, 152
Claudel, Paul	117, 139
Clément (S.) d'Alexandrie	52, 68
Colisée	51
Collin, Henri (abbé)	159
Comte-Sponville, André	145
Condillac, Etienne Bonnot de	142
Coomaraswamy, Ananda	39
Corbin, Henry	20, 137, 138
Cosmos and Transcendence (Smith)	43, 48
Couturier (abbé)	109
Crampon, abbé	40
Création	38, 69, 71, 90, 117
Critique de la raison pure (Kant)	26, 140, 157, 161
Cuvillier, Armand	174

D

Damascène, Jean (S.)	132
Danchin, Laurent	115
De Anima (Aristote)	94
De quoi Badiou est-il le nom ? (Mavrakis)	66
Debord, Guy	113
Deleuze, Gilles	61
Denis, Maurice	109
Denys l'Aréopagite (S.)	90, 148
Derrida, Jacques	77, 81, 114
Descartes, René	26, 42, 73, 74, 95, 96, 144, 152, 155, 174, 177
Descoqs, Pedro	73
Desjardins, Arnaud	12, 14, 15
dharma	124, 135
dhvani	32, 38
Diogène	172
Disputationes metaphysicae (Suarez)	26, 154
Donation et consentement (Tourpe)	82
Dubarle, Dominique (P.)	162
Duchamp, Marcel	107, 117, 119
Dufresne, Mikel	106
Duminil, Marie-Paule	151
Dumont, Jean-Paul	178
Duns Scot, Jean	103
Durgâ	13

E

Eckhart, Maître 51, 52, 53, 54, 55, 56, 57, 58, 59, 60
ÉGALITARISME 66, 69
Einstein, Albert 168
Éléments de Logique Classique (Chenique) 24, 93, 94, 95, 96, 141
Élie 89
Élisabeth (princesse) 156
Engels, Friedrich 69
Enji, Tôrei 132
Ennéade (Plotin) 177
(De) Ente et Essentia (S. Thomas d'Aquin) 131
Épicure 84
ÉPIGNOSE, *epignosis* 56, 148, 176
ÊTRE PREMIER 26, 27, 84, 151, 153, 154, 155, 156, 174
EUCHARISTIE 117
Euclide 168
Evdokimov, Paul 140
ÉVEIL 124, 125, 132, 133, 134, 173
ÉVEILLÉ 124, 134
ex nihilo 8, 22, 23, 83, 84, 85, 86, 87, 90, 188
Exercices spirituels (S. Ignace de Loyola) 129

F

Fabro, Cornelio 74
Fârâbî 153
Farbenlehre 49, 50
Farges (Mgr) 159
FILS 14, 52, 55, 59, 60, 89, 147
Flavius Josèphe 67
Fonseca, Pedro da 74
Forest, Aimé 81
Foucauld, Michel 114
Freud, Sigmund 117
Friedrich, Gaspard David 106
Froment-Meurice, Marc 20
Frye, Peter 114
Fukuyama, Francis 69

G

Gaboriau, Florent 161
Galilée (Galileo Galilei) 47
Gandapâda 176
Gandillac, Maurice de 158
Gardeil, Henri-Dominique (P.) 94, 97, 101, 102
Gaultier, Pierre 70
Gautama (Bouddha) 124
Geffré, Cl. 161
Geiger, Louis-Bertrand 74
Genèse 83, 85, 90, 161
Georges Pompidou (Musée) 105
Gichtel, Johann 45
Gilbert, Paul 130
Gilson, Etienne 74, 103, 117, 118, 128, 130, 139, 160, 162, 163
Girard, Jean-Yves 166
Glaucon 177
GNOSE 29, 40, 52, 53, 54, 60, 85, 113, 138, 144, 146, 147, 148, 176
gnosis, gnôsis 56, 176
Goclenius 152
Gödel, Kurt 142, 166, 168
Goethe, Johann Wolfgang 45, 46, 47, 48, 49, 50, 51, 58
Gouhier, Henri 75
Goya, Francisco de 106
Graal 147, 148
Gramsci, Antonio 113
Grégoire de Nysse (S.) 146
Grégoire Palamas (S.) 88, 132
Grenet, P-B 126
Grenier, Catherine 108, 110
Guénon, René 98, 100, 102, 124, 144, 146, 147, 175, 176

H

Habermas, Jürgen 77
Hamelin, Octave 76
Hamsa 15
Haring, Keith 114

Hegel, Georg Wilhelm Friedrich   23, 26, 74, 75, 76, 77, 78, 79, 107, 154, 158, 177
Heidegger, Martin   5, 7, 19, 20, 24, 25, 26, 41, 66, 73, 74, 76, 77, 79, 85, 86, 117, 119, 133, 134, 135, 145, 160, 162, 177, 179, 189
Heinrich, Dieter   77
Héraclite   10, 11, 79, 178
Hermippos de Smyrne   150
Hérode (roi)   149
Hésiode   84
Hésychius de Milet   149, 152
Hînayâna   123
Hinze, Oscar   45
Hitler   114
Hölderlin, Friedrich   79, 83
Humbrecht, Thierry-Dominique   153
Hume, David   139, 174
Husserl, Edmund 19, 40, 41, 43, 44, 45, 58, 59

I

Ibn-Abi-Oseibia   149
Ibn-el-Kifti   149
Irénée de Lyon (S.)   85, 87, 89, 90
Isaïe   85
Îshvara   11, 13, 17
Itinerarium mentis ad Deum (S. Bonaventure) 58

J

Jacobi, Friedrich Heinrich   76
jâgarita-sthâna   32
Jaulin, Annick   151
Jean l'évangéliste (S.)   41, 85, 171
Jésus-Christ 13, 14, 44, 53, 54, 56, 58, 60, 67, 89, 108, 111, 112, 113, 114, 140, 147, 148, 174
Johnson, Alvin   70
Jolivet, Régis (P.)   159
Jones, David   117

K

KABBALE   9
Kant, Immanuel 26, 70, 75, 76, 139, 140, 145, 156, 157, 158, 159, 161, 163, 164, 167, 169, 170, 177
Kardia   35
Kawada, Kumatarô   125
KÉNOSE   88, 89, 111
Kerszberg, Pierre   169
Kierkegaard, Soren   76
koshas   58
kouan   34
Krishna   12, 14
kundalinî   13

L

La Bruyère, Jean   150
La Fontaine, Jean de   37
Lachelier, Jules   77
Ladrière, Jean   166
Laërce, Diogène   149, 150, 172
Lagneau, Jules   77
Lakebrink, Bernhard   79
Lamotte, Etienne (Mgr)   135
Lampe, Angela   106
Lankavatara sûtra   133
Lanza del Vasto   15
Laozi [Lao Tseu]   40
Lavelle, Louis   77, 81
Lear (le roi)   12
Leçons de métaphysique (Kant)   156
Lefort, Claude   64
Leibniz, Gottfried Wilhelm von 19, 24, 66, 75, 96, 144, 155, 156, 158, 167, 174, 177
Lejeune, Philippe   119
Lévinas, Emmanuel   106, 112
Lévy, Benny   66
Locke, John   174
logoï spermatikoï   148
logos   36, 99, 100, 136, 165, 167
Logos   71, 147, 148, 165, 174, 178
Loisy, Jean de   106, 108, 109, 110
Louis XIII   67

Louis, Gilbert (Mgr)	110
Loyola, Ignace de (S.)	129
Lucrèce	84
Lumières de la théologie mystique (Borella)	154
Luria, Isaac de	88
Lussiat, P. Henri	83

M

Macbeth	12
Macchabées	90
Mach, Ernst	145
Machiavel, Nicolas	67
Madhyamaka	127
Madiran, Jean	139
Mahâyânasûtralankâra	134
Maine de Biran, Pierre	81
Malaise dans la civilisation (Freud)	117
Malebranche, Nicolas	144, 148, 174, 177
Malherbe, François de	32, 36
Mallarmé, Stéphane	34, 37
Mândûkya-upanishad	32
Mao Tsé-toung	64, 113
Marc, André	76
Marcel, Gabriel	17
Maréchal, Joseph	74, 77, 81
Marion, Jean-Luc	155, 159, 162
Maritain, Jacques	80, 139, 158
MARXISME	66, 68, 69
Maurras, Charles	139
mâyâ, Mâyâ	11, 12, 14
Méduse (La Gorgone)	121
MÉONTOLOGIQUE	177
Mercier, Désiré-Joseph (cardinal)	159
(Le) Message du futur Bouddha, la Lignée spirituelle des Trois Joyaux (Chenique)	93
Messie	113
Michaud, Henri	114
Michaud, Yves	113
Micklethwait, John	68
Milner, Jean-Claude	65, 66, 71
modicum	54, 55, 57, 60
Mohr, Michel	132
Moïse	67
Monnot, P.	155
Montagnes, P. Bernard	80
Montalembert, Charles de	139
Moraux, Paul	150, 151
Mortier, Jeanne	118
Moyen Âge	95, 96, 149, 153
Mûlamadhyamakakârikâ	132
Mûlamâdhyamakakârika (Nâgârjuna)	127
Munier, André (abbé)	159
Music, Zoran	121

N

nadâ	38
Nâgârjuna	127
Nâgârjuna et la doctrine de la Vacuité (Vivenza)	127
Nagel, Ernest	166
Napoléon	67
Nauman, Brice	106
Nélée	150
NESCIENCE	36, 143, 144
Newman, James R.	166
Nicolas de Damas	149, 152
Nietzsche, Friedrich	73, 175
NIHILISME	137, 138, 179
nirodha	56
NOMINALISME	74, 113, 118
NON-ÊTRE	177
Notre Dame (cathédrale)	108
Nouveaux Essais sur l'entendement humain (Leibniz)	96

O

Onfray, Michel	71
ONTOLOGIE	17, 25, 26, 27, 73, 79, 82, 88, 90, 104, 126, 137, 152, 153, 154, 155, 156, 158, 159, 161, 162, 179
ONTOTHÉOLOGIE	26, 27, 154, 161, 162, 163, 176
Othello	12
ousia	26, 128, 176

P

pâda	32
padma	45
Pannenberg, Wolfgang	85
Paravâk	38
Parménide	10, 11, 79, 174
Pascal	25, 75, 140, 143, 144, 148, 158, 162, 177
Patanjali	17, 55
Paul (S.)	40, 41, 52, 56, 58, 59, 85, 143, 147, 175, 177
Péguy, Charles	139
Penser l'analogie (Borella)	25, 26, 27, 144, 148, 152, 160, 162, 177
Périclès	62
Periphyseon (Scot)	90
Persée	121
Phèdre	23
PHÉNOMÉNOLOGIE	8, 58, 76, 80, 81, 145, 176
Philomenko, Alexis	158
Pieper, Joseph	80
Planck, Max	145
Platon	11, 23, 61, 62, 63, 78, 83, 84, 91, 100, 144, 160, 162, 172, 174, 177
Plotin	118, 177
Plutarque	150
Ponneau, Dominique	110, 111
Popper, Karl	71
Poulat, Emile	139
Pousseur, Robert (P.)	110
Prakriti	13, 15, 124, 176
pratîtya-samutpâda	123, 124, 125, 127, 133, 179
Prenant, L.	156
Principes de la philosophie (Descartes)	95
Problèmes de gnose (Borella)	140, 170, 171
PRODUCTION CONDITIONNÉE	123, 124, 125, 127, 133
Prouvost, Géry	163
Przywara, Erich	74, 78, 79, 82
Ptolémée de Rome	149
Puntel, Lorenz Bruno	74
Purusha	13, 15, 124, 176

Q

Quantum Enigma (The) (Smith)	43, 145
QUATRE NOBLES VÉRITÉS (LES)	124, 125
QUIDDITÉ	128, 130, 131

R

Rahner, Karl	79
Râjasekhara	31
Râma	12, 14
rasa	35
RATIONALISME	68, 73, 74, 75, 76, 101, 140, 144, 156
Ravaisson, Félix	81
Reiner, Heinrich	151
Renaissance	111, 118, 121
Renouvier, Charles	76
(La) République (Platon)	11, 63, 175, 179
res cogitans	42, 43
RÉSURRECTION	121
Révolution	106, 107, 114
Rhaner, Karl	112
Riemann, (Georg Friedrich) Bernhard	168
Rimbaud, Arthur	37
Rinuy, Paul Louis	110
ROMANTISME	106
Rorty, Richard	77
Rosen, Stanley	162
Rouet, Albert (Mgr)	110
Rousselot, Pierre	81
Rutten, Christian	27

S

Sacy, M. le baron Sylvestre de	75
Sagesse chrétienne et mystique orientale (Chenique)	93
Sagesse de la cosmologie ancienne (Smith)	145
SAINT-ESPRIT	52, 59
Saint-John Perse	37
Sâmkhya	11, 13, 14, 15, 176
samsâra	133
Sartre, Jean-Paul	17, 144

Sautrântika	123
Scholem, Gershom	88
Schultze, Gottlob Ernst	75
Schuon, Frithjof	146, 175, 176
SCIENTISME	140
Scot, Jean	90
Sein und Zeit (Heidegger)	25, 76
Serrano, Andreas	114
Sertillanges, Antonin (P.)	155
Shakti	13, 15
Shankara	10, 176
Shankaracharya	11
Shiva	12, 13, 15
SHOA	121
Sibony, Daniel	111
Siewerth après Siewerth (Tourpe)	82
Siewerth, Gustav	74, 78, 79, 80, 81, 82
Sigaud, Pierre-Marie	175
Simplicius	172
Socrate	62, 177
Soljenitsyne, Alexandre	105
Somme contre les Gentils (S. Thomas d'Aquin)	130, 153, 163
Somme de théologie (S. Thomas d'Aquin)	94, 102
sonnenhaft	48, 50
Sourgins, Christine	107
Souvenirs métaphysiques d'Orient et d'Occident (Chenique)	93
sphota	34, 38
Spinoza, Baruch	166, 174, 177
Steenberghen, Fernand van	80, 130
Stein, Édith	40
Stéphane, abbé Henri	14
Stern, Nicholas	70
Strabon	150
Strauss, Leo	61, 62, 70
Studach (abbé)	139
Suarez, Francisco	26, 73, 74, 154, 155, 158
SUBSTANCE	12, 26, 32, 83, 84, 86, 87, 118, 126, 128, 130, 134, 135, 154, 156, 176
sûnya	135
sûnyata	127
SURONTOLOGIQUE	177
sushumnâ	13
sushupta-sthâna	32
svapana-sthâna	32
Sylla	150
Symboles fondamentaux de la Science sacrée (Guénon)	98
Symbolisme et réalité, histoire d'une réflexion (Borella)	25
Synésius de Cyrène	145

T

Taine, Hippolyte	174
tanmâtra	34
TANTRISME	13
Tao	71
tathâgatagarbha	134
Tchaadaev, Piotr Iakovlevitch	140
Teilhard de Chardin, Pierre	117, 118, 119, 120
The Wholeness of Nature (Bortoft)	46
THÉOLOGIE	26, 27, 53, 54, 57, 68, 75, 85, 89, 98, 110, 111, 138, 144, 146, 147, 148, 151, 152, 153, 154, 155, 156, 158, 159, 160, 161, 162, 174
THÉOLOGIE NÉGATIVE	111, 146
Théophraste	150
THÉORÈME D'INCOMPLÉTUDE	166
Thomas d'Aquin (S.)	67, 68, 73, 76, 81, 85, 88, 94, 100, 118, 130, 131, 149, 153, 155, 160, 161, 162, 163, 171
Tolkien, John Ronald Reuel	117
Tourniac, Jean	100
Tresmontant, Claude	83, 84, 140
Tricot, Jules	154
TRINITÉ	14, 52, 53
TRIPLE ÉRUDITION (LA)	124, 125
tri-siksâ	124
Trotski, Léon	113, 117
tsimtsoun	9
turîya	32
Tyrannion	150

U

Ulrich, Ferdinand	81, 82
Uma	13
Unterwerfung (soumission)	20

V

VACUITÉ	107, 127, 135
Vaibhâshika	123
Valéry, Paul	32
Vallée Poussin, Louis de La	127
Vallin, Georges	137
Vasubandhu	123
VEDANTA	10, 11, 12, 13, 14, 58, 102, 137, 176
VERBE	36, 52, 53, 54, 55, 57, 59, 99, 112, 147, 148, 171
Vigny, Alfred de	36
Vimalakîrti	135
Vishnou	11, 12
Voegelin, Eric	70
Voltaire	158
vünkelin	51, 52, 53, 57

W

Waelhens, Alphonse	161
Warhol, Andy	107
Weber, Max	70
Weidlé, Wladimir	117
Weil, Eric	157
Weil, Simone	80, 100, 117
Welte, Bernhard	74
Wheeler, John	47
Wienerkreis	80
Wolff, Christian von	73, 75, 155, 156, 159, 160
Wooldrich, Adrian	68

X

Xénophon	62

Y

Yang	13
YHWH	85, 89
Yin	13
Yoga Sutras (Patanjali)	55, 56

Z

ZEN	14, 128
Zénon d'Élée	10

Table des matières

Bruno Bérard
   Introduction ... 7
Pamphile
   Aperçu sur les métaphysiques, théorie et pratique ... 9
   Appendice : L'ontologie : une métaphysique incomplète ? ... 17
« Martin Heidegger »
   « Pourquoi y a-t-il quelque chose plutôt que rien ? » ... 19
   Appendice : Étant ou être, ontologie ou métaphysique ... 25
Jean Biès
   L'autre côté de la parole – métaphysique et poésie ... 29
Wolfgang Smith
   Métaphysique comme « voir » ... 39
Kostas Mavrakis
   À la recherche des fondements métaphysiques de la politique ... 61
Emmanuel Tourpe
   La métaphysique hier et demain. Analogie de l'amour ... 73
Alain Santacreu
   Étant donné, néant donné – métaphysique en christianisme ... 83
François Chenique
   Métaphysique et logique ... 93
Aude de Kerros
   La grande crise métaphysique de l'art ... 105
Jean-Marc Vivenza
   Métaphysique en bouddhisme. *La loi de « production conditionnée »* (pratîtya-samutpâda) *et ses implications ontologiques* ... 123
   Appendice : Apophatisme et nihilisme ... 137
Bruno Bérard
   La métaphysique comme anti-dogmatisme et comme non-système ... 139
Jean Borella
   De la connaissance métaphysique : *la métaphysique comme épiphanie de l'Esprit* ... 149
Index ... 179

L'Harmattan, Italia
Via Degli Artisti 15 ; 10124 Torino

L'Harmattan Hongrie
Könyvesbolt ; Kossuth L. u. 14-16
1053 Budapest

L'Harmattan Burkina Faso
Rue 15.167 Route du Pô Patte d'oie
12 BP 226
Ouagadougou 12
(00226) 76 59 79 86

Espace L'Harmattan Kinshasa
Faculté des Sciences Sociales,
Politiques et Administratives
BP243, KIN XI ; Université de Kinshasa

L'Harmattan Guinée
Almamya Rue KA 028
En face du restaurant le cèdre
OKB agency BP 3470 Conakry
(00224) 60 20 85 08
harmattanguinee@yahoo.fr

L'Harmattan Côte d'Ivoire
M. Etien N'dah Ahmon
Résidence Karl / cité des arts
Abidjan-Cocody 03 BP 1588 Abidjan 03
(00225) 05 77 87 31

L'Harmattan Mauritanie
Espace El Kettab du livre francophone
N° 472 avenue Palais des Congrès
BP 316 Nouakchott
(00222) 63 25 980

L'Harmattan Cameroun
Immeuble Olympia face à la Camair
BP 11486 Yaoundé
(237) 458.67.00/976.61.66
harmattancam@yahoo.fr

L'Harmattan Sénégal
« Villa Rose », rue de Diourbel X G, Point E
BP 45034 Dakar FANN
(00221) 33 825 98 58 / 77 242 25 08
senharmattan@gmail.com

613132 - Juillet 2015
Achevé d'imprimer par